Guido Becke · Peter Bleses · Wolfgang Ritter
Sandra Schmidt (Hrsg.)

‚Decent Work'

Guido Becke · Peter Bleses
Wolfgang Ritter
Sandra Schmidt (Hrsg.)

‚Decent Work'

Arbeitspolitische Gestaltungs-
perspektive für eine globalisierte
und flexibilisierte Arbeitswelt

Festschrift zur Emeritierung
von Eva Senghaas-Knobloch

VS VERLAG

Bibliografische Information der Deutschen Nationalbibliothek
Die Deutsche Nationalbibliothek verzeichnet diese Publikation in der
Deutschen Nationalbibliografie; detaillierte bibliografische Daten sind im Internet über
<http://dnb.d-nb.de> abrufbar.

1. Auflage 2010

Alle Rechte vorbehalten
© VS Verlag für Sozialwissenschaften | Springer Fachmedien Wiesbaden GmbH 2010

Lektorat: Dorothee Koch / Sabine Schöller

VS Verlag für Sozialwissenschaften ist eine Marke von Springer Fachmedien.
Springer Fachmedien ist Teil der Fachverlagsgruppe Springer Science+Business Media.
www.vs-verlag.de

Umschlaggestaltung: KünkelLopka Medienentwicklung, Heidelberg
Druck und buchbinderische Verarbeitung: STRAUSS GMBH, Mörlenbach
Gedruckt auf säurefreiem und chlorfrei gebleichtem Papier
Printed in Germany

ISBN 978-3-531-16567-7

Inhaltsverzeichnis

I. Zur Einführung

"Decent Work" als Leitidee im Werk von Eva Senghaas-Knobloch
Guido Becke, Peter Bleses, Wolfgang Ritter und Sandra Schmidt 9

"Decent Work" – eine weltweite Agenda für Forschung und Politik
Eva Senghaas-Knobloch 15

**II. "Decent Work" in der Regulierung von Arbeit: Globale,
europäische und nationale Perspektiven**

"Decent Work" durch Selbstverpflichtungen Transnationaler Unternehmen?
Rainer Dombois 37

"Decent Work" in der Seeschifffahrt?
Heide Gerstenberger 53

Weltweit geltende Arbeitsstandards durch Globalisierung – Politisch-
organisationales Lernen in der IAO
Jan Dirks 69

Zur Bedeutung von Europäischen Betriebsräten für „gute Arbeit" in
Mittel-/Osteuropa
Jochen Tholen 77

"Decent Work" durch den Europäischen Sozialdialog –
Eine trügerische Hoffnung
Guido Becke 97

"Decent Work" in flexiblen Erwerbsformen – auch ein deutsches Problem?
Peter Bleses 119

III. "Decent Work" in der betrieblichen Lebenswelt

Psychische Belastungen in der deutschen IT-Branche –
eine Herausforderung für "Decent Work"
Sandra Schmidt...139

"Decent Work" durch Organisationslernen im Arbeits- und
Gesundheitsschutz. Ansätze und Problemfelder.
Joachim Larisch, Wolfgang Ritter und Rainer Müller.....................165

IV. "Decent Work" im Feld Care/Fürsorgliche Praxis

Menschenwürdige Gestaltung von Pflege als Interaktionsarbeit
Christel Kumbruck...187

Haushaltsdienstleistungen: unsichtbar und „dirty"?
Birgit Geissler..209

Geschlechterverhältnisse im Wandel: Anforderungen unter globalem
Anpassungsdruck am Beispiel fürsorglicher Praxis/Care
Ute Gerhard...221

**V. "Decent Work" in der Aktionsforschung:
     Mit Eva Senghaas-Knobloch im Feld**

Verabschiedung Eva Senghaas'
Birgit Volmerg..233

Autorinnen und Autoren..239

I. Zur Einführung

"Decent Work" als Leitidee im Werk von Eva Senghaas-Knobloch

Guido Becke, Peter Bleses, Wolfgang Ritter und Sandra Schmidt

Eva Senghaas-Knobloch verkörpert, was nur wenigen Wissenschaftlerinnen und Wissenschaftlern zu Eigen ist: Sie ist eine sozialwissenschaftliche ‚Universalgelehrte' im besten Sinne des Wortes. Während sich das Werk vieler Sozialwissenschaftler/innen auf ein Hauptthema beschränkt, sind es bei Eva Senghaas-Knobloch wenigstens fünf zentrale Kernbereiche (und wer ihre Lehre und ihr politisch-wissenschaftliches Werk betrachtet oder sich einmal mit ihr unterhalten hat, weiß, dass es eigentlich noch viel mehr Themen sind):

- Da ist erstens das Thema ‚Care/Fürsorgliche Praxis', das zugleich einen starken Bezug zur Geschlechterforschung aufweist.
- Zweitens ist es das von ihr mit begründete Thema der ‚betrieblichen Lebenswelt', das lange vor der These der zunehmenden ‚Subjektivierung' von Arbeit zeigte, welche Bedeutung dem Subjekt auch in taylorisierten, fremdbestimmten und damit objektivierten Arbeitsbedingungen zukommt.
- Das dritte Thema ‚Forschung im Dialog' bzw. ‚Aktionsforschung' zielt auf die Methodik der empirischen Arbeitswissenschaften. In Anlehnung an skandinavische Ansätze entspringt es der Überzeugung, dass objektivierende Methoden den subjektorientierten Ansätzen nicht angemessen sein können.
- Das vierte Thema ist die Friedens- und Konfliktforschung (siehe jüngst Senghaas-Knobloch 2010), die sich auch auf globale existenzielle Risikolagen und Problemfelder richtet.
- Das fünfte Thema ist ‚Decent Work', also die Menschenwürdigkeit von Arbeit im internationalen und nationalen Bezugsrahmen.

Es ist leicht zu begründen, weshalb wir aus diesen fünf thematischen Hauptsträngen ‚Decent Work' zum Thema dieses Sammelbandes zu Ehren von Eva Senghaas-Knobloch gewählt haben. Denn das Thema ‚Decent Work' bildet bei Eva Senghaas-Knobloch eine übergeordnete Perspektive und eine Klammer für ihr gesamtes wissenschaftliches Werk:

Explizit geht es Eva Senghaas-Knobloch natürlich in ihren Forschungen zur *Decent-Work-Programmatik der ILO* (International Labour Organization) um die Menschenwürdigkeit der Arbeit. Hier stehen vor allem das Nord-Süd-Gefälle im Vordergrund wie auch die Handlungsoptionen und -restriktionen international tätiger Akteure und Institutionen (ILO, UN, Europäische Betriebsräte, Gewerkschaften usw.) sowie die nach wie vor spärliche Durchsetzung von ‚Decent Work' auf der südlichen Erdhalbkugel. Dabei ist Eva Senghaas-Knobloch stets klar, dass es gerade bezüglich des Nord-Süd-Gefälles in der ökonomischen Entwicklung als einem der wesentlichen Bestimmungsgründe der Menschenwürdigkeit von Arbeit nicht um ein Nullsummenspiel zwischen dem Norden und dem Süden gehen kann. Viel zu unterschiedlich sind die sozialen Lagen der Erwerbstätigen auch in den wirtschaftlich entwickelten Ländern des Nordens, als dass ein genereller Wohlstandsverzicht möglich und wünschenswert wäre. Unweigerlich stellen sich dann in den durchschnittlich wohlhabenden Ländern Verteilungsfragen, denn „Menschen leben nicht in Durchschnitten, sondern in realen sozialen Lagen", wie Eva Senghaas-Knobloch jüngst in einem Diskussionsbeitrag klarstellte. Zudem kann auch in den Ländern des Nordens nicht (mehr) pauschal davon ausgegangen werden, dass die Kriterien menschenwürdiger Arbeit eingehalten werden.

An der Diagnose großer sozialer Unterschiede in den wirtschaftlich entwickelten Ländern knüpft Eva Senghaas-Knobloch allerdings auch beim Thema ‚*Care/Fürsorgliche Praxis'* an. Hier wird das Thema Decent Work in verschiedener Hinsicht adressiert: Zum einen geht es um die Anerkennung von (informellen) Tätigkeiten, die bislang im Verborgenen getätigt wurden und meist weder entlohnt noch mit sozialen Absicherungen versehen waren. Sie sollen in ihren Voraussetzungen und Folgen sichtbar gemacht sowie wenigstens zum Teil der formellen Erwerbsarbeit gleichgestellt werden. Zum anderen geht es um die geschlechterpolitische Perspektive, die sich bei den personengebundenen Pflegetätigkeiten im Vergleich zu anderen Tätigkeiten stellt und sich in den vergangenen Jahrzehnten in Deutschland wie in vielen anderen Ländern deutlich verändert hat (vgl. Senghaas-Knobloch 2005; Senghaas-Knobloch 2008a; Kumbruck/Rumpf/Senghaas-Knobloch 2010). Menschenwürdigkeit stellt sich dabei nicht allein als ein reines Gleichstellungs- und Anerkennungsproblem dar. Es geht Eva Senghaas-Knobloch dabei immer auch um die (noch) tiefer liegende Frage nach einer (neuen) gesellschaftlichen Verantwortung für die Gestaltung unverzichtbarer Tätigkeiten, die für Pflegende wie Gepflegte menschenwürdig sein muss.

Diese erweiterte Decent-Work-Perspektive zeichnet Eva Senghaas-Knobloch auch in ihren Forschungen zur *betrieblichen Lebenswelt* aus. Während sich ein Großteil der Arbeitssoziologie in den 1980er und 1990er Jahren den (natürlich auch wichtigen) Fragen der Entwicklung der industriellen Beziehungen widmete und dabei insbesondere die Strukturperspektive im Blick hatte, hat Eva Senghaas-Knobloch die Beschäftigten immer als handelnde Subjekte betrachtet, die sich mit den betrieblichen Strukturen auseinandersetzen und ihre betriebliche Lebenswelt und damit auch die Strukturen aktiv mitgestalten. Jede Veränderung betrieblicher Strukturen und jede Managementstrategie wirkt sich sowohl auf die Lebenswelt der Beschäftigten aus, wie sie auch mit den Handlungs- und Aneignungsstrategien der Beschäftigten rechnen muss, wodurch ihre Ziele unter Umständen erheblich beschränkt werden. In einer Zeit, in der objektivierende Ansätze der Gestaltung von Arbeit im Vordergrund standen, hat Eva Senghaas-Knobloch immer schon auf das handelnde Subjekt aufmerksam gemacht, das seinen Eigensinn in die Arbeit einbringt und damit zugleich zu einer Voraussetzung des Erfolges jedweder Arbeitsgestaltung wie zu einer Beschränkung mechanistischer Gestaltungsansätze wird (siehe Senghaas-Knobloch 2009). Die Menschenwürdigkeit in der Arbeit bezieht sich bei Eva Senghaas-Knobloch hier insbesondere auf die Möglichkeiten der Subjekte, erstens in ihrer Arbeit Sinn finden zu können und zweitens bei der Arbeit und ihrer Organisation die eigene körperliche wie psychische Gesundheit erhalten zu können. Dabei hat Eva Senghaas-Knobloch stets auch die in gesundheitlicher Hinsicht problematischen arbeitsbezogenen Bewältigungsmuster von Beschäftigten in den Blick genommen (siehe Volmerg/Senghaas-Knobloch/Leithäuser 1986).

Mit dem Ansatz der betrieblichen Lebenswelt eng verknüpft ist die von Eva Senghaas-Knobloch in Deutschland wieder etablierte *Forschung im Dialog*. Man kann auch sagen, dass die Dialogorientierung den Ansatz der betrieblichen Lebenswelt methodisch unterfüttert. In Abkehr vom herrschenden Objektivitätsparadigma entwickelte Eva Senghaas-Knobloch in den 1980er und 1990er Jahren in Anlehnung an skandinavische Ansätze dialogorientierter Aktionsforschung in betrieblichen Projekten einen Ansatz, der v. a. drei Dinge leisten soll (vgl. Senghaas 2002; Senghaas-Knobloch/Dohms 1997; Becke/Senghaas-Knobloch 2008): Erstens soll er Forschung und Praxis miteinander in einen gleichberechtigten Dialog bringen und wechselseitige Lernprozesse einleiten. Zweitens sollen die unterschiedlichen Akteure, die die betriebliche Lebenswelt gestalten, miteinander in einen Dialog gebracht werden (Arbeitgeber, Beschäftigte, Betriebsräte). Drittens soll der Dialog zwischen Forschung und Praxis wie zwischen den verschiedenen betrieblichen Akteuren zu einer den Subjekten angemessenen Gestaltung der betrieblichen Lebenswelt (z.B. der Arbeitssituation und der Arbeitsorganisation) führen. Auch dieser methodische Ansatz bezieht sich auf eine menschenwürdige Arbeitsgestaltung, die voraussetzt, dass sich alle betrieblichen Akteure selbst unmittelbar an ihrer Gestaltung beteiligen können. Im Mittelpunkt steht die Stärkung der Selbstverantwortlichkeit aller betrieblichen Akteure und damit auch der Beschäftigten, die ihnen weder von wissenschaftlicher Seite noch von Führungskräften oder Managementlehren abgenommen werden soll.

Wir haben in diesem Band versucht, den verschiedenen Perspektiven auf die Menschenwürdigkeit von Arbeit in Eva Senghaas-Knoblochs Werk wenigstens ansatzweise gerecht zu werden, ohne wirklich umfassend sein zu können (dafür hätte es mehr als eines Sammelbands bedurft). Den Anfang macht nach dieser kurzen Einleitung ein Beitrag von Eva Senghaas-Knobloch selbst, in dem sie ausführlich – und damit als Referenz für die folgenden Beiträge – die internationale und nationale Entwicklung der Arbeitswelt in ihrer Bedeutung für die Entwicklung von Decent Work umreißt. Die weiteren Beiträge sind Themenschwerpunkten zugeordnet, die sich an einigen der geschilderten Arbeitsschwerpunkte von Eva Senghaas-Knobloch orientieren. Im ersten Themenschwerpunkt beschäftigen sich mehrere Beiträge mit ‚Decent Work in der Regulierung von Arbeit'. Dabei werden globale (multinationale Konzerne, Seeschifffahrt, ILO), europäische (Sozialdialog, Europäische Betriebsräte) und nationale Perspektiven (flexible Arbeit in Deutschland) beleuchtet. Im anschließenden Themenschwerpunkt ‚Decent Work in der betrieblichen Lebenswelt' konzentrieren sich zwei Beiträge auf betriebliche Ansätze zur Verbesserung menschenwürdiger Arbeit im wichtigen Bereich des betrieblichen Arbeits- und Gesundheitsschutzes. Dabei geht es im einen Beitrag um die betriebliche Gesundheitsförderung in Unternehmen der Wissensökonomie, im anderen Beitrag um die Möglichkeiten, die das Organisationslernen im Arbeits- und Gesundheitsschutz für Decent Work bietet. Im Themenschwerpunkt ‚Decent Work im Feld Care/Fürsorgliche Praxis' geht es um verschiedene Bereiche (Pflege, Haushaltsdienstleistungen) und um besondere Anforderungen (Interaktionsarbeit, Globalisierung) sowie Kennzeichen (Geschlechterverhältnisse) personaler Dienstleistungen. Den Abschluss bildet im Themenfeld ‚Decent Work in der Aktionsforschung: Mit Eva Senghaas-Knobloch im Feld' ein sehr persönlicher Beitrag, der zum einen auf Erfahrungen mit Eva Senghaas-Knobloch in der empirischen Feldforschung zurückgeht und zum anderen schildert, welche Bedeutung der Aspekt der Menschenwürdigkeit von Arbeit in der Aktionsforschung bei Eva Senghaas-Knobloch zukommt.

Eva Senghaas-Knobloch wurde jüngst von der Universität Bremen wegen Erreichens der Regelaltersgrenze ‚entpflichtet'. Ein sehr unschönes Wort, das einen reinen Verwaltungsakt beschreibt und dabei verschleiert, dass die Universität Bremen damit eine ihrer wichtigen sozialwissenschaftlichen Repräsentatinnen aus dem ‚aktiven Dienst' verabschiedet hat. Ein Verlust, der umso schwerer wiegt, da sich die Universität nicht in der Lage sieht, die von Eva Senghaas-Knobloch begründeten arbeitswissenschaftlichen Forschungen durch eine angemessene Nachfolge sowohl zu würdigen als auch weiterführen zu lassen. Das passt in die bundesweite Entwicklung in Forschung und Lehre. Aber das ist eher ein Grund zur stärkeren Beunruhigung: Die Fragen, wie und unter welchen Bedingungen wir arbeiten, was die Arbeit mit und in den Menschen im Guten wie im Schlechten anrichtet und welche Auswirkungen das auf die Gesellschaft hat, scheinen nicht einmal mehr zu einem Nebenkriegsschauplatz zu taugen. In einer Zeit, in der Arbeitsbeziehungen, Arbeitsbedingungen, inner- und außerbetriebliche Arbeitssituationen und Kooperationsverhältnisse beständig komplexer und problematischer sowie alle gesellschaftlichen Beziehungszusammenhänge und Handlungsmöglichkeiten von ökonomischen Imperativen abhängig werden, wird die wissenschaftliche Selbstbeobachtung und Problembearbeitung dieser Entwicklungen weitgehend aufgegeben.

Letzte Bastionen der Arbeitsforschung, die wie das Bundesministerium für Bildung und Forschung oder die Hans-Böckler-Stiftung im Rahmen der Forschungsförderung wenigstens befristete Projekte ermöglichen, sind immer durch rückläufige Mittelzuweisungen bedroht und können auf Dauer gestellte Forschungseinrichtungen und Lehrstühle nicht ersetzen. Die Arbeitsforschung blutet aus. Ihre Repräsentanten/innen, die Wissensträger/innen jenseits aktueller und damit immer auch kontingenter Forschungsförderung waren, verlassen oft ohne Nachfolge nach und nach die Bühne. Das wird uns einmal leidtun, aber dann wird die Entwicklung nicht mehr rückgängig zu machen sein.

Bleibt als Trost, dass die Entpflichtung von Eva Senghaas-Knobloch nicht bedeutet, dass sie nicht mehr forschen *darf*. Und wie gewinnbringend sie von ihrer neuen Freiheit jenseits der universitären Verpflichtungen Gebrauch macht, zeigen zum einen die jüngst von ihr mit eingeworbenen BMBF-Projekte. Zu nennen sind hier die Projekte PRÄWIN (Prävention in Unternehmen der Wissensökonomie – www.präwin.de) und 8iNNO (Organisationale Achtsamkeit als Basis für die Innovationsfähigkeit von Unternehmen – www.achtinno.uni-bremen.de), die gegenwärtig am »artec | Forschungszentrum Nachhaltigkeit« durchgeführt werden.

Zum anderen verdeutlichen Veröffentlichungen von Eva Senghaas-Knobloch aus der jüngsten Vergangenheit, insbesondere zu den Themen Care/Fürsorgliche Praxis (Senghaas-Knobloch 2008a; 2008b; Kumbruck/Rumpf/Senghaas-Knobloch 2010), Entwicklung der Arbeitswelt (Senghaas-Knobloch 2008c) sowie zur betrieblichen Lebenswelt (Senghaas-Kobloch 2009), ihren nach wie vor gewichtigen Beitrag zur Arbeitsforschung.

Wir hoffen, dass Eva Senghaas-Knobloch noch lange Zeit weiter forschen und veröffentlichen wird. Als wissenschaftliche Lehrerin und Beraterin steht sie uns glücklicherweise ebenfalls wie gehabt zur Seite und inspiriert uns dadurch nach wie vor. Hinzu kommen ihr wertschätzender Umgang und ihr guter Geist, der in frischen Blumen aus ihrem Garten, die unsere Büros immer wieder zieren, nur seinen offensichtlichen Ausdruck findet. Für beides, Fachlichkeit wie Herzlichkeit, sind wir Eva Senghaas-Knobloch sehr dankbar.

Literatur

Becke, Guido/Eva Senghaas-Knobloch (2008): Soziale Nachhaltigkeit bei Unternehmenswandel – was kann die Praxisforschung dazu leisten? In: Supervision, H. 2. 16-21

Kumbruck, Christel/Mechthild Rumpf/Eva Senghaas-Knobloch (mit einem Beitrag von Ute Gerhard) (2010): Das Ethos fürsorglicher (Pflege-)Praxis auf der Suche nach Wertschätzung – zum Erbe unsichtbarer Frauenarbeit in familialen und diakonischen Kontexten (i.E.)

Senghaas-Knobloch, Eva (2002): Autonomie und Authentizität im Arbeitsleben der nachfordistischen Gesellschaft. In: Hans-Richard Reuter/Heinrich Bedford-Strohm/Helga Kuhlmann/Heinrich Lütcke (Hg.): Freiheit verantworten. Festschrift für Wolfgang Huber zum 60. Geburtstag. Gütersloh. 286-297

Senghaas-Knobloch, Eva (2008a): Care-Arbeit und das Ethos fürsorglicher Praxis unter neuen Marktbedingungen am Beispiel der Pflegepraxis. In: Berliner Journal für Soziologie, H. 2. 221-243

Senghaas-Knobloch, Eva (2008b): Fürsorgliche Praxis und die Debatte um einen erweiterten Arbeitsbegriff in der Arbeitsforschung. In: Ingrid Kurz-Scherf/Lena Correll/Stefanie Janczyk (Hrsg.): In Arbeit: Zukunft. Die Zukunft der Arbeit und der Arbeitsforschung liegt in ihrem Wandel. Münster: Westfälisches Dampfboot. 54-68

Senghaas-Knobloch, Eva (2008c): Wohin driftet die Arbeitswelt? Wiesbaden: VS Verlag

Senghaas-Knobloch, Eva (2009): Zur Aktualität des Konzepts der „Betrieblichen Lebenswelt". In: Zeitschrift für Arbeitswissenschaft, H. 2. 149-156

Senghaas-Knobloch, Eva (2010): Afghanistan – Friede als Ernstfall. In: Blätter für deutsche und internationale Politik, H. 3. 21-23

Senghaas-Knobloch, Eva/Annette Dohms (1997): Sozialwissenschaftliche Handlungsforschung in betrieblichen Veränderungsprozessen. In: Eva Senghaas-Knobloch/Brigitte Nagler/Annette Dohms: Zukunft der industriellen Arbeitskultur. Persönliche Sinnansprüche und Gruppenarbeit. Münster: LIT Verlag, 2. Auflage. 33-51

Volmerg, Birgit/Eva Senghaas-Knobloch/Thomas Leithäuser (1986): Betriebliche Lebenswelt. Eine Sozialpsychologie industrieller Arbeitsverhältnisse. Opladen: Westdeutscher Verlag

"Decent Work" – eine weltweite Agenda für Forschung und Politik[*]

Eva Senghaas-Knobloch

> *„Der Auftrag der IAO lautet, die Situation der Menschen in der Welt der Arbeit zu verbessern. …. Das vorrangige Ziel der IAO besteht heute darin, Möglichkeiten zu fördern, die Frauen und Männern eine menschenwürdige und produktive Arbeit in Freiheit, Sicherheit und Würde und unter gleichen Bedingungen bieten"* (Internationales Arbeitsamt 1999: 4),

so der Generaldirektor der Internationalen Arbeitsorganisation (IAO), Juan Somavía, im Jahre 1999, d.h. 80 Jahre nach Gründung der IAO in seinem Jahresbericht an die Mitglieder der Internationalen Arbeitskonferenz. Unter dem Titel „Decent Work" bzw. „menschenwürdige Arbeit" stellte er damit am Ende des letzten Jahrhunderts eine Agenda vor, mit der es seither gelungen ist, den klassischen Auftrag dieser internationalen Organisation neu zu rahmen und ihm damit zu neuer Aufmerksamkeit zu verhelfen. Dabei enthält die Agenda für weltweit menschenwürdige Arbeit vier strategische Bestandteile, die für die IAO keineswegs neu sind: Förderung der Rechte bei der Arbeit, Beschäftigung, Sozialschutz und Sozialdialog. Es sind vielmehr die klassischen politischen Zielsetzungen, die die Organisation inzwischen seit mehr als 90 Jahren verfolgt (Rodgers/Lee/van Daele 2009).

Was ist aber das Neue und zugleich Herausfordernde an dieser Agenda? Und warum sollte uns das hier in der Bundesrepublik Deutschland interessieren? Welche Aufgaben ergeben sich daraus für Politik und Forschung? Ich will diese Fragen im Folgenden in vier Schritten beantworten. In einem ersten Schritt gehe ich auf den Gründungsauftrag der IAO ein. Danach skizziere ich, zweitens, die heute beobachtbaren grundlegenden Veränderungen in der Welt der Arbeit. Im dritten Schritt diskutiere ich die sich daraus ergebenden neuen Probleme und

---

[*] Bei diesem Beitrag handelt es sich um den Vortrag, den Eva Senghaas-Knobloch im April 2008 anlässlich ihrer ‚Entpflichtung' aus dem Dienst der Universität Bremen auf der Tagung ‚Menschenwürdige Arbeit/Decent Work: eine Herausforderung in Zeiten der Globalisierung' gehalten hat. Der Text wurde um Literaturangaben ergänzt und punktuell aktualisiert.

Aufgaben, die im Rahmen der neuen Agenda bewältigt werden sollen. Und im vierten Schritt versuche ich abschließend, einige Herausforderungen für die Umsetzung der vier strategischen Bestandteile des Programms im sozioökonomischen Kontext der bundesdeutschen Arbeitswirklichkeit zu nennen – wohlwissend, dass in anderen Teilen der Welt[1] andere Akzente zu setzen sind.

1 Die Natur der menschlichen Arbeit und der Gründungsauftrag der IAO

Arbeit gehört unabdingbar zur menschlichen Existenz, und die menschliche Arbeitskraft ist nicht von der Person abtrennbar. Arbeit findet aber in höchst verschiedenen Formen und sozialen Beziehungen sowie mit sehr verschiedenen Erträgen statt. Wie Menschen arbeiten, wirtschaften und ihren Lebensunterhalt bestreiten, ist immer schon Ausdruck einer bestimmten soziokulturellen Ordnung. Seit Beginn der Industrialisierung unter kapitalistischen Vorzeichen stehen solche Ordnungen aber immer erneut und an immer mehr Orten der Welt unter dem Druck ständiger, oft fundamentaler Veränderungen, nicht selten eines sozial destruktiven Wettbewerbs. Zwei Antworten entwickelten sich darauf: Arbeiter- und Sozialbewegungen und Arbeitsschutz- und Sozialpolitik innerhalb der Länder sowie auch über einzelne Ländergrenzen hinausgehend. Unter dem Eindruck der zivilisatorischen Katastrophe des Ersten Weltkriegs bildete sich unter den westlichen Industrieländern ein – wenn auch fragiler – Konsens heraus, die Gefahr der sozialen Destruktivität eines hemmungslosen Wettbewerbs durch organisierte Kooperation innerhalb und zwischen Staaten zu überwinden.

Der Grundstein, auf dem das erste Gebäude der Internationalen Arbeitsorganisation (IAO) in Genf errichtet wurde, trägt die Inschrift: „Si vis pacem, cole justitiam"[2], d.h. „Wenn Du den Frieden willst, sorge für Gerechtigkeit". Entsprechend heißt es schon in der Präambel zur Verfassung der Internationalen Organisation von 1919, die im Rahmen der Friedensverhandlungen von Versailles gegründet wurde: „Der Weltfrieden kann auf die Dauer nur auf sozialer Gerechtigkeit aufgebaut werden. Nun bestehen aber Arbeitsbedingungen, die für eine große Anzahl von Menschen mit soviel Ungerechtigkeit, Elend und Entbehrungen verbunden sind, dass eine Unzufriedenheit entsteht, die den Weltfrieden und die Welteintracht gefährdet. Eine Verbesserung dieser Bedingungen ist dringend erforderlich." (Internationales Arbeitsamt 1997: 7). Die noch im Zweiten Weltkrieg in Philadelphia beschlossene *Erklärung über die Ziele und Zwecke der*

---

1 Diese Kontexte werden im Folgenden der Grobeinteilung von Ghai 2006 folgend als Industrie-, Transformations- und Entwicklungsländer unterschieden.

2 Gemäß der Darstellung bei Dore: 2004: 41.

Internationalen Arbeitsorganisation aus dem Jahre 1944 bestätigt: „Arbeit ist keine Ware. Freiheit der Meinungsäußerung und Vereinigungsfreiheit sind wesentliche Voraussetzungen beständigen Fortschritts. Armut, wo immer sie besteht, gefährdet den Wohlstand aller. Der Kampf gegen die Not muss innerhalb jeder Nation und durch ständiges gemeinsames internationales Vorgehen unermüdlich weitergeführt werden." (Internationales Arbeitsamt 1997: 25). Auch die Charta der Vereinten Nationen aus dem Jahre 1945 bekräftigt in Artikel 55, dass Stabilität und Wohlfahrt erforderlich seien, „damit zwischen den Nationen friedliche und freundschaftliche, auf der Achtung vor dem Grundsatz der Gleichberechtigung und der Selbstbestimmung der Völker beruhende Beziehungen herrschen."

Die solcherweise nach dem Ersten Weltkrieg formulierte und am Ende des Zweiten Weltkriegs handlungsmächtig organisierte Einsicht in die Zerbrechlichkeit sozialer Beziehungen innerhalb und zwischen Gemeinwesen war zugleich mit der Zielsetzung verbunden, den wirtschaftlichen Transaktionen zwischen Staaten gemeinsame Rahmenbedingungen zu geben: Die Gefahr einer sozialen Abwärtsspirale im Zusammenhang eines tendenziell freihändlerischen Welthandels unter asymmetrischen Ausgangsbedingungen war damals schon klar erkannt; in der Präambel zur IAO-Verfassung von 1919 heißt es entsprechend: „Auch würde die Nichteinführung wirklich menschenwürdiger Arbeitsbedingungen durch eine Nation die Bemühungen anderer Nationen um Verbesserung des Loses der Arbeitnehmer in ihren Ländern hemmen" (Internationales Arbeitsamt 1997: 7). Der Gründungsidee der IAO lag also die Erkenntnis zugrunde, dass Werte und Prinzipien nur praktisch wirksam werden können, wenn sie sich mit – zwar verschiedenen, aber doch überlappenden – Interessen verbinden. Diese Erkenntnis spiegelt sich auch in der dreigliedrigen Mitgliedschaftsstruktur der IAO wider, zu der – einzigartig für internationale Institutionen – neben den Regierungsvertretern in jeder Länderdelegation auch Vertreter der Gewerkschaften und Arbeitgeber gehören. 2010 gehörten der IAO 183 Mitgliedsländer an; nach ihrer europäisch geprägten Gründungsgeschichte ist sie also fast universal geworden.

Die IAO nimmt ihren Auftrag in drei Tätigkeitsformen wahr: Erstens, seit 1919 werden von der IAO international geltende *Arbeits- und Sozialstandards* in Gestalt von Übereinkommen und Empfehlungen formuliert. Die Übereinkommen müssen von den Mitgliedsländern ratifiziert werden, damit sie für diese völkerrechtlich verbindlich werden, so dass das sehr elaborierte Aufsichts- und Überwachungssystem der IAO zum Einsatz kommen kann.[3] Die IAO leistet,

---

3   Zur Normenproblematik aus rechtlicher Sicht siehe Bartolomei de la Cruz/von Potobsky/
     Swepston 1996.

zweitens, *technische Hilfe und Kooperation* zur Umsetzung der Arbeits- und Sozialstandards (capacity building)[4]. Und die IAO entwickelt, drittens, durch ihren Verwaltungsstab, d.h. das Internationale Arbeitsamt und die dazu gehörige unabhängige Forschungseinrichtung, ständig eine organisatorische *Wissensbasis* weiter, auf der sie ihre Initiativen, Beschlüsse und Aktionen und ihr politisch-organisatorisches Lernen gründet.[5]

Seit 1919 wurden über 188 Übereinkommen angenommen, von denen gegenwärtig 76 als aktuell eingestuft werden. Sie umfassen die Themen, die schon in der Präambel zur Gründungsverfassung als regulierungsbedürftig benannt wurden: *grundlegende* Rechte wie z.b. Vereinigungsfreiheit; *Beschäftigungsbedingungen* wie z.b. die Begrenzung der Arbeitszeit; ausreichende Entlohnung sowie Arbeitsschutz am Arbeitsplatz und *soziale Sicherungen* in Lebensumständen, die kein Arbeitseinkommen ermöglichen, wie z.b. im Alter, bei Krankheit und Arbeitslosigkeit.

Welches sind die Veränderungen in der Welt der Arbeit, die im Hintergrund der Agenda für weltweit menschenwürdige Arbeit stehen?

2   Grundlegende Veränderungen in der Welt der Arbeit

Grundlegende Veränderungen finden sich sowohl in normativ-kultureller als auch in materieller Hinsicht:

Normativ-kulturell war das Arbeitsrecht zu Beginn des 20. Jahrhunderts durch das vorherrschende Familienmodell geprägt (Gerhard 1997). Frauenrechte waren nur höchst eingeschränkt rechtlich akzeptiert. Die Einführung des aktiven und passiven Wahlrechts für Frauen (z.B. in Deutschland mit der republikanischen Verfassung 1919, in Frankreich erst in den 1940er Jahren) implizierte keineswegs die rechtliche Gleichberechtigung im Familien- und Arbeitsrecht: Während nämlich das Familienrecht in der Regel davon geprägt war, dass der Mann das natürliche Oberhaupt der Familie sei und die verheiratete Frau vorrangig häusliche Pflichten zu erfüllen habe, war das Arbeitsrecht davon geprägt, dass eine erwachsene Arbeitsperson in erster Linie Verpflichtungen im regulären Beschäftigungsverhältnis zu erfüllen habe, also für andere Verpflichtungen, wie z.B. fürsorgliche Tätigkeiten für Kinder, Kranke und Alte nicht zur Verfügung stehe. Auch der Arbeitsschutz im engeren Sinn war patriarchalisch geprägt.

Und weiterhin: Zur Zeit der Gründung der IAO war das kolonialistische Regime noch ungebrochen. Das bedeutete, dass die Kolonialregime direkt oder

---

4   Zu capacity building siehe Liese 2005.
5   Zur Bedeutung der Wissensbasis siehe Senghaas-Knobloch/Dirks/Liese 2003.

indirekt über die Arbeitskraft der kolonialisierten Menschen verfügten; von dem Recht auf einen freien Arbeitsvertrag für alle in Produktion und Warentausch eingesetzten Arbeitskräfte war noch nicht die Rede. Im Gegenteil: In den Kolonialgebieten war *Zwangsarbeit* bzw. Sklaverei an der Tagesordnung.

Erst die Charta der Vereinten Nationen von 1945 und wenig später die Erklärung der Menschenrechte von 1948 sowie die beiden Menschenrechtspakte von 1966 schufen eine neue normative Basis, der zu folge allen Menschen angesichts ihrer unveräußerlichen Menschenwürde individuelle Rechte zugesprochen wurden – in bürgerrechtlicher, politischer, sozialer, wirtschaftlicher und kultureller Hinsicht.[6]

In materieller Hinsicht kam es im Laufe des 20. Jahrhunderts zu einer historisch beispiellosen technischen und wirtschaftlichen Entwicklungsdynamik, in deren Verlauf alte imperiale Machtstrukturen zerfielen und neue entstanden. Industrieländer mit hohen Produktivitätsprofilen und die von ihnen im Wesentlichen gesteuerten internationalen Institutionen setzten erfolgreich eine allgemeine Agenda für tendenziell uneingeschränkten freien Welthandel durch, von dem die Zentren der Weltwirtschaft besonders profitierten, nachdem sie selbst in der Regel jahrzehntelang ihre eigene Entwicklung dem Schutz von Zollschranken und sog. nicht-tarifären Handelshemmnissen verdankten (wofür im Übrigen entwicklungspolitisch kluge Wirtschaftstheoretiker wie Friedrich List schon im 19. Jahrhundert gute Gründe anführen konnten[7]).

Die Globalisierung der Wirtschaft nahm in den 1970er Jahren ihren Ausgangspunkt darin, dass multi- und transnational agierende Konzerne – ergänzend zum Abbau von Rohstoffen und zur Produktion landwirtschaftlicher Güter – anderenorts neue weltweite Produktionsstätten für industrielle Güter zur Markterschließung oder mit dem Ziel von Kostensenkung aufbauten. Zur gleichen Zeit bewirkten die Mikroelektronik und die Informations- und Kommunikationstechnologie als neue Schlüsselindustrien revolutionäre Veränderungen in der Produktion, der Verwaltung, dem Handel und in der Logistik. In der Folge dieser Entwicklungen wurde auch die bis dahin von der Struktur des Kolonialhandels (d.h. Rohstoffe gegen Fertigwaren) bestimmte internationale Arbeitsteilung verändert: Jetzt werden industrielle Produktionsstätten nach strategischen Gesichtspunkten der Konzerne *weltweit* aufgebaut, d.h. keineswegs überall, sondern kapitalverwertungsbedingt auf bestimmte Regionen konzentriert – ein Vorgang, der aus Kalkülen weltweiter Investitionsprospektierung resultiert, bei denen soziale Verpflichtungen anderenorts keine Rolle spielen: Imperative für eine Optimierung *volks*wirtschaftlicher Entwicklung sind nicht im Blick.

---

6   Zum Stand der Entwicklung und Verwirklichung der Menschenrechte siehe Weiß 2009.
7   Zur Entwicklung und Fehlentwicklung in Europa siehe Senghaas 1982.

Solche dezentralen Konzernstrukturen und die Bildung langer Ketten von
Zulieferern und Unterzulieferern befördern Beschäftigungsstrukturen, in denen
sich Beschäftigungs- und Arbeitsformen wiederfinden, die aus vor- und frühin-
dustrieller Zeit bekannt sind: so die Vorenthaltung oder Nichteinklagbarkeit von
Arbeitsverträgen, wie etwa in vielen chinesischen Zulieferfabriken für große
(meist) westliche IT-Konzerne[8], in denen vor allem Wanderarbeiterinnen aus den
ländlichen Regionen arbeiten; so auch die Zunahme von nur befristeten Arbeitsverträgen in den klassischen Industrieländern sowie von Werk- und Honorarver-
trägen von Alleinselbständigen, die auf dieser Basis für Unternehmen tätig sind.

Die damit verbundene neo-liberale Wirtschaftsideologie, d.h. eine marktra-
dikale Ordnungsvorstellung (Altvater 2005), setzte sich weltweit durch: in den
internationalen Finanzinstitutionen, aber auch in den meisten nationalen Regierungen, vor allem in den USA und Großbritannien und gewann nachholend in
Kontinentaleuropa an Gewicht.

Warum sind die normativen und materiellen Veränderungen von so grund-
legendem Charakter, dass sie eine neue Agenda für weltweit menschenwürdige
Arbeit erfordern? In normativer Hinsicht geht es heute bei Beachtung aller Ver-
schiedenheit weit mehr als früher um die Inklusion aller Menschen unter das
Prinzip der sozialen Gerechtigkeit. Und materiell sind die aufgezeigten Veränderungen grundlegend, weil die sozioökonomischen Voraussetzungen für die Erfüllung des Auftrags der IAO ganz andere geworden sind als noch vor wenigen
Jahrzehnten. Das soll im Folgenden im Zusammenhang mit den vier strategischen Bestandteilen der Agenda für decent work: Rechte, Beschäftigung, Sozialschutz und Sozialdialog aufgezeigt werden.

3   Die vier Komponenten der Agenda für weltweit menschenwürdige Arbeit angesichts der Globalisierung

1. Die Rechte, die Menschen bei der Arbeit haben, beziehen sich laut Agenda für
menschenwürdige Arbeit nicht mehr allein auf Menschen in formal registrierten,
abhängigen Beschäftigungsverhältnissen, also nicht mehr nur auf Arbeitnehmer
im klassischen Sinn. Vielmehr heißt es jetzt: „Alle, die arbeiten, haben Rechte
bei der Arbeit" (Internationales Arbeitsamt 1999: 4). Die Gründe für die explizite
Einbeziehung von Alleinselbständigen, Arbeitenden in der Rolle mithelfender
Familienangehöriger und informeller Arbeit liegen auf der Hand: Die meisten

---

8   Nach Auskunft von May Wong, Aktivistin aus China, siehe Weltwirtschaft Ökologie & Ent-
    wicklung e.V. (WEED e.V.): 2007: 33. Zu den daraus entstehenden, sich je nach Kapitallage
    wandelnden Produktionsregimen siehe Lüthje 2007. Siehe auch das US-amerikanische Nation
    Labour Committee 2009.

Menschen auf der Welt arbeiten noch heute in der informellen Ökonomie und – anders als noch vor 50 Jahren angenommen – *keineswegs* innerhalb formal geregelter Beschäftigungsverhältnisse. (Allein schon die Anerkennung dieser weltweit relevanten sozialen Tatsache kann dazu beitragen, die Verschlechterung der Arbeits- und Lebensbedingungen und die krasser werdenden Unterschiede in den Lebensverhältnissen der Menschen in den verschiedenen Regionen der Welt ins Licht zu rücken und nach neuen Wegen zu suchen.) Zwar hatte die Internationale Arbeitsorganisation schon seit ihrer Gründung die universale Geltung ihrer Normen angestrebt, doch erst die Formulierung der Menschenrechte – später akzentuiert durch die sich entwickelnde Globalisierung – schuf den Rahmen und die Zugzwänge für ein neues, *inklusives Verständnis* von sozialer Gerechtigkeit. Die Dekolonisierungsbewegung und die neue Frauenbewegung in ihren verschiedenen Ausprägungen konnten hierauf Bezug nehmen.

Da das Arbeitsrecht rechtssystematisch nicht zum öffentlichen Recht gezählt wird, gab es lange Zeit wenig Verbindungen zwischen arbeitsrechtlichen und menschenrechtlichen Diskursen, obwohl sich zahlreiche Menschenrechte auf Arbeitsrechte beziehen und auch in der erwähnten IAO-Erklärung von Philadelphia aus dem Jahre 1944 eine an Rechten orientierte Sprache gewählt wurde (Hepple 2006; Giegerich/Zimmermann 2008). Ein entschlossener Schritt, wenigstens bestimmten, grundlegenden Rechten bei der Arbeit eine weltweite Geltung zu verschaffen, wurde jedoch 1998 getan, als die Mitgliedsländer der Internationalen Arbeitsorganisation auf Basis der schon während des Weltsozialgipfels in Kopenhagen 1995 festgelegten nicht unterschreitbaren Schutzrechte die „Erklärung über die grundlegenden Prinzipien und Rechte bei der Arbeit und ihre Folgemaßnahmen" (Internationales Arbeitsamt 1998) angenommen hatten. Dazu gehören

1. das Recht auf Vereinigungsfreiheit und auf kollektive Tarifverhandlungen,
2. das Verbot der Zwangsarbeit,
3. das Verbot nicht akzeptabler Kinderarbeit und
4. das Verbot der Diskriminierung.

Diesen vier Rechten entsprechen acht sogenannte Kernarbeitsnormen oder Kernsozialstandards, die in Übereinkommen der IAO geregelt sind. Diese mit Ausnahme der Kinderarbeit als liberal zu bezeichnenden grundlegenden Prinzipien und Rechte werden manchmal als „Spielregeln" für die internationale Wirtschaft apostrophiert. Man könnte sie aber auch im Sinne von Marta Nussbaum (1999) und Amartya Sen (1999) als Ermöglichungsrechte zur Existenzerhaltung und Existenzentfaltung beschreiben. Sie betreffen den Zugang zu Erwerbsarbeit für erwachsene Menschen (3 und 4) und die Bedingung der persönlichen Freiheit (2) und der Verhandlungsmacht im Arbeitsleben (1). Es sind liberale Ermöglichungsrechte, denn – im Unterschied zu der Vielzahl der Regelungsgebiete im Arbeits- und Sozialrecht – schaffen sie noch keinen substantiellen Schutz; sie garantieren z.B. weder ausreichenden Lebensunterhalt, noch gesunde Arbeitsbedingungen. Zur Förderung der Menschenwürde bei der Arbeit sind sie unabdingbar, aber unzureichend.

Allerdings wirft schon die Geltungskraft dieser vier Rechte in der Praxis große Probleme auf[9]:

1. In den neuen wichtigen Ländern der Weltwirtschaft, China und Indien, sind die entsprechenden Übereinkommen nur teilweise ratifiziert. So hat Indien die beiden grundlegenden Übereinkommen zur Kinderarbeit nicht ratifiziert, und China nicht diejenigen zur Vereinigungsfreiheit. Mit der besonders geringen Ratifikationsrate steht China nicht allein: Die USA hat von den Kernarbeitsnormen nur eines der beiden Übereinkommen zur Nichtdiskriminierung und eines der Übereinkommen zur Kinderarbeit ratifiziert. Von allen grundlegenden Kernarbeitsrechten wurden bezeichnenderweise weltweit die Übereinkommen zur Vereinigungsfreiheit am wenigsten ratifiziert. D.h. dass die Welt der Staaten zu diesem grundlegenden Freiheiterecht kaum Verpflichtungen einzugehen bereit ist.

Aber auch die Ausdehnung der informellen Ökonomie, d.h. der nicht registrierten Beschäftigung in selbständiger und unselbständiger Form, wirft die Frage auf, wie hier den arbeitenden Menschen zu ihren grundlegenden Rechten bei der Arbeit verholfen werden kann. Anders als oft propagiert, hat auch die Ausdehnung weltweiter Wirtschaftsaktivitäten durch multinationale Unternehmen die Vereinigungsfreiheit nicht vorangebracht, eher im Gegenteil: Ausländische Investoren werden mit Sonderwirtschaftszonen angelockt, in denen das geltende oftmals ohnehin brüchige nationale Arbeitsrecht (insbesondere, was Gewerkschaftsrechte anbetrifft) außer Kraft gesetzt oder nicht umgesetzt wird.

Die Ratifikation anderer Übereinkommen als der Kernarbeitsübereinkommen ist noch deutliche geringer. Zudem sagt die Ratifikation eines Übereinkommens noch nichts über ihre Umsetzung und faktische Befolgung im Arbeitsleben eines Staates. Jedoch genau auf die Beachtung der Rechte innerhalb der Gemeinwesen und auf Akteure, die die Rechtsbefolgung kontrollieren und einklagen, kommt es an. Das ausgefeilte und bewährte Aufsichtssystem der IAO kann nur in Kraft treten, wenn Übereinkommen ratifiziert wurden. Für die Kernarbeitsnormen wurde in der oben genannten Erklärung allerdings ein eigener

---

9   Der frühere Leiter der IAO-Abteilung DECLARATION hat dazu Indikatoren und Indices für
    die quantitative Erfolgsmessung über Zeit entwickelt, siehe Böhning 2005.

Mechanismus geschaffen, der eine jährliche Überprüfung der Länderbemühungen vorsieht.[10]

2. Als zweite Komponente enthält die Agenda für weltweit menschenwürdige Arbeit die Förderung von *Beschäftigung bzw. produktiver Arbeit*.[11] Auch die Förderung von Beschäftigung spielte schon kurz nach Gründung der IAO und seit der Weltwirtschaftskrise in den klassischen Industrieländern eine wichtige Rolle. Mit der Universalisierung der staatlichen Mitgliedschaft in der Internationalen Arbeitsorganisation im Zuge der Dekolonisierung musste sich die IAO zudem spätestens seit dem Ende des Zweiten Weltkriegs damit auseinandersetzen, dass in vielen Ländern der Dritten Welt keineswegs – wie in manchen Modernisierungsstrategien angenommen – eine breitenwirksame Entwicklung stattfand, sondern eine Marginalisierung bäuerlicher Existenzen, ohne dass diese Menschen in einer aufkommenden Industrie in Lohn kamen. In den schnell wachsenden urbanen Zentren entwickelten sich prekäre Wirtschaftsformen, die durch einen Mangel an Ressourcen, an Recht und Schutz gekennzeichnet waren. Insgesamt bildeten sie einen „marginalen Pol"[12] dramatischen Ausmaßes, wie schon früh in der lateinamerikanischen dependencia-Debatte und in der IAO diagnostiziert.

Mit ihrem *Weltbeschäftigungsprogramm* hatte die IAO erstmals in den 1960er Jahren daher die Arena der Entwicklungspolitik betreten, und zwar gegen die damals und auch heute oft herrschende Auffassung, derzufolge Wirtschaftswachstum mit Entwicklung einfach gleichgesetzt wurde[13]. Es gelang der IAO aber nicht, den Entwicklungsdiskurs maßgeblich zu beeinflussen. Immerhin hat der Wirtschafts- und Sozialrat der Vereinten Nationen im Sommer 2006 erstmals die 2007 die IAO in ihrer Auffassung und Zielsetzung für *decent work* bestätigt. 2008 kam es endlich zur Aufnahme dieser Zielsetzung als Unterpunkt der Armutsreduzierung in den UN-Entwicklungszielen (siehe auch Ocampo/Jomo 2009) und zur Erklärung der IAO über soziale Gerechtigkeit für eine faire Globalisierung.[14]

3. Der dritte Bestandteil der Agenda für menschenwürdige Arbeit weltweit besteht im *Sozialschutz*. Durch die neue Aufmerksamkeit für Beschäftigte in unregelmäßiger, informeller und Heimarbeit werden neue große Aufgaben für

---

10 Zur Grundphilosophie der IAO mit Blick auf die nationale Umsetzung ihrer Übereinkommen siehe Senghaas-Knobloch 2004.
11 Godfrey 2006 diskutiert die Aufgaben, die sich in den drei makroökonomischen Kontexten ergeben, um Beschäftigung im Sinne von decent work zu ermöglichen.
12 So die Begrifflichkeit des peruanischen Sozialwissenschaftlers Aníbal Quijano 1974.
13 Zu Darstellung und Kritik siehe Senghaas-Knobloch 1979.
14 Angesichts der Weltwirtschaftskrise wurde während der 98. Sitzung der Internationalen Arbeitskonferenz im Juni 2009 ein Globaler Beschäftigungspakt beschlossen.

Sozialschutz und Sozialsicherung in den verschiedenen sozioökonomischen und sozialpolitischen Kontexten sichtbar:[15] In den meisten klassischen *Industrieländern* waren und sind herkömmlicherweise erhebliche Teile der sozialen Sicherung an ein formales Beschäftigungsverhältnisses gebunden. Für Arbeitende in anderen Beschäftigungsformen besteht hier ein Mangel. Im Kontext vieler *Transformations*länder mit einer Schocktherapie bei der Einführung der Marktwirtschaft seit den 1990er Jahren haben Arbeitslosigkeit und mangelnder Sozialschutz stark zugenommen. Besonders dringlich ist die Frage, wie die Vielzahl der Menschen in den *Entwicklungsländern*, in denen formale Beschäftigungsverhältnisse nur den geringsten Teil ausmachen, vor jenen Gefährdungen geschützt werden können, die entstehen, wenn Menschen durch mangelnde Erwerbsarbeit, arbeitsbedingte Krankheit und Alter nicht vom Ertrag eigener Arbeit leben können. Mit dieser Perspektive kommen vor allem auch die Probleme von Frauen, die allein unmittelbare Fürsorgeverpflichtungen wahrnehmen, in den Blick.[16]

4. Die vierte strategische Komponente der IAO besteht im *Sozialdialog*: Bei den Entscheidungen zu Arbeitsbedingungen und Sozialschutz sollen neben den Regierungen von Anfang an die Betroffenen mittels der Vertreter beschäftigter Personen (Gewerkschaften) und der Arbeitgeber einbezogen werden.[17] Traditionell baut der Sozialdialog – entsprechend der Entwicklung in Europa – auf repräsentativen Arbeitnehmer- und Arbeitgebervertretungen auf. Prinzip und Ziel des Sozialdialogs sind auf die Umsetzung des Rechts auf Vereinigungsfreiheit als einem grundlegenden Recht zur Förderung und zum Schutz kollektiver Interessen bei der Arbeit angewiesen. Angesichts der veränderten Wirtschaftsstrukturen steht der Sozialdialog jedoch vor erheblichen Schwierigkeiten, aufgrund:

- der flexiblen Beschäftigungsformen und verringerten Gewerkschaftsdichte in den klassischen Industrieländern und in den Transformationsländern,
- des generellen Mangels an Repräsentation der Arbeitenden in der informellen Ökonomie besonders in den Entwicklungsländern sowie
- der erklärten Repression gegenüber Gewerkschaften in vielen Entwicklungsländern und in zunehmendem Maße auch anderenorts.

Darüber hinaus ergeben sich neue Herausforderungen durch neue Rechtsräume wie z.B. die EU.

---

15   Siehe zu den Aufgaben in den verschiedenen Kontexten im Einzelnen: Saith 2006.
16   Die weltweit besonderen Probleme von Frauen im Zugang zu Decent Work werden bei Floro und Meurs 2009 analysiert.
17   Die Herausforderungen zur Umsetzung des Prinzips des Sozialdialogs, einem Kernstück der IAO-Philosophie, und darauf bezogene Indikatoren stellt Kuruvilla 2006 dar.

Die beschriebenen neuen Entwicklungen und Herausforderungen für die vier strategischen Komponenten der Agenda für weltweit menschenwürdige Arbeit stellen sich in den verschiedenen politisch-ökonomischen Länderkontexten verschieden dar, sind aber auch in verschiedenen *Branchenkontexten* zu konkretisieren. Hier lassen sich grob zwei Gruppen unterscheiden: jene Branchen, in denen sich *Kapitalinvestitionen* zu anderen Orten bewegen („global sourcing"), und jene Branchen, in denen sich vor allem die *Arbeitsuchenden* bewegen (*Migration*). Zu einigen möchte ich knappe Anmerkungen machen.

In der Handelsschifffahrt finden wir die beiden Bewegungen (von Seiten des Kapitals und von Seiten der Arbeitsuchenden) vereint. Seeschifffahrt gilt als eine der am stärksten globalisierten Branchen. Hier gibt es nicht nur stark dezentralisierte Unternehmensstrukturen, die mit den klassischen Reedereien nur noch die starke Konzentration des Eigentums gemein haben: Die Auftragserteilung und der Bau von Schiffen, die Klassifizierung und Zertifizierung der Schiffe, die Entscheidung über Handelsrouten, die Auswahl der Schiffsbesatzungen, die Entscheidung über Handelsgüter etc. sind in der Verantwortung verschiedener Unternehmen, die über die Welt verstreut sind. Hier ist auch der Arbeitsmarkt für Seeleute tendenziell global. Das besondere Charakteristikum besteht nun darin, dass für Seeleute der Arbeits- und Lebensort auf Schiffen identisch ist. Welche Qualität das Leben und Arbeiten an Bord von Schiffen aufweist, hängt u.a. von der Flagge ab, unter der das Schiff fährt, auch von der Art und dem Umfang bestimmter einzuhaltender Arbeits- und Sozialstandards für die Besatzung. Die gegenwärtige Situation, dass ein Teil der für die Besatzung an Bord geltenden Regeln für alle gleichermaßen gültig ist, aber ein anderer Teil, besonders der für Löhne und für Sozialschutz, je nach Nationalität der Besatzungsmitglieder von der Nationalität abhängt, macht ordnungspolitisch Schiffe zu einem besonderen Ort[18].

In dieser Branche kämpft die Internationale Transportarbeitergewerkschaft (ITF) seit Jahrzehnten mehr oder minder erfolgreich für den Abschluss von Tarifverträgen für Seeleute. Die Stärke der ITF liegt in ihrer Organisationskraft in den Häfen. Denn hier kann sie mit Blick auf das Laden und Entladen von Schiffen leidlich verlässlichen Druck auf die Schiffseigentümer ausüben. Die Tarifabschlüsse helfen zwar den Seeleuten aus Entwicklungs- und Transformationsländern; für europäische Seeleute haben sie aber ein zu geringes Niveau, um damit an Land ein Auskommen zu finden. Das verschafft Seefahrern aus Industrieländern nur auf Basis besonders erforderlicher Qualifikationen und Patente eine Chance, an Bord zu bleiben, insbesondere dann, wenn das Fahren unter einer

---

18 Dirks 2003 sowie Gerstenberger und Welker 2004 haben über die damit verbundenen Wirkungen geforscht. Siehe auch die Beiträge in diesem Band.

Flagge auch mit der staatlichen Auflage verbunden ist, dass Kapitän und Schiffs-
ingenieure Angehörige der Flaggennationalität sein müssen.

Die zunehmenden Probleme auf See haben dazu beigetragen, dass 2006 ein
neues maritimes Rahmenübereinkommen der IAO beschlossen wurde, das seine
Durchsetzungsfähigkeit, wie auch schon das vorangegangene Referenzübereinkommen 147 nicht nur auf der Kontrolle durch die Flaggenstaaten basiert, sondern auch auf denen der Hafenstaaten, basiert. Falls es im Jahre 2010, wie geplant, auch zur Ratifikation der EU-Länder kommt und das Übereinkommen in
Kraft treten kann, wird sich zeigen, ob es genügend Aufsichtskapazitäten und
Kontrollwillen gibt, um das Übereinkommen faktisch zur Geltung zu bringen,
auch in Zeiten der Krise.

Die Situation an Bord von Schiffen ist deutlich von der Arbeitsmarktsituati-
on in Branchen wie der IT-Industrie zu unterscheiden, in der angetrieben durch
globale Investitionen großer Konzerne arbeitsteilig an verschiedenen Orten und
zu verschiedenen Zeiten gearbeitet werden kann, wenn gewünscht: 24 Stunden
lang an 365 Tagen im Jahr. Die Einzelteile eines PCs kommen oft aus mehr als
zehn verschiedenen Ländern. Dabei werden verschiedene Produktionsregime
eingesetzt, die von hochtaylorisierter Massenproduktion im Auftrag von Firmen
wie Hewlett-Packard, Siemens, aber auch Microsoft und Intel, bis zu Kontrakt-
fertigung mit Produktentwicklungsanteilen reichen. (Lüthje 2007: 203-205) Da
viele nachgefragte IT-Qualifikationen inzwischen von Menschen auch in sozioökonomischen Kontexten außerhalb der klassischen Industrieländer erworben
werden, besonders in Asien, geraten auch Hochqualifizierte in den OECD-
Ländern, wie z.B. Ingenieure, unter Druck.

Tendenziell globale Arbeitsmarktstrukturen finden sich neben bestimmten
Segmenten im „Hightech-Bereich" auch im „Hightouch-Bereich" (wie es Ralf
Dahrendorf einmal ausdrückte). In diesem Bereich vermarktbarer Fähigkeiten
bewegen sich vor allem die Erwerb suchenden Personen über die Landesgrenzen
hinweg. Es geht um den Einsatz von in der Regel weiblichen Haushaltshilfen
und um Pflegetätigkeiten von Frauen – sowohl in Pflege- und Krankeneinrich-
tungen als auch in Privathaushalten. Die tendenziell globalen Pflegeketten („care
chains") weisen meist verdichtete Verbindungen zwischen Pflegepersonen aus
ganz bestimmten Herkunfts- und Einsatzländern auf, ähnlich der Migration im
Allgemeinen. Finden sich in den USA und in den Golfstaaten besonders häufig
Frauen aus den Philippinen und anderen asiatischen Ländern, die die Aufgaben
in den dortigen Haushalten übernehmen, so gibt es ähnliche Beziehungen zwischen Italien[19] und Nordafrika und zwischen Deutschland und Polen. „Ketten"
bilden sich dann, wenn die notwendige Tätigkeit in der eigenen Familie der mig-

---

19   Siehe die Analysen bei: Hochschild 2000; Sarti 2006 und Lutz 2007.

rierten Arbeitskräfte im jeweiligen Heimatland von Personen getan wird, die ihrerseits bezahlt werden und vielleicht wiederum ihre Aufgaben weiter delegieren. Dieser boomende stark informalisierte Beschäftigungssektor macht im Übrigen deutlich, dass die vorherrschende – Fürsorge vergessene – Ökonomie blind für Fragen der sozialen Reproduktion und des sozialen Zusammenhalts ist. Welche Probleme werfen diese Entwicklungen in Deutschland auf?

4 Die Herausforderung der skizzierten tiefgreifenden Veränderungen für die bundesdeutsche Arbeitswelt und Arbeitsforschung

Schon 1919 war die Mahnung formuliert worden: „Auch würde die Nichteinführung wirklich menschenwürdiger Arbeitsbedingungen durch eine Nation die Bemühungen anderer Nationen um Verbesserung des Loses der Arbeitnehmer in ihren Ländern hemmen". Heute wirkt die von der OECD-Welt bestimmte Globalisierung auf die Arbeitswelt[20] ihrer Ursprungsländer zurück:

- Der *globale Warenaustausch* findet zu einem großen Teil innerhalb der wenigen großen globalen Konzerne statt. Im globalen Wettbewerb stehen daher weniger Güter aus verschiedenen Ländern als vielmehr „Standorte" ein und desgleichen Konzerns oder auch konkurrierender Konzerne der gleichen Branche.
- Die Welt der *Finanzaktivitäten* hat sich von der Welt der realen Wertschöpfung entfernt. Auch Standorte mit guten Gewinnaussichten können daher von Schließung bedroht sein, wenn sich eine Finanzanlage an anderer Stelle oder in anderen Wirtschaftsfeldern noch besser zu rentieren scheint.
- Die Zahl der Menschen, die in der Weltökonomie auf den *Arbeitsmärkten* tätig sind und branchenweit tendenziell miteinander konkurrieren, hat sich in dem letzten Jahrzehnt fast verdoppelt. Waren es 1995 etwa 1.5 Milliarden Menschen, so sind es gegenwärtig annähernd 3 Milliarden, darunter viele mit vergleichsweise niedrigem Verdienst, aber keineswegs niedriger Qualifikation.
- Längst überwunden geglaubte Probleme, wie die Zunahme der *Zwangsarbeit,* tauchen überall auf der Welt, so auch der Bundesrepublik Deutschland, wieder auf z.B. in Gestalt von Menschenhandel, vor allem im Zusammenhang mit erzwungener Prostitution.

---

20   Zur Problematik einer globalen Teilordnung für Arbeit und Soziales siehe dazu auch Senghaas-Knobloch 2009.

- In den europäischen Ländern hat die staatliche Bereitschaft zu *sozialer Schutzverantwortung* abgenommen.

Der erklärte edle Wettbewerb nicht nur um „mehr" sondern auch um „bessere Arbeitsplätze", wie in der Beschäftigungsstrategie der EU in Lissabon seit der Jahrhundertwende formuliert wurde, wird durch neuere Urteile des EUGH ausgebremst, in denen die Ausübung des Grundrechts auf Vereinigungsfreiheit mit dem Hinweis auf das Recht der Niederlassungsfreiheit relativiert wird. In dem fraglichen Urteil von Dezember 2007 heißt es, „dass die Ausübung der Grundrechte, nämlich der Meinungs- und Versammlungsfreiheit sowie der Menschenwürde, nicht außerhalb des Anwendungsbereichs der Bestimmungen des Vertrags liegt und dass sie mit den Erfordernissen hinsichtlich der durch den Vertrag geschützten Rechte (insbesondere der Niederlassungsfreiheit von Unternehmen) in Einklang gebracht werden und dem Verhältnismäßigkeitsgrundsatz entsprechen muss".[21]

Mit Blick auf *Beschäftigung* ist zu konstatieren, dass noch vor Ausbruch der Weltwirtschaftskrise 2008 die durchschnittliche Summe sozialversicherungspflichtiger Beschäftigung nach einem voran gegangenen Abbau im Jahre 2007 mit etwa 27,7 Millionen in etwa wieder auf der gleichen Höhe war wie 2003. Dabei ist die Zahl der Vollzeitbeschäftigten jedoch etwas gesunken, die der Teilzeitbeschäftigten stark gestiegen. Daneben ist ein starker Anstieg von nicht sozialversicherungspflichtiger Beschäftigung zu verzeichnen, sei es in Gestalt der Alleinselbständigkeit, sei es in Gestalt sogenannter Mini- und Midijobs. Im Jahre 2007 belief sich die Zahl der Mini-Jobber bei ca. 5.7 Millionen Personen, davon 4.9 Millionen, die ausschließlich diesen Job haben.[22] Es muss nach wie vor von einem erheblichen Anteil nichtregistrierter, also informeller Beschäftigung ausgegangen werden. Diese Heterogenität der Beschäftigungsformen tangiert auch die Rechte bei der Arbeit. Seit dem Ausbruch der Weltfinanz- und folgend der Wirtschaftskrise ist ein erneuter Einbruch der Beschäftigtenzahlen zu verzeichnen, wobei Maßnahmen, wie die besondere Kurzarbeitsregelung in der Lage war, noch größere Probleme zu verhindern.

Klassische *Rechte* bei der Arbeit gelten zu einem großen Teil nur in sozialversicherungspflichtiger Beschäftigung. Diese stellt hierzulande zwar noch den größten Teil aller Beschäftigung dar, aber nicht den wachsenden, und innerhalb der sozialversicherungspflichtigen Beschäftigungsform steigt die Zahl der befristeten und der Teilzeitverträge. Ein dynamischer Anstieg der Beschäftigung findet sich in der Form der Alleinselbständigkeit. Für Alleinselbständige gelten aber

---

21   Das Zitat ist aus Joerges/Rödl 2008:15 entnommen.
22   IAB-Kurzbericht Nr. 5, 2007: 2.

weder das Arbeitsrecht samt betrieblicher Gesundheitsförderung[23], noch viele Teile des Sozialschutzes. Ähnliches trifft für die wachsende Zahl der Beschäftigten in Mini- und Midijobs zu. Diese Heterogenität – verbunden mit deutlichen Lücken der Umsetzung geltenden Rechts, vor allem mit Blick auf die Einhaltung der gesetzlichen Arbeitszeitregelung sowie Arbeitsschutzvorkehrungen und Gesundheitsförderung im Arbeitsleben – erschwert die Herausbildung eines allgemein geltenden kulturellen Sozialstandards, der dem Gerechtigkeitsempfinden Rechnung trägt. Eine bedeutende Zukunftsaufgabe der Arbeitsforschung liegt m.E. darin, solche Ansätze für die Inklusion in Beschäftigung zu identifizieren und auszugestalten, die auch den Arbeits- und Sozialschutz einbeziehen.

Der *Sozialschutz* ist heute bis zu einem gewissen Grad entpatriarchalisiert, indem er jetzt auch in Deutschland tendenziell von einer Vorstellung von Familie im Sinne des Adult-Worker-Modells geprägt ist: Männer und Frauen sollen möglichst umfassend dem Arbeitsmarkt zur Verfügung stehen. Strategien der Gleichstellung weisen dabei m.E. eher den Charakter von Angleichung an das vormals männliche Modell als den Respekt vor nicht-ökonomischen Bedürfnissen auf (Kurz-Scherf 2007). Ehedem unbezahlte Fürsorgetätigkeiten werden verberuflicht und damit als gesellschaftlich notwendig anerkannt. Das geht aber noch nicht mit einer besonderen Wertschätzung einher. Zudem ist es offenbar auch nicht möglich, jede notwendige Sorgetätigkeit zu kommerzialisieren.[24] Wie sie aber auf Dauer praktisch gewährleistet werden können, bleibt die Aufgabe einer breiten gesellschafts- und arbeitspolitischen Debatte.

Über diese Problem- und Aufgabenkreise hinaus, wirft die auch hierzulande größer werdende Umsetzungslücke der geltenden Rechtsansprüche einen weiteren Problemkomplex auf. In den letzten Jahren werden – ganz auf der Linie des liberalen Mainstreams – freiwillige und private Unternehmensinitiativen für Sozialstandards gepriesen, nicht nur im Rahmen des Globalen UN-Pakts, den der frühere Generalsekretär Kofi Annan in Davos ins Leben rief, sondern auch im Rahmen der EU. Nun kommt es tatsächlich darauf an, die global agierenden Unternehmen wegen ihrer Handlungsmächtigkeit an die Ziele von internationalen Sozialstandards zu binden. Müsste ihnen nicht im eigenen wohlverstandenen Interesse daran gelegen sein, so lässt sich argumentieren, die soziale Basis für ihre Geschäftätigkeit in Europa zu erhalten und anderenorts zu befördern, durch Rechtssicherheit, gute Infrastruktur, gut ausgebildete, vielseitig interessierte Arbeitskräfte und Kaufkraft? Eine solche Betrachtung setzt allerdings kulturell Langsicht oder weit gestreckte Zeitperspektive voraus, die im gegenwärtigen

---

23 Zu den Folgeproblemen und Aufgaben siehe Becke/Bleses/Schmidt 2009.
24 Zu dem Problemkreis siehe Kumbruck/Senghaas-Knobloch 2008 sowie Kumbruck/Rumpf/ Senghaas-Knobloch 2010 (i.E.).

Finanzkapitalismus weithin gerade außer Kraft ist. Die geringe Zahl von etwa 60 *internationalen Rahmenabkommen* (framework agreements) zwischen transnationalen Unternehmen und globalen Gewerkschaftsbünden/Konzernbetriebsräten (bei einer Gesamtzahl von ca. 60.000 transnationalen Unternehmen!) zur Einhaltung einiger grundlegender Rechte an allen Produktionsstätten wirft hier ein grelles Schlaglicht auf das Problem (Müller/Platzer/Rüb 2008)[25]. Ebenso bedeutsam ist, dass die Europäische Handelskammer offenbar auch bei der Novellierung des chinesischen Arbeitsrechts von 2008 bezüglich Vereinigungsfreiheit und unbefristeter Verträge zu bremsen gesucht hat.[26] Stattdessen hatte sich diese Lobbygruppe für Flexibilität der Beschäftigungsverhältnisse und eine Ausbildung in Corporate Social Responsibility (CSR) ausgesprochen. Branchen- und Länderstudien zeigen aber, dass anwaltschaftliche Nichtregierungsorganisationen keinen nachhaltigen Erfolg haben, wenn nicht Selbstorganisation und neue Kräfteverhältnisse vor Ort zustande kommen.[27]

Mir scheint es nicht zufällig, dass in dieser Perspektive für langfristige Entwicklung eine Gemeinsamkeit mit dem in den 1970er Jahren aufgestellten hoch innovativen Programm zur Humanisierung des Arbeitslebens (Matthöfer 1974) sichtbar wird, von dem seit Ende der 1990er Jahre in der Arbeitsforschung nur noch selten die Rede war, dem jetzt aber erneut Aufmerksamkeit in Gewerkschaftskreisen gewidmet wird (Peter 2009). Es kommt m.E. heute darauf an, die konkrete Gestalt einer menschenwürdigen Arbeit unter den neuen globalen Ausgangsbedingungen auch in Deutschland neu zu bestimmen:

Dazu gehören damals wie heute die *Beteiligung und Mitsprache* der Menschen, die ihre Arbeitskraft in den gesellschaftlichen Leistungsaustausch einbringen wollen und auch das Erproben *neuer Formen der kollektiver Selbstorganisation* sowie gemeinsamer Interessenbildung genossenschaftlicher und gewerkschaftlicher Art.[28] Darüber hinaus kommt es heute unausweichlich darauf an, eine *neue Balance* zu finden und zu stützen zwischen beruflichen Tätigkeiten, die in den ökonomischen Leistungstausch eingebunden sind, und nicht bezahlten, nicht beruflichen, Tätigkeiten, die aber für die Lebensqualität und den gesellschaftlichen Zusammenhalt unabdingbar sind. Die Aktion Decent Work/Decent Life, die vom Internationalem und vom Europäischem Gewerkschaftsbund sowie von einer Reihe von Nichtregierungsorganisationen, wie Social Alert getragen wird, kann vielleicht das geeignete Forum zur Verfolgung dieser Aufgaben darstellen.

---

25   Papadakis 2008 legt eine Sammlung von Studien vor, in denen unter anderem auch die maritime Situation dargestellt wird.
26   Konkrete Hinweise in Informationsbrief Weltwirtschaft und Entwicklung, 2008: 6.
27   Beispiele finden sich bei Barrientos, ILO-workingpaper 77, 2007.
28   Siehe dazu Negt 2002 und 2010.

Literatur

Altvater, Elmar (2005): Das Ende des Kapitalismus, wie wir ihn kennen. Eine radikale Kapitalismuskritik. Münster: Westfälisches Dampfboot

Barrientos, Stephanie (2007): Global Production Systems and Decent Work. ILO-Workingpaper 77. Geneva: International Labour Office

Bartolomei de la Cruz, Héctor/von Potobsky, Geraldo/Swepston, Lee (1996): The International Labor Organization. The International Standards System and Basic Human Rights. Boulder/Colorado

Becke, Guido (Hg.) (2008): Soziale Nachhaltigkeit in flexiblen Arbeitsstrukturen. Problemfelder und arbeitspolitische Gestaltungsperspektiven. Berlin: LIT Verlag

Becke, Guido/Bleses, Peter/Schmidt, Sandra (2009): Nachhaltige Arbeitsqualität: Eine Perspektive für die Gesundheitsförderung in der Wissensökonomie, artec | Forschungszentrum Nachhaltigkeit an der Universität Bremen, artec-paper Nr. 158 (http://www.artec.uni-bremen.de/files/papers/paper_158.pdf)

Böhning, W. Roger (2005): Labour Rights in Crisis. Measuring the Achievement of Human Rights in the World of Work. HoDore, Ronald (2004): New Forms and Meanings of Work in an Increasingly Globalized World. Genf: Institute of International Labour Studies

Floro, Maria S./Meurs, Mieke (2009): Global Trends in Women's Access to ‚Decent Work'. In: Friedrich Ebert Stiftung und International Labour Organization Dialogue on Globalization. Occasional Paper 43

Gerhard, Ute (Hg.) (1997): Frauen in der Geschichte des Rechts. München: C.H. Beck

Gerstenberger, Heide/Welke, Urich (2004): Arbeit auf See. Zur Ökonomie und Ethnologie der Globalisierung. Münster: Westfälisches Dampfboot

Giegerich, Thomas/Zimmermann, Andreas (2008): Wirtschaftliche, soziale und kulturelle Rechte im globalen Zeitalter. Berlin: Duncker & Humblot

Godfrey, Martin (2006): Employment Dimension of Decent Work. Trade-offs and Complementarities. In: Ghai, Dharam (Ed.): Decent Work. Objectives ans Strategies. Geneva: International Labour Office. 77-126

Hepple, Bob (2006): Rights at Work. In: Ghai, Dharam (Ed.): Decent Work. Objectives and Strategies. Geneva: International Labour Office. 33-75

Hochschild, Arlie Russell (2000): Global Care Chains and Emotional Surplus Value. In: Giddens, Antony/Hutton, Will (Ed.): On the Edge. Living with Global Capitalism. London: Jonathan Cape.133-146

Institut für Arbeitsmarkt- und Berufsforschung (2007): IAB-Kurzbericht Nr. 5

Internationales Arbeitsamt (1997): Verfassung der Internationalen Arbeitsorganisation und Geschäftsordnung der Internationalen Arbeitskonferenz. Genf

Internationales Arbeitsamt (1998): Erklärung der IAO über grundlegende Prinzipien und Recht bei der Arbeit und ihre Folgemaßnahmen. Genf

Internationales Arbeitsamt (1999): Menschenwürdige Arbeit. Bericht des Generaldirektors an die Internationale Arbeitskonferenz, 87. Tagung. Genf

Joerges, Christian/Rödl, Florian (2008): Von der Entformalisierung europäischer Politik und dem Formalismus europäischer Rechtsprechung im Umgang mit dem „sozialen

Defizit" des Integrationsprojekts. In: ZERP-Diskussionspapier 2. Universität Bremen

Kumbruck, Christel/Senghaas-Knobloch, Eva (2008): Zum Ethos fürsorglicher (Pflege-)-Praxis – Dilemmata in der modernen Dienstleistungsgesellschaft. In: L'Homme. Europäische Zeitschrift für feministische Geschichtswissenschaft. Jg. 19, H. 28. 15-37

Kumbruck, Christel/Rumpf, Mechthild/Senghaas-Knobloch, Eva (2010): Das Ethos fürsorglicher (Pflege-)Praxis auf der Suche nach Wertschätzung (i. E.)

Kuruvilla, Sarosh (2006): Social Dialogue for Decent Work. In: Ghai, Dharam (Ed.): Decent Work. Objectives and Strategies. Geneva: International Labour Office. 175-222

Kurz-Scherf, Ingrid (2007): Soziabilität. Auf der Suche nach neuen Leitbildern der Arbeits- und Geschlechterforschung. In: Aulenbacher, Brigitte/Funder, Maria/Völker, Susanne (Hg.): Arbeit und Geschlecht im Umbruch der modernen Gesellschaft. Forschung im Dialog. Wiesbaden: VS Verlag. 269-284

Liese, Andrea (2005): 'Capacity Building' als Strategie zur Förderung der Regeleinhaltung. Erfahrungen der ILO bei der Abschaffung von Kinderarbeit. In: Senghaas-Knobloch, Eva (Hg.): Weltweit geltende Arbeitsstandards trotz Globalisierung. Münster: LIT Verlag. 63-79

Lüthje, Boy (2007): 'Desorganisierte Despotismus'. Globale Produktion, soziale Diskriminierung und Arbeitsbeziehungen in der Elektronikindustrie in China. In: Aulenbacher, Brigitte/Funder, Maria/Jacobsen, Heike/Völker, Susanne (Hg.): Arbeit und Geschlecht im Umbruch der modernen Gesellschaft. Forschung im Dialog. Wiesbaden: VS Verlag. 201-216

Lutz, Helma (2007): Vom Weltmarkt in den Privathaushalt. Die neuen Dienstmädchen im Zeitalter der Globalisierung. Opladen & Farminton Hills: Barbara BudrichMüller, Torsten/Platz, Hans-Wolfgang/Rüb, Stefan (2008): Internationale Rahmenvereinbarungen. Chancen und Grenzen eines neuen Instruments globaler Gewerkschaftspolitik. Bonn: Friedrich-Ebertstiftung. Globale Gewerkschaftspolitik, Kurzbericht 8

National Labor Committee (2009): High Tech Misery in China. The Dehumanization of Young Workers Producing Our Computer Keyboards. New York and Pittsburgh

Negt, Oskar (2002): Arbeit und menschliche Würde. Göttingen: Steidl, 2. Auflage

Negt, Oskar (2010): Das Mandat der Gewerkschaften. In: Blätter für deutsche und internationale Politik. Jg. 55, Heft 5. 59-64

Nussbaum, Martha (1999): Women and Equality. The Capabilities Approach. In: International Labour Review, Vol. 138, No 3. 227-245

Ocampo, José Antonio /Jomo, K.S. (Ed.) (2007): Towards Full and Decent Employment. Hyderabad: United Nations

Papadakis, Konstantinos (Ed.) (2008): Cross-Border Social Dialogue and Agreements. An Emerging Global Industrial Relations Framework? Geneva: International Institute for Labour Studies

Peter, Gerd (2009): Neue Arbeitspolitik und politische Ökologie zusammen denken. Was lässt sich aus dem Exempel des alten HdA-Programms heute lernen? In: Prokla, Band 156. 459-474

Quijano, Aníbal (1974): Marginalisiert Pol der Wirtschaft und marginalisierte Arbeitskraft. In: Senghaas, Dieter (Hg.): Peripherer Kapitalismus. Analysen über Abhängigkeit und Unterentwicklung. Frankfurt/M.: edition suhrkamp. 298-341

Rodgers, Gerry/Lee, Eddy/Van Daele, Jasmien (2009): The International Labour Organization and the Quest for Social Justice, 1919-2009. Geneva: International Labour Office

Saith, Ashwani (2006): Social Protection, Decent Work and Development. In: Ghai, Dharam (Ed.): Decent Work. Objectives and Strategies. Geneva: International Labour Office. 127-173

Sarti, Raffella (2006): „Die meisten von uns haben sogar eine höhere Bildung..." Neue DienstbotInnen in Südeuropa im Zeitalter der Globalisierung. In: L'Homme. Zeitschrift für feministische Geschichtswissenschaft, 17, 2. 107-117

Sen, Amartya (1999): Development as Freedom. New York

Senghaas, Dieter (1998²): Von Europa lernen. Frankfurt/M.: edition suhrkamp

Senghaas-Knobloch, Eva (1979): Reproduktion von Arbeitskraft in der Weltgesellschaft. Zur Programmatik der Internationalen Arbeitsorganisation. Frankfurt/M: Campus

Senghaas-Knobloch, Eva (2004): Zwischen Überzeugen und Erzwingen. Nachhaltiger Druck für Geltung und Wirksamkeit internationaler Arbeits- und Sozialstandards. In: Zangl, Bernhard/Zürn, Michael (Hg.): Verrechtlichung – Baustein für Global Governance? Bonn: Dietz. 140-159

Senghaas-Knobloch, Eva (2009): Sisyphusarbeit am Genfer See. Bemühungen um international geltende Arbeits- und Sozialstandards. In: Breitmeier, Helmut/Roth, Michèle/Senghaas, Dieter (Hg.): Sektorale Weltordnungspolitik. Effektiv, gerecht und demokratisch`? Baden-Baden: Nomos. 130-149

Senghaas-Knobloch, Eva/Dirks, Jan/Liese, Andrea (2003): Internationale Arbeitsregulierung in Zeiten der Globalisierung. Politisch-organisatorisches Lernen der Internationalen Arbeitsorganisation. Münster: LIT Verlag

Weiß, Norman (2009): Das globale Menschenrechtssystem. Entwicklungsstand und Voraussetzungen seiner Verwirklichung. In: Breitmeier, Helmut/Roth, Michèle/Senghaas, Dieter (Hg.): Sektorale Weltordnungspolitik. Effektiv, gerecht und demokratisch? Baden-Baden: Nomos. 72-91

Weltwirtschaft, Ökologie & Entwicklung e.V. (WEED e.V.) (2007): High-Tech-Sweatshops in China. Arbeitsrechte im internationalen Standortwettbewerb und die Perspektiven von Corporate Social Responsibility. Bonn

Alle Dokumente der IAO befinden sich auf der Webpage: www.ilo.org

II. Decent Work in der Regulierung von Arbeit: Globale, europäische und nationale Perspektiven

"Decent Work" durch Selbstverpflichtungen Transnationaler Unternehmen?

Rainer Dombois

Die Globalisierung findet ihren Ausdruck nicht nur in dem enormen Wachstum des Welthandels und in der Ausweitung und Verdichtung der ökonomischen Verflechtungen – ihre Kehrseite sind wachsende Wohlstandsgefälle und soziale Ungleichheit innerhalb und zwischen den Weltregionen, Armut eines großen Teils der Weltbevölkerung und massive Migration. Die ‚soziale Frage', in der europäischen Industrialisierungsphase eine mächtige Quelle der Entwicklung des Sozialstaats und der sozialen Rechte auf nationaler Ebene, ist zur ‚transnational social question' (Faist 2009) mutiert. Das universelle Konzept der IAO zu ‚Decent Work' kann als eine Antwort angesehen werden. Es integriert unterschiedliche Aspekte von Arbeit: Arbeitnehmerrechte und soziale Standards, Partizipation und Interessenvertretung, soziale Sicherheit und Beschäftigung und zielt auf ihre globale Verbreitung, vor allem auch in Entwicklungsregionen (Ghai 2006). Welchen Beitrag können transnationale Konzerne dazu leisten?

Schon vor einigen Dekaden sind Ansätze entwickelt worden, transnationale Unternehmen als Akteure der Globalisierung auf internationale Sozialstandards zu verpflichten. In den 1970er Jahren ging es vor allem um die Beschränkung ihrer politischen und ökonomischen ‚Macht ohne Grenzen' durch rechtlich gestützte Formen der Kontrolle, gleichermaßen zum Schutz der Regierungen wie der Arbeitnehmer und ihrer Organisationen. Die Akzente in der Diskussion haben sich aber im Zuge der neoliberalen Globalisierung insbesondere seit den 1990er Jahren drastisch verschoben. Transnationale Unternehmen haben gleichermaßen an ökonomischer Macht und an Autonomie gewonnen. Mit ihren globalen Organisations- und Zuliefernetzen sind sie zu strategischen Akteuren eines schubartigen Internationalisierungsprozesses geworden und strukturieren mit ihren Politiken in starkem Maße auch die ‚soziale Dimension' der Globalisierung. Sie beeinflussen regionale Wirtschafts- und Erwerbsstrukturen, öffentliche Ressourcen und ihre Verwendung. Nicht zuletzt prägen sie mit ihren Beschäftigungs- und Personalpolitiken lokale Arbeitsmärkte und die Arbeits- und Lebensbedingungen großer Gruppen. Staaten werben nun um die Konzerne, weil sie sich von ihnen Kapitalzufuhr, Technologietransfer, Produktivitätssteigerungen und Beschäftigungszuwachs versprechen. Zunehmend wird nun eher voluntaristischen Regelungsformen, so Selbstverpflichtungen der gesellschaftlichen Verantwortung gegenüber Gesellschaft und Umwelt, insbesondere auch gegenüber den Beschäftigten und ihren Interessenvertretungen eine zentrale Bedeutung eingeräumt (Streeck 1998). Bezugsrahmen bilden nicht Rechtsnormen, sondern gesellschaftliche Erwartungen.

Transnationale Konzerne als ‚moralische' Akteure? Unternehmen, welche die Handelsliberalisierung eingefordert und vielfach genutzt haben, um Standortvorteile zu nutzen – billige Arbeitskräfte, Qualifikationen, Rohstoffe, Zugang zu attraktiven Märkten –, und häufig genug damit die Auflagen und Kosten ihrer Heimatländer zu umgehen suchten? Und doch – transnationale Unternehmen haben in wachsendem Maße in den letzten beiden Jahrzehnten Verhaltenskodizes entwickelt oder auch vertraglich vereinbart und Prinzipien und Sozialstandards, die auch im Konzept von ‚Decent Work' von Bedeutung sind, für alle ihre Gliederungen (mitunter auch für Zulieferer) für verbindlich erklärt.

Dies wirft allgemeinere Fragen zur möglichen Reichweite und zum Stellenwert von Selbstverpflichtungen auf: Können transnationale Konzerne zur (globalen) Durchsetzung sozialer Standards, selbst gegen herrschende Normen und Praktiken der Gastländer, beitragen? Können sie über die Organisationsgrenzen hinaus zur Verbreitung von ‚Decent Work' insbesondere in Entwicklungsländern beitragen? Können sie Defizite zwischenstaatlicher Arrangements ausgleichen oder sogar diese ersetzen?

Selbstverpflichtungen der gesellschaftlichen Verantwortung – so meine Argumentation – entsprechen durchaus den Interessen und Anforderungen von großen Unternehmen in einer stets komplexeren Umwelt und können Wirkung in Konzernverbünden und im Konzernumfeld entfalten – umso mehr, wenn sie durch die Arbeitsbeziehungen in den Gastländern und zwischenstaatliche Vereinbarungen oder Verträge gestützt werden. Allerdings wird ihre Umsetzung durch widersprüchliche Anforderungen – Konzernstrategien, Autonomie lokaler Dependancen und spezifisch lokalen Anpassungsdruck – geprägt und gebrochen. Insgesamt haftet ihnen aber die Schwäche einer ‚Diaspora-Regulierung' (Pries 2008) an, solange die von der Unternehmenszentrale bestimmten Prinzipien nicht auch in den lokalen Gliederungen eingebettet und reklamiert werden, ihre Umsetzung nicht auch im Konzernumfeld von Akteuren der Gastländer gefordert wird. Sie bergen dann das Risiko des Opportunismus – selektiver Anwendung, Umdeutung bis hin zur Ignoranz – in sich. Der Wirkungsbereich von Selbstverpflichtungen beschränkt sich auf den Konzernverbund und allenfalls das engere Konzernumfeld. Selbstverpflichtungen können aber andere, ähnlich ausgerichtete Quellen transnationaler Regulierung im Governancesystem sozialer Regulierung ergänzen und verstärken und so zur Verbreitung von ‚Decent Work' beitragen.

Im Folgenden werde ich zunächst das Konzept der gesellschaftlichen Unternehmensverantwortung behandeln. Im zweiten Abschnitt werden dann einige institutionelle Ansätze seiner transnationalen Umsetzung vorgestellt und kommentiert. Im dritten Abschnitt sollen organisations- und entwicklungssoziologische Überlegungen zu einer realistischen Einschätzung der (doch eher begrenzten) Reichweite der Regelung durch Selbstverpflichtungen verhelfen. In einem letzten Abschnitt wird dann der Beitrag und Stellenwert von Verpflichtungen gesellschaftlicher Verantwortung in dem größeren Feld von transnationalem Governance im sozialen Bereich erörtert.

1 Gesellschaftliche Verantwortung von Unternehmen

Im Diskurs zur gesellschaftlichen Verantwortung von Unternehmen geht es um Selbstverpflichtungen von Unternehmen in verschiedenen Politik- und Beziehungsfeldern (Carroll 1999). So heißt es im Grünbuch der Europäischen Kommission: „Mit dem Bekenntnis ihrer sozialen Verantwortung und der freiwilligen Übernahme von Verpflichtungen, die über ohnehin einzuhaltende gesetzliche und vertragliche Verpflichtungen hinausgehen, streben die Unternehmen danach, Sozial- und Umweltstandards anzuheben und zu erreichen, dass die Grundrechte konsequenter respektiert werden" (Europäische Kommission 2001).

Allerdings ist das Konzept diffus, eine *catch-all-phrase*, und durchaus umstritten. Nach Auffassung von Milton Friedman beschränkt sich die gesellschaftliche Verantwortung von Unternehmen darauf „to use its resources and engage in activities designed to increase its profits as long as it stays within the rules of the game which is to say engages in open and free competition, without deception and fraud" (zit. bei van Tulder/van der Zwaart 2005: 130). Und Robert Reich sieht in durchaus kritischer Absicht die Aufgabe der Unternehmen darin, das Spiel der Wirtschaft aggressiv zu spielen, dies aber nach den vom Staat gesetzten Regeln, der als einzige Institution legitimiert ist, das Gemeinwohl zu vertreten. Der Diskurs zur gesellschaftlichen Verantwortung, der auf weitergehende Selbstverpflichtungen zielt, erscheint ihm als ‚Zynismus': als Ausdruck abnehmenden Vertrauens in die Demokratie, als Mittel, gesetzliche Regulierung zu verhindern, als Verbrämung profitabler Praktiken (Reich 2007: 219ff.).

Die schnelle Verbreitung des Diskurses zur gesellschaftlichen Verantwortung lässt sich aber wohl nicht mehr einfach als Siegeszug neoliberaler Unternehmensideologie abtun, die sich mit dem Siegel des Gemeinwohls zu schmücken sucht. Sie dürfte auch die zunehmende Komplexität der Beziehungen von Unternehmen zu und in der Gesellschaft ausdrücken, die sich marktlicher, aber auch staatlicher Regulierung entziehen. So sind die Unternehmen mit den An-

sprüchen einer Vielzahl von Stakeholdern – Beschäftigten, Konsumenten, Zulieferern, Staat und Gemeinden, Umweltorganisationen – konfrontiert, die sie nur
um den Preis von Konflikten, Reputationsverlusten und/oder wirtschaftlichen
Einbußen ignorieren können. Ja, Märkte selbst werden ‚moralisiert', durch soziale Orientierungs- und Wertemuster geprägt, die zunehmend in das Verhalten von
Konsumenten und auch Produzenten eingehen und Produkte wie Produktionsprozesse beeinflussen (Stehr 2007: 63ff.). Die Beziehungen zu Stakeholdern
werden zu strategisch wichtigen Managementfeldern des ‚Business-Society Management' (Van Tulder/van der Zwaart 2005) oder des ‚Public Affairs Management' (Welge/Holtbrügge 1998).

2   Transnationale Regelungsansätze

Die zunehmende Bedeutung des Diskurses zur gesellschaftlichen Verantwortung
von Unternehmen drückt sich auch in der Vielfalt von transnationalen Rege-
lungsansätzen aus, die direkt die Unternehmen mitsamt ihren Gliederungen in
den Gastländern, mitunter auch die Zulieferer zu verpflichten suchen; einen
zentralen Stellenwert haben dabei die Prinzipien, Normen oder Leitlinien für das
Verhalten gegenüber ihren Beschäftigten und deren Interessenvertretungen.
    Während die in den 1970er Jahren entwickelten Verhaltensrichtlinien für
transnationale Konzerne ihre Verbindlichkeit noch auf zwischenstaatlichen Vereinbarungen gründeten, hat sich insbesondere seit den 1990er Jahren ein rasch
wachsendes Spektrum von privaten Arrangements aufgetan, die auf freiwilligen
Selbstverpflichtungen von Unternehmen beruhen (Greven 2004; Koenig-Archibugi 2004; Greven/Scherrer 2005; Dombois 2006).
    Ursprünglich als Vorarbeit für ein völkerrechtlich verbindliches Regelwerk
der UN gedacht (Weiss 2001), war die *Dreigliedrige Erklärung der Prinzipien
für Multinationale Unternehmen und Sozialpolitik'* der IAO von 1977, ein öffentlicher Verhaltenskodex, der mit Beteiligung der Sozialpartner entwickelt
wurde und Regierungen und Konzerne zur Durchsetzung von, in Konventionen
und Empfehlungen gefassten, internationalen Sozialstandards anhält. Diese gehen über den Kreis der den allgemeinen Grundrechten zugerechneten Kernarbeitsnormen der IAO – Gebot der Nicht-Diskriminierung, Verbot von Kinder-
und Zwangsarbeit; Vereinigungsfreiheit und Recht auf Kollektivvereinbarungen
– hinaus. Die in derselben Phase vereinbarten *Leitsätze der OECD für multinationale Konzerne'* von 1976 zielen auf die in den OECD-Ländern ansässigen
Multinationalen Unternehmen, schließen aber seit ihrer Revision im Jahre 2000
auch deren Dependancen in Nicht-OECD-Ländern ein. Sie enthalten arbeits- und
sozialpolitische Prinzipien, darunter die Kernarbeitsnormen, richten sich aber auf

ein sehr viel breiteres Spektrum von Handlungsfeldern. Beide öffentlichen Verhaltenskodizes haben zwar keinen rechtsverbindlichen Charakter, gehen aber über reine Empfehlungen an die Unternehmen hinaus, weil sie Verfahren des Monitoring bzw. der institutionellen Konfliktregelung vorsehen. So prüfen in Beschwerdeverfahren der OECD nationale Kontaktstellen die von Gewerkschaften oder NGO gegen Unternehmen eingereichten Beschwerden, sollen mit den Beteiligten Problemlösungen suchen und gegebenenfalls die Öffentlichkeit über den Konfliktfall informieren. Die Wirksamkeit beider Kodizes ist, wie Weiss schreibt, allerdings marginal geblieben, geht kaum über individuelle Konfliktfälle hinaus (Weiss 2001: 371).

Neben den öffentlichen Kodizes hat sich insbesondere seit den 1990er Jahren ein rasch wachsendes Spektrum von privaten Arrangements entwickelt.

Am weitesten verbreitet sind von individuellen Unternehmen oder Unternehmensverbänden eines Sektors selbst aufgestellte Verhaltenskodizes. In der Selbstdarstellung großer Firmen fehlt inzwischen kaum mehr die Präsentation von allgemeinen Grundwerten und Leitlinien, die für den gesamten Unternehmensverbund, also auch für die ausländischen Niederlassungen Verbindlichkeit haben sollen. Viele Firmen haben aber auch präzisere Verhaltenskodizes aufgestellt, die Prinzipien und Standards für verschiedene Handlungsfelder enthalten – so meist auch für Arbeitsverhältnisse – und Formen der Überwachung vorsehen; auch wird in jährlichen Sozial- oder Nachhaltigkeitsberichten über die Umsetzung ihrer Selbstverpflichtungen berichtet (KPMG 2005).

Neben den einseitigen Verhaltenskodizes sind seit Ende der 1980er Jahre auch eine Reihe von Verhaltenskodizes zwischen individuellen Konzernen und internationalen Branchengewerkschaftsföderationen (Global Union Federations) vertraglich vereinbart worden, meist mit starker Beteiligung der betrieblichen und nationalen gewerkschaftlichen Interessenvertretungen. Die ,*Internationalen Rahmenabkommen*' können als erste globale Firmentarifverträge angesehen werden, allerdings mit einer höchst begrenzten Palette von Regelungsinhalten. Sie verpflichten die Unternehmen (und über sie oft auch die Zulieferer) zur Einhaltung von Sozialstandards, so vor allem der Kernarbeitsnormen der IAO und enthalten auch prozedurale Bestimmungen zur Umsetzung. (Müller/Platzer/Rüb 2004; Hammer 2005; Riisgaard 2005). Häufig werden sie auch für die Zulieferer verbindlich gemacht. Anfang 2008 gab es 60 solcher Abkommen, darunter auch mit einer Reihe deutscher Unternehmen.

Schließlich finden wir Multi-Stakeholder- Arrangements, an denen neben den Unternehmen verschiedene Stakeholdergruppen – NGO, Interessenverbände, staatliche Akteure oder internationale Organisationen – beteiligt sind. Auf Initiative des UN-Generalsekretärs entstand in public-private partnership der *Global Compact*, das inzwischen mehr als 2000 Unternehmen und eine Vielzahl von

Stakeholder-Organisationen zu Mitgliedern zählt. Die Unternehmen verpflichten sich, zehn Prinzipien – bezogen auf Menschen- und Arbeitnehmerrechte, die Umwelt und Korruptionsabwehr – zu beachten. Eher als ,Lern- und Dialogforum' (Hamm 2002) konzipiert, hat der *Global Compact* bislang nur sehr lockere Formen der Berichterstattung und Konfliktregelung eingerichtet (Williams 2004; Nowrot 2005; Lenzen 2006). Es gibt inzwischen aber auch eine Reihe verbindlicherer Multi-Stakeholder-Arrangements auf vertraglicher Basis, die neben präzisen Arbeitsstandards auch unabhängige Überwachungsverfahren enthalten, wie der Verhaltenskodex der Clean-Clothes-Campaign oder das Norm- und Auditingsystem SA 8000, schließlich auch Produktsiegel (Köpke/Röhr 2003; Wick 2003).

So vielfältig die Formen und Inhalte von freiwilligen Verpflichtungen der Firmen, so lassen sich doch Konturen eines Kernbestands erkennen. Zwei Drittel der in eine Untersuchung der OECD einbezogenen Unternehmenskodizes enthielten Regelungen zu Arbeitsverhältnissen; es werden dabei allerdings oft unterschiedliche Standards einbezogen (OECD 2000b: 12ff.; Murrey 2004). Immerhin sind IAO- Kernarbeitsnormen auch in einem großen Teil der firmen- und sektorspezifischen Kodizes enthalten; mitunter wird auch explizit auf öffentliche Kodizes wie den Global Compact verwiesen. Über die Kernarbeitsnormen hinaus werden oft auch Arbeitssicherheit und Gesundheitsschutz, Training, die Garantie von Mindestlöhnen und Höchstarbeitszeiten einbezogen. Damit beziehen sich die Selbstverpflichtungen auf Teilaspekte von ,Decent work', namentlich ,rights at work' und ,social dialogue'. Die Kodizes unterscheiden sich auch in der Reichweite des Regelungsanspruchs. Sie gelten immer für das gesamte Unternehmen und das heißt auch für die ausländischen Tochtergesellschaften. Viele Kodizes beziehen aber auch noch die Zulieferer ein. Dies ist besonders bedeutsam für Branchen oder Unternehmen mit großen Zuliefernetzen in Entwicklungsländern, wie etwa die Konfektionsindustrie.

3   Brechungen in der Umsetzung von Selbstverpflichtungen

Die Diskussion um die neuen, auf Selbstverpflichtungen der Unternehmen gestützten Formen internationaler Arbeitsregulierung konzentriert sich bislang auf wenige Aspekte. Ein zentrales Thema bildet die Einschätzung der Verbindlichkeit von ,privaten' Arrangements, die auf Selbstverpflichtungen, also ,Soft Law' setzen, als Mittel der internationalen Durchsetzung von Normen und Standards. Dass sie mehr sein könnten als image-förderndes ,Window Dressing' oder als schlechter Ersatz oder gar als Mittel zur Verhinderung verbindlicher (nationaler oder internationaler) rechtlicher Regulierung (Weinz 2006; Reich 2008), wird nicht nur aus dem Druck der Beschäftigten und anderer Stakeholder-Gruppen erklärt, sondern auch aus Eigeninteressen der Unternehmen: an der Koordinierung und inneren Konsistenz des Managementsystems im Konzernverbund (Baumüller 2006), an einer Vermeidung von Legitimitätsverlust (Herberg 2005), an einer Selbstdisziplinierung, die Risiken von Reputationseinbußen begegnet (van Tulder/van der Zwaart 2005), an der Förderung der Loyalität der Beschäftigten und der Kooperation mit den Interessenvertretungen oder der wettbewerbsdienlichen Abstimmung mit anderen Firmen über nicht zu unterschreitende Mindeststandards (Koenig-Archibugi 2004: 17). Schließlich wird den Arrangements auch wachsende Verbindlichkeit zugesprochen, weil sie einen zunehmenden, auch durch Hard Law gestützten normativen Konsens über Menschenrechte und soziale Rechte ausdrücken (Kocher 2002).

Die eher praktisch orientierte Diskussion hat sich darüber hinaus lange Zeit vor allem mit den institutionellen Designs der Arrangements beschäftigt. Dabei geht es insbesondere um die Gestaltung der Monitoring- und Sanktionsinstrumente, von denen eine wirksame Arbeitsregulierung erwartet wird (Zeldentrust/ Ascoly 1998; Köpke/Röhr 2003; Venro 2004).

Kaum empirisch erforscht sind aber die Organisationsprozesse und Politiken, mit denen Transnationale Unternehmen ihren Selbstverpflichtungen in allen ihren Gliederungen nachkommen. Insbesondere wissen wir sehr wenig darüber, ob und in welcher Weise die Prinzipien gesellschaftlicher Verantwortung, die einzuhalten transnationale Konzerne sich verpflichtet haben, dort rezipiert und umgesetzt werden, wo sie in Widerspruch zu lokalen rechtlichen Regelungen, politischen Machtverhältnissen oder auch Bräuchen treten, und das heißt vor allem, aber nicht allein: in Entwicklungsländern. Wie etwa werden Verpflichtungen zum Prinzip der Vereinigungsfreiheit und des Rechts auf Kollektivvereinbarungen eingelöst, wo autonome Gewerkschaften und Tarifverhandlungen rechtlich-politisch unterdrückt werden? Und wie werden Gleichstellungsgrundsätze durchgesetzt, wo Diskriminierungspraktiken gesellschaftlich tief verankert sind?

Skepsis erscheint angeraten. Die Verbreitung von Prinzipien gesellschaftlicher Verantwortung innerhalb von transnationalen Konzernen mit Niederlassungen in ganz unterschiedlichen ökonomischen, politischen und sozialen Kontexten wird nämlich durch mehrere Faktoren vermittelt oder auch gebrochen.

Bereits die organisationstheoretische Diskussion öffnet den Blick für die Widerstände und komplexen mikropolitischen Voraussetzungen der Durchsetzung von Organisationszielen. Große Unternehmen entsprechen kaum dem Idealtyp der rationalen Organisation, sondern entwickeln sich mit wachsender Komplexität zu pluralistischen Gebilden mit multiplen Kulturen, unterschiedlichen, häufig sogar widersprüchlichen Konzeptionen, Ideologien und Werten und disperser Machtverteilung (Pfeffer 1981; Pohlmann 2002). Organisationsmitglieder verfolgen vielfältige Interessen, bilden Koalitionen und nutzen ihre Machtspielräume, um eigene Ziele und Interessen durchzusetzen. Es ist daher keineswegs sicher, dass die Organisationspraktiken den Zielen und der Rhetorik, wie sie von den Unternehmensspitzen bestimmt und verbreitet werden, entsprechen. Inkonsistenzen müssen sich nicht einmal in Konflikten ausdrücken, sondern können durch ,*organizational hypocrisy'* (Brunsson 1989), geheuchelte Übereinstimmung übertüncht werden. Es ist daher keineswegs sicher, dass die Normen und Prinzipien, die Unternehmen im Rahmen der gesellschaftlichen Verantwortung für verpflichtend erklären, auch denselben Sinn und dieselbe Verbindlichkeit für alle Gliederungen haben.

Die Problematik, wie Prinzipien und Ziele von Unternehmen in Organisationen umgesetzt werden, wird aber für Multinationale Unternehmen noch komplexer. Multinationale Unternehmen können kaum als homogene, von den Zentralen durchgehend gesteuerte Gefüge verstanden werden (Birkinshaw 2000). Planung, Koordination und Kontrolle sind nicht nur wegen der geografischen Distanzen schwieriger; die Fähigkeit der Unternehmensspitze, die Beziehungen zwischen der Zentrale und den ausländischen Niederlassungen zu kontrollieren, wird auch durch größere Ungewissheitszonen, durch Macht- und Wissensgefälle und interne Rivalitäten in Frage gestellt (Kristensen/Zeitlin 2005). Das lokale Management gewinnt und beansprucht auch deshalb Autonomiespielräume gegenüber der Zentrale, weil die Niederlassungen in unterschiedliche, je spezifische nationale institutionelle Kontexte, kulturelle Traditionen, Business Systems und Märkte eingebunden sind, die jeweils auch unterschiedliche Anpassungsanforderungen stellen (Birkinshaw/Morrison 1995). Sie können auch in den Gastländern nur als lokal eingebettete Organisationen ihre Produkte und Dienstleistungen erstellen. Territoriale Bindungen an die Gastländer sind geradezu Voraussetzungen der Internationalisierung, um regional verfügbares Wissen zu nutzen, spezifischen Absatz- und Kundeninteressen gerecht zu werden und nationaler Regulierung zu entsprechen (Hirsch-Kreinsen 2000). Je bedeutender lokale Märkte oder Ressourcen und je enger und verbindlicher das Netz von Normen und rechtlichen Regelungen sind, desto stärker ist auch der lokale Anpassungsdruck – oder auch die Autonomie des lokalen Managements (Eckardt/Köhler/ Pries 1999; Pries 2002). Dies schlägt sich auch in unterschiedlichen Interpretationen und Beurteilungen von Prinzipien und Zielen nieder (van Tulder/van der Zwaar 2005: 221).

Die Kontrollmacht und -dichte der Zentrale und die Art und Intensität der lokalen Bindungen von Gliederungen werden durch die Internationalisierungsstrategien und Organisationstypen multinationaler Unternehmen vermittelt und variieren auch mit den Funktionsbereichen. In der Managementliteratur finden sich verschiedene Typologien, die Organisationsformen, Managementstile und damit auch unterschiedliche Machtverteilungen und Kontrollstrukturen innerhalb transnationaler Konzerne und d.h. auch Autonomiespielräume der Niederlassungen differenzieren (Bartlett/Ghoshal 1990; Perlmutter 1969). Auch vielfältige neuere empirische Untersuchungen liefern überzeugende Belege für die Vielfalt unterschiedlicher Internationalisierungsstrategien und Organisationsformen (Ruigrok/van Tulder 1995; Hirsch-Kreinsen 1999; Pries 1999; Dörrenbächer 1999; Dörrenbächer/Geppert 2005).

Transnationale Konzerne sind so einerseits Einheiten, welche die Aktivitäten ihrer Gliederungen strategisch koordinieren und kontrollieren; ihre Gliederungen müssen andererseits ihre Politiken jeweils auf lokale Anforderungen abstimmen. Die Unternehmen sind daher vor das doppelte Problem gestellt, konsistente Politiken im transnationalen Verbund durchzusetzen (und d.h. auch die Managements der Filialen auf übergreifende Unternehmensziele zu verpflichten) und zugleich in unterschiedlichen nationalen Kontexten jeweils spezifische Bindungen und Verpflichtungen einzugehen. Je größer die Widersprüche zwischen dem konzernweiten Werte- und Verhaltenskodex und den lokalen Werten, Normen und Praktiken – zwischen dem *company effect* und dem *host country effect* (Ferner/Quintanilla 1998) –, desto schwieriger wird es dem lokalen Management, beiden Anforderungen zu genügen (Ferner/Quintanilla 1998).

Die Spannung zwischen konzernweiten Politiken und dem Assimilationsdruck der jeweiligen nationalen Kontexte ist im Bereich der Selbstverpflichtungen gegenüber den Beschäftigten besonders stark ausgeprägt, da Konzernniederlassungen in sehr unterschiedliche institutionelle Kontexte mit je spezifischen Bildungs- und Ausbildungssystemen, Formen der beruflichen Sozialisation, Strukturen und Regelsystemen der Arbeitsmärkte und der Arbeitsbeziehungen, typischen Organisations- und Entlohnungsformen der Arbeit etc. eingebettet sind (Nohria/Rosenzweig 1994; Rubery/Grimshaw 2003).

Die Widerstände, die sich einer globalen Umsetzung stellen, rühren auch daher, dass der Diskurs zur gesellschaftlichen Verantwortung von Unternehmen aus den entwickelten westlichen Ländern stammt und auch und vor allem hier Verbreitung gefunden hat (vgl. Carroll 1999). Bei allen Unterschieden zwischen ‚nationalen CSR-Regimen', so etwa angelsächsischer und kontinentaleuropäischer Prägung (Matten/Moon 2004), sind Konzerne in ihren Heimatländern in dichte Regelwerke sozialstaatlicher, kollektivvertraglicher oder auch kommunitärer Verpflichtungen und in komplexe Stakeholder-Beziehungen eingebunden; hier werden auch über Öffentlichkeit und Marktnachfrage nachdrücklich Anforderungen der Zivilgesellschaft an die Unternehmen gestellt. Auch wenn sich die Kernprinzipien und -normen in Verhaltenskodizes auf universelle Menschenrechte stützen, so dürften selbst die von der Internationalen Arbeitsorganisation im Jahre 1998 als grundlegend erklärten Prinzipien und Rechte bei der Arbeit,

die Kernnormen – in hohem Maße durch Diskurse, Institutionen und Arbeitspoli-
tiken der entwickelten westlichen Länder geprägt und gestützt sein – und zugleich vielfach in Widerspruch zu institutionellen Arrangements und lokalen
Praktiken in Ländern anderer Weltregionen, insbesondere der Entwicklungsregionen, stehen. Es liegt daher nahe, dass die Möglichkeit oder gar Statthaftigkeit
einer Übertragung von Prinzipien und Normen oft im Namen eines ‚moralischen
Pluralismus' aus kulturalistischer Perspektive oder auch mit Verweis auf unterschiedliche institutionelle und sozio-ökonomische Kontexte überhaupt in Frage
gestellt wird (zur Diskussion: Donaldson 1989).

Dies alles gemahnt zu einer vorsichtigen Einschätzung des Potenzials und
der Reichweite von Selbstverpflichtungen gesellschaftlicher Verantwortung innerhalb von international tätigen Unternehmen. Je dezentraler die Unternehmen
organisiert sind, je widersprüchlicher die Prinzipien und Praktiken in der Zentrale und den lokalen Dependancen, je stärker lokaler Anpassungsdruck, desto
schwieriger wird auch die konzernweite Umsetzung von Selbstverpflichtungen.
Ein Ausweg, der freilich leicht auf Kosten der Verbindlichkeit geht, kann darin
bestehen, dass die Prinzipien eher allgemein gehalten, nicht als präzise Standards
formuliert und so flexible Interpretationen und Anwendungen in unterschiedlichen lokalen Kontexten möglich werden. Auf jeden Fall können in einem solchen Spannungsfeld die Verpflichtungen nur erfüllt werden, wenn eine offene
Kommunikation innerhalb des Konzerns über den Umgang mit widersprüchlichen Anforderungen gepflegt wird. Schließlich sind auch Formen der ‚Sozialisation' erforderlich, welche die Managements befähigen, auch unter schwierigen
Bedingungen den Prinzipien der gesellschaftlichen Verantwortung zu folgen. Die
Umsetzung hängt aber nicht nur von den Managements in der Zentrale und in
den Niederlassungen ab; erst wenn die Prinzipien auch als Rechte von den Beschäftigten selbst akzeptiert und reklamiert werden, können Selbstverpflichtungen des Unternehmens auch Praktiken und Erwartungen prägen.

4   Transnationale Unternehmen als Brückenköpfe der Verbreitung von ‚Decent Work'?

Transnationale Unternehmen stehen mit ihren Selbstverpflichtungen für eine
diasporische Verbreitung sozialer Standards vom Zentrum in die Peripherie: von
den Unternehmenszentralen in den entwickelten Ländern in die Niederlassungen
von Entwicklungsländern (Pries 2008: 328). Es mag ihnen trotz aller organisati-
ons- oder kontextbedingten Widersprüche gelingen, gemeinsamen Prinzipien
konzernweit Verbindlichkeit zu verschaffen. Wieweit können sie aber selbst an
peripheren Standorten zu einer Verbreitung von sozialen Prinzipien und Stan-

dards – und damit von Aspekten von ‚Decent Work' – über die Grenzen des Unternehmens, evtl. auch der Zulieferkette hinaus, beitragen?

Wechselt man die Perspektive und geht nicht von den Unternehmen, sondern von den Gastländern aus, dann zeigt sich ein nur sehr begrenzter Wirkungsraum. Viele Entwicklungsländer sind so wenig in den Welthandel integriert, dass sie kaum Direktinvestitionen und Unternehmen mit internationalen Standards anziehen. Und auch dort, wo sich ein ‚moderner' international ausgerichteter Wirtschaftssektor gebildet hat, ist er ein, oft abgekapselter, Teil eines heterogenen Erwerbssystems., in dem viele Erwerbstätige keinen Zugang zu sozialen Rechten haben, Standards nur partiell durchgesetzt werden. Um nur das Beispiel von Lateinamerika zu nehmen: Auch noch in den wirtschaftlich entwickeltsten Ländern gibt es große, als ‚informell' bezeichnete Beschäftigungsbereiche, in denen nicht einmal Schutzregelungen des nationalen Arbeits- und Sozialrechts Geltung beanspruchen bzw. faktisch Geltungskraft gewonnen haben (CEPAL 2008). Umso weniger haben die Beschäftigten – arme Selbständige, Beschäftigte in Kleinstbetrieben, Hausangestellten, Tagelöhner – die Möglichkeit, internationale Standards einzufordern. International agierende Unternehmen konzentrieren zwar auch in vielen Entwicklungsländern ökonomische Macht auf sich, spielen eine wichtige Rolle als Arbeitgeber, sie gleichen aber eher Inseln in heterogenen Erwerbssystemen; ihre Ausstrahlkraft auf das Beschäftigungssystem und seine Regulierung ist selbst in den Teilaspekten von ‚Decent Work' höchst begrenzt, die durch ihre Selbstverpflichtungen berührt werden.

Letztlich können internationale soziale Standards – ebenso wie die übrigen Elemente von ‚Decent Work' – kaum global wirksam und nachhaltig verbreitet werden, wenn sie nur vom Zentrum in die Peripherie transferiert werden sollen. Ihre Wirksamkeit und Nachhaltigkeit hängt vielmehr von ihrer ‚Glokalisierung', ab: von ihrer Rezeption, Adaptation, Aneignung durch lokale Institutionen und Akteure, von ihrer Integration in Erwartungs- und Handlungsmuster, ihrer Institutionalisierung in Arbeitsbeziehungen und staatlicher Arbeits- und Sozialpolitik (Pries 2008: 319). Transnationale Konzerne können dazu nur einen sehr begrenzten Beitrag leisten – zu eng ist das Themenspektrum, zu stark wird die Verbreitung durch hierarchische Top-Down-Strategien und Zentrum-Peripherie-Asymmetrien geprägt; zu gering ist die Mobilisierungskraft und ihre Ausstrahlung in fragmentierten Erwerbssystemen. Selbstverpflichtungen von transnationalen Unternehmen, die zudem unterschiedliche Präzision und Verbindlichkeit aufweisen, können also keineswegs andere Formen von nationaler und internationaler Erwerbsregulierung ersetzen. Es bedarf sowohl internationaler institutioneller Arrangements, welche die Staaten verpflichten oder auch in die Lage versetzen, Prinzipien und Standards in den Beschäftigungssystemen durchzusetzen – wie das der IAO (Senghaas-Knobloch/Dirks/Liese 2003), aber auch regionaler, überstaatlicher wie auch zwischenstaatlicher Ansätze internationaler Sozialpolitik wie der EU oder des NAALC (Dombois/Hornberger/Winter 2004). Es bedarf auch der zwischenstaatlichen Vereinbarung und Präzisierung von Mindestanforderungen gesellschaftlicher Verantwortung und Rechenschaftspflichten – die OECD und IAO – Richtlinien für multinationale Konzerne bilden dazu eine Grundlage, entbehren freilich noch der institutionellen Formen der Kontrolle, um Verpflichtungen Verbindlichkeit zu verleihen. Schließlich ist eine Glokalisierung internationaler sozialer Standards kaum möglich ohne die transnationalen Netzwerke und Aktivitäten von Nicht-Regierungsorganisationen, Gewerkschaften, Unternehmen und Experten, durch welche Werte und Standards vermittelt werden.

5   Bibliografie

Bartlett, Christopher/Ghoshal, Sumantra (1990): Internationale Unternehmensführung. Innovation, globale Effizienz, differenziertes Marketing. Frankfurt/New York: Campus

Baumueller, Martin (2006): Managing Cultural Diversity. An Empirical Examination of Cultural Networks and Organizational Structures as Governance Mechanisms in Multinational Corporations. Bern etc.: Lang

Birkinshaw, Julian (2000): Entrepreneurship in the Global Firm. London: Sage

Birkinshaw, Julian/Morrison A.J. (1995): Configurations of strategy and structure in subsidiaries of Multinational Corporations. In: Journal of International Business Studies 4. 729-753

Brunsson, Nils (1989): The Organisation of Hypocrisy. Chichester: Wiley

Carroll, Archie B. (1999): Corporate Social Responsibility. Evolution of a Definitional Construct. In: Business Society 38. 268-295

CEPAL (2008): Panorama Social 2008

Dörrenbächer, Christoph (1999): Unternehmensglobalisierung. Best Practice oder Pfadabhängigkeit? In: Eckardt/Köhler/Pries (Hrsg): Global Players. Berlin: Sigma. 135-145

Dörrenbächer, Christoph/Geppert, Mike (2005): Micro-political Aspects of Mandate Development and Learning in Local Subsidiaries of Multinational Corporations. Discussion Paper. Berlin: Wissenschaftszentrum

Dombois, Rainer/Hornberger, Erhard/Winter, Jens (2004): Internationale Arbeitsregulierung in der Souveränitätsfalle. Das Lehrstück des North American Agreement on Labor Cooperation zwischen den USA, Mexiko und Kanada. Münster: LIT Verlag

Dombois, Rainer (2006): Auf dem Wege zur Globalisierung sozialer Rechte? In: Moebius/Schäfer (Hg.): Soziologie als Gesellschaftskritik. Hamburg: VSA. 206-225

Donaldson, Thomas (1989): The Ethics of International Business. New York: Oxford University Press

Eckardt, Andrea/Köhler, Holm-Detlev/Pries, Ludger (1999): Die Internationalisierung von Wirtschaftsorganisationen revisited. In: Dies. (Hg.): Global Players in lokalen Bindungen. Unternehmensglobalisierung in soziologischer Perspektive. Berlin: Sigma. 9-29

Europäische Kommission (2001): Grünbuch: Europäische Rahmenbedingungen für die Soziale Verantwortung von Unternehmen. Brüssel

Faist, Thomas (2009): The Transnational Social Question: Social Rights and Citizenship in a Global Context. In: International Sociology, Vol. 24, Heft 1. 7-35

Ferner, Anthony/Quintanilla, Javier (1998): Multinationals, national systems and HRM: the enduring influence of national identity or a process of 'Anglo-Saxonisation'? In: The International Journal of Human Resource Management 9. 710-731

Gai, Dharam (ed.) (2006): Decent Work: Objectives and Strategies. Genf: International Institute for Labour Studies

Greven, Thomas (2004): Private, staatliche und überstaatliche Interventionen zur Verankerung von Arbeitnehmerrechten. In: Bass/Melchers (Hg.): Neue Instrumente zur sozialen und ökologischen Gestaltung der Globalisierung. Codes of Conduct, Sozialklauseln, nachhaltige Investmentfonds. Münster. 139-171

Greven, Thomas/Scherrer, Christoph (2005): Globalisierung gestalten. Weltökonomie und soziale Standards. Bonn: BpB

Hamm, Brigitte (Hg.) (2002): Public-Private Partnership und der Global Compact der Vereinten Nationen. INEF-Report. Heft 62

Hammer, Nicolaus (2005): International Framework Agreements: between rights and bargaining. In: Transfer 11 (4). 511-530

Hedlund, Gunnar (1986): The hypermodern MNC – a heterarchy? In: Human Resource Management 25. 9-35

Herberg, Martin (2005): Re-Embedding the Disembedded. Die Umweltstandards multinationaler Konzerne in der globalen Steuerungsarchitektur. In: Soziale Welt 56. 399-416

Hirsch-Kreinsen, Hartmut (1999): Regionale Konsequenzen globaler Unternehmensstrategien. In: Schmidt/Trinczek (Hg.) Globalisierung. Baden-Baden: Nomos. 115-137

Kocher, Eva (2002): Private standards between Soft Law and Hard Law – The German Case. International Journal of Comparative Labour Law and Industrial Relations 18. 265-280

Koenig-Archibugi, Mathias (2004): Transnational Corporations and Public Accountability, Government and Opposition. Vol. 39, No. 2. 234-259. (http://personal.lse.ac.uk/koenigar/TNC-G&O.pdf)

Köpke, Ronald/Roehr, Wolfgang (2003): Codes of Conduct. Verhaltensnormen multinationaler Unternehmen und ihre Überwachung. Köln

KPMG (2005): KPMG International Survey of Corporate Responsability Reporting 2005. Amsterdam

Kristensen, Peter Hull/Zeitlin, Jonathan (2005): Local Players in Global Games: The Strategic Constitution of a Multinational Corporation. Oxford: Oxford University Press

Lenzen, Elmar (Hg.) (2006): Global Compact Deutschland 2005. Münster

Matten, Dirk/Moon, Jeremy (2004): A Conceptual Framework for Understanding CSR. In: Habisch/Jonker/Wegner/Schmidpeter (eds): Corporate Social Responsibility Across Europe. Heidelberg/New York: Springer. 335-357

Müller, Torsten/Platzer, Hans-Wolfgang/Rüb, Stefan (2004): Globale Arbeitsbeziehungen in globalen Konzernen? Wiesbaden: VS Verlag

Murray, Jill (2004): Corporate Social Responsibility: An overview of principles and practices. World Commission on the Social Dimension of Globalization. Working Paper 34

Nowrot, Karsten (2005): The new governance structure of the Global Compact: transforming a "Learning Network" into a federalized and parliamentarized transnational regulatory regime. Halle: University, Institute for Economic Law

OECD (2000): Codes of Corporate Conduct – an expanded review of their contents. www.oecd.org/ech/

Perlmutter, Howard V. (1969): The tortiuos evolution of the multinational corporation. Columbia Journal of World Business, 4. 9-18

Pfeffer, Jeffrey (1981): Power in Organizations. Marshfield

Pohlmann, Markus (2002): Management, Organisation und Sozialstruktur. In: Schmidt/Gergs/Pohlmann (Hg.): Managementsoziologie. Themen, Desiderate, Perspektiven. München/Mering: Rainer Hampp Verlag. 227-245

Pries, Ludger (1999): Auf dem Weg zu global operierenden Konzernen? BMW, Daimler-Benz und Volkswagen – Die Drei Großen der deutschen Automobilindustrie. München/Mering: Rainer Hampp Verlag

Pries, Ludger (2002): International Enterprises as Global Players? Challenges and opportunities for industrial relations. In: Hoffmann (ed.): The Solidarity Dilemma: Globalisation, Europeanisation and the Trade Unions. Brussels: ETUI. 43-62

Pries, Ludger (2008): Die Transnationalisierung der sozialen Welt. Frankfurt: Suhrkamp

Reich, Robert (2008): Superkapitalismus. Wie die Wirtschaft unsere Demokratie untergräbt. Frankfurt/New York: Campus

Riisgaard, Lone (2005): International Framework Agreements: A New Model for Securing Workers' Rights? In: Industrial Relations, Vol. 44, No. 4. 707-737

Rosenzweig, Philip/Nohria, Nitin (1994): Influences on human resource management practices in multinational corporations. Journal of International Business studies, 25. 229-251

Rubery, Jill/Grimshaw, Damian (2003): The organization of employment. An international perspective. London: Palgrave

Ruigrok, Winfried/van Tulder, Rob (1995): The Logic of International Restructuring. London/New York: Routledge

Senghaas-Knobloch, Eva/Dirks, Jan/Liese, Andrea (2003): Internationale Arbeitsregulierung in Zeiten der Globalisierung. Politiscch-organisatorisches Lernen in der Internationalen Arbeitsorganisation (IAO). Münster: LIT Verlag

Stehr, Nico (2007): Die Moralisierung der Märkte. Eine Gesellschaftstheorie. Frankfurt: Suhrkamp

Streeck, Wolfgang (1998): Industrielle Beziehungen in einer internationalisierten Wirtschaft. In: Beck: Politik der Globalisierung. Frankfurt. 169-203, insbesondere 175-198

Van Tulder, Rob/van der Zwart, Alex (2005): International Business – Society Management. Linking corporate responsibility and globalization. London: Routledge

VENRO (2004): Unternehmensverantwortung zwischen Dialog und Verbindlichkeit. www.2015.venro.org

Weinz, Wolfgang (2006): Globale Rahmenvereinbarungen zwischen Gewerkschaften und Unternehmen – Zwischenbilanz aus der Sicht der IUL. In: DGB-Bildungswerk et al.: 22-25

Weiss, Manfred (2001): Die Globalisierung arbeitsrechtlicher Mindeststandards. In: Abel/Sperling (Hg.): Umbrüche und Kontinuitäten. Perspektiven nationaler und internationaler Arbeitsbeziehungen. München/Mering: Rainer Hampp Verlag

Welge, Martin/Holtbrügge, Dirk (1998): Internationales Management. Landsberg: mi-Verlag

Wick, Ingeborg (2003): Workers' tool or PR ploy? A guide to codes of international labour practice. Bonn: Friedrich-Ebert-Stiftung

Williams, Oliver (2004): The UN Global Compact: The Challenge and the Promise. In: Business Ethics Quarterly, Vol. 14, Issue 4. 755-774

Zeldentrust, Irene/Ascoly, Nina (1998): Codes of Conduct for Transnational Corporations. Tilburg: IRENE

"Decent Work" in der Seeschifffahrt?

Heide Gerstenberger

1 Vorbemerkung

Im Zentrum dieses Beitrags steht die These, dass die Globalisierung des maritimen Arbeitsmarktes die positive Wirkung von internationalen Regulierungen maritimer Arbeitsverhältnisse begrenzt. Um dies zu erläutern, wird zunächst skizziert, unter welchen Bedingungen sich in den 1960er Jahren eine tatsächliche Verbesserung maritimer Arbeitsverhältnisse durchsetzen ließ (1), und dann erklärt, warum diese Bedingungen inzwischen nicht mehr bestehen. (2) Die negativen Wirkungen weitreichender De-Regulierung der Seeschifffahrt provozierten Versuche der Re-Regulierung. (3) Dass deren Wirkung im Hinblick auf die Arbeitsverhältnisse von Seeleuten Grenzen gesetzt sind, wird am Beispiel der *Consolidated Maritime Labour Convention* entwickelt. (4) Abschließend werden mögliche Perspektiven für *decent work* in der Seeschifffahrt diskutiert. (5)

2 Einleitung

Bis ins sechste Jahrzehnt des 20. Jahrhunderts war die Seeschifffahrt jener Staaten, die den Seetransport dominierten, eines der am stärksten regulierten und kontrollierten Gewerbe. Vom Schiffbau über Sicherheitsstandards bis zur Ausbildung von Seeleuten und zur Regulierung der Arbeit an Bord reichten nicht nur private, sondern auch öffentliche Kontrollregime. Trotzdem gab es nie allgemeine Standards, gab es immer gute und weniger gute Reedereien, und in allen führenden Schifffahrtsstaaten gab es auch Reedereien, bei denen nur sehr schlechte Arbeitsbedingungen zu finden waren. Trotz verbleibender Unterschiede setzten sich bei europäischen und US-amerikanischen Reedereien in den 1960er Jahren aber Verbesserungen der Lebens- und Arbeitsbedingungen von Seeleuten durch. (Grey 2002) Sie wurden von Gewerkschaften gefordert, erfolgreich waren solche Forderungen jedoch vor allem, weil die Knappheit an Arbeitskräften, die sich an Land entwickelt hatte, auch die Seeschifffahrt betraf. (Ebenso wie für Betriebe an Land wurden damals auch ausländische Seeleute für die Arbeit an Bord angeworben. Sie waren einheimischen Seeleuten rechtlich gleichgestellt.) Die Verbesserungen der Arbeitsbedingungen betrafen die Heuern, die Unterbringung an

Bord – zunehmend wurden Einzelkammern üblich – vor allem aber auch die Verpflegung. Es wurden mehr und bessere Lebensmittel eingekauft, und die Kühltechnik machte es möglich, Lebensmittel länger frisch zu halten. Auch wenn sich viele sonstige Arbeitsbedingungen inzwischen sehr verschlechtert haben, so ist der Standard der Unterbringung und der Verpflegung bei Schiffen, die von etablierten europäischen Schifffahrtsunternehmen betrieben werden, seither doch nicht mehr gravierend zurückgeschraubt worden.

3   Globalisierung und De-Regulierung der internationalen Schifffahrt

Seit Mitte der 1970er Jahre sind die ökonomischen, rechtlichen, sozialen und technischen Bedingungen der Seeschifffahrt in einem solchen Ausmaß verändert worden, dass von einer regelrechten „Revolutionierung" gesprochen werden muss. An die Stelle strikter nationaler Regulierung und Kontrolle ist eine Praxis weitgehender Deregulierung getreten. Schifffahrt ist jetzt ein radikal internatio-nalisiertes Gewerbe. Dieser Umbruch bedeutet das generelle Ende nationaler Seefahrtskultur und damit all jener Sozialisationsmechanismen, die früher dazu gedient hatten, dass sich Seeleute gegenseitig zu „guten Seeleuten" disziplinier-ten (Gerstenberger 2007). Heute ist „Seefahrtskultur" nur noch Folklore (Gers-tenberger/Welke [2004] 2008: Kap. 3).

Ausgelöst wurden veränderte ökonomische und politische Strategien durch gravierende Veränderungen der Weltwirtschaft. Bereits Ende der 1960er Jahre war die Nachkriegskonjunktur zu ihrem Ende gekommen. Kapitaleigner hatten Schwierigkeiten, profitable Anlagemöglichkeiten in der Produktion zu finden. Als sich aus dem Ende des Weltwährungsabkommens von Bretton Woods ab 1974 die Möglichkeit der Spekulation auf Wechselkursveränderungen ergab und sich auf den internationalen Finanzmärkten rasch neue Chancen entwickelten, investierten Kapitaleigner zunehmend in Finanzmärkte. Dadurch verringerte sich das Wachstum der Weltmarktproduktion und folglich auch das Wachstum des Transportaufkommens für den Seeverkehr. Die Situation verschlechterte sich zusätzlich, weil durch den zeitgleichen Beschluss ölproduzierender Länder, die Preise für Rohöl zu erhöhen, die Betriebskosten von Schiffen immens anstiegen. Insbesondere im Bereich der Tankerschifffahrt war die Situation dramatisch, weil in der Zeit der Hochkonjunktur des Öltransports viele neue Tanker geordert worden waren, die jetzt abgenommen werden mussten. Große Tankerreedereien (in Norwegen) brachen zusammen, viele andere Reedereien hatten immense Schwierigkeiten (Tenold 2006: passim). Es war aber vor allem der nahezu voll-ständige Zusammenbruch des Marktes für gebrauchte Schiffe, der die Weichen für die zukünftige Entwicklung stellte. Während auf diesem Markt zuvor oft

Preise erzielt werden konnten, die den ursprünglichen Kosten für den Neubau entsprachen, sanken diese Preise jetzt derart drastisch, dass gebrauchte Schiffe auch für Unternehmer aus Entwicklungsländern erschwinglich wurden. Weil diese Unternehmer zwar häufig europäische Führungskräfte anheuerten, ansonsten aber auf sehr billige einheimische Arbeitskräfte zurückgriffen, gelang es ihnen schnell, in den internationalen Markt für Seetransporte einzudringen.

Diese Situation veranlasste immer mehr europäische Reeder, nach einschneidenden Möglichkeiten der Kostenreduktion Ausschau zu halten. Eine der langfristig wirksamen Strategien bestand im Versuch, durch rigorose Technisierung Personal einsparen zu können. Tatsächlich ließ sich sowohl mit der Automatisierung des technischen Schiffsbetriebs als auch mit der sich rasch ausbreitenden Containerisierung Personal einsparen. Allerdings reduzierten Reedereien die Anzahl von Besatzungsmitgliedern in einem sehr viel höheren Maße als technisch gerechtfertigt (Gerstenberger/Welke [2004] 2008: Kap. 4). Seit den 1970er Jahren ist die Arbeit an Bord generell erheblich intensiviert worden. Besonders dramatisch ist die Situation auf Schiffen, die für sog. Feederdienste in der *short range* eingesetzt werden,[1] sowie für die Arbeit auf sog. Selbstentladern.

Neben der Kostenreduktion mittels Technisierung und Intensivierung seemännischer Arbeit wurden die Ausflaggung sowie die Auslagerung von Betriebsaufgaben zu wichtigen Methoden der Kostenreduktion (Gerstenberger/ Welke [2004] 2008: Kap. 2). „Ausflaggung" bedeutet, dass das Schiff in das Schiffsregister eines anderen Staates eingetragen wird als es der Staat ist, in dem die Profite aus dem Betrieb des Schiffes anfallen. Dafür ist in der Regel die Gründung eines Unternehmens im Flaggenstaat erforderlich. Das kann – ähnlich wie bei der Inanspruchnahme von *offshore* Finanzdienstleistungen – mit Unterstützung der Anbieter – in wenigen Tagen oder sogar Stunden geschehen.[2] (Heutzutage wird in der Regel für jedes Schiff ein gesondertes Unternehmen gegründet.)

Die Möglichkeit der Ausflaggung ist im Internationalen Seerecht angelegt. Denn das Recht, das Meer zu befahren, wurde historisch nicht etwa als Recht für Individuen (oder Unternehmen) etabliert, sondern nur als Recht souveräner Nationalstaaten. Schiffe müssen deshalb die Flagge eines als souverän anerkannten Staates tragen. Sie sind – genauer: sie waren – schwimmende Bestandteile eines nationalen Rechtsraumes. In der 1982 beschlossenen *United Nations Convention on the Law of the Sea* (UNCLOS) ist das (praktisch bereits zuvor durchgesetzte) Recht aller Staaten zur friedlichen Nutzung der Hohen See bestätigt. In dieser

---

1   Feederschiffe werden für die Zulieferung und Verteilung von Containern (und Autos) an und von großen Seehäfen und großen Schiffen genutzt.

2   Jede(r) kann sich über entsprechende Angebote leicht informieren. Es genügt, im Internet nach „flag of convenience" zu suchen.

Konvention und der *Convention on Conditions for Registration of Ships* (1986) wird allerdings gefordert, es müsse ein *genuine link* zwischen Schiff und Flaggenstaat bestehen. Zunächst war darunter verstanden worden, dass ein beträchtlicher Teil des Schiffseigentums im Flaggenstaat lokalisiert und ein bestimmter Anteil der Besatzungen Staatsbürger des Flaggenstaates sein sollte. Auf diese Weise, so wurde angenommen, könne sichergestellt werden, dass der Flaggenstaat erfolgreich kontrollieren und regulieren könne. Das blieb ohne Wirkung. Heute bieten zahlreiche Staaten ihre Schiffsregister auf dem Weltmarkt an. Oft gibt es in diesen Staaten keinen einzigen Eigner eines größeren Handelsschiffes, manchmal nicht einmal einen Hafen. Anbieter sog. offener Schiffsregister nutzen ihre staatliche Souveränität, um sehr geringe Gebühren und Steuern einzufordern und auf bestimmte Regulierungen zu verzichten. Vor allem verzichten Anbieter einer *flag of convenience* aber darauf, Vorschriften über die Staatsangehörigkeit der Besatzungen zu erlassen. Damit können Unternehmen völlig legal von der potentiell globalen Konkurrenz um Arbeitsplätze auf Schiffen profitieren. Zwar machen die Personalkosten lediglich einen sehr geringen Teil an den gesamten Betriebskosten eines Schiffes aus, doch handelt es sich um den einzigen Kostenfaktor, den Schifffahrtsunternehmen direkt beeinflussen können.

Ebenso wie andere Nutzungen von *offshore* Strukturen wurden die zunehmenden Ausflaggungen durch die Regierungen der Industriegesellschaften nicht etwa untersagt, sondern geduldet. Angesichts massenhafter Ausflaggungen beschlossen dann allerdings einige Regierungen früher führender maritimer Staaten in Europa die Einrichtung sog. Internationaler Register (im Volksmund: Zweitregister). Sie schreiben vor, dass der Kapitän Staatsbürger oder EU-Bürger sein muss. Je nach Größe des Schiffes gilt dies auch für weitere Offiziere. Alle übrigen Besatzungsmitglieder können unter den auch in *flags of convenience* geltenden Bedingungen weltweit geheuert werden. Ein Urteil des Bundesverfassungsgerichtes von 1995 legitimierte diese Praxis mit der Begründung, dass sie zur Erhaltung der Konkurrenzfähigkeit notwendig sei (BVG E 92, 96, I.S.26-53). Ebenso wie auf ausgeflaggten Schiffen gelten auch auf Schiffen in Internationalen Registern je nach Staatsangehörigkeit unterschiedliche Arbeits- und Sozialrechte für die Besatzungsmitglieder. Solche Schiffe sind damit heute nicht mehr schwimmende Bestandteile eines nationalen Rechtsraumes. Schiffe im sog. Erstregister gibt es kaum noch, einheimische Matrosen deshalb übrigens auch nicht.

Obwohl die ITF (*International Transport Workers Federation*) ihre Kampagnen gegen *flags of convenience* fortsetzt, gelten Ausflaggungen heute nicht mehr als etwas anrüchige Maßnahmen, sondern als eine alltägliche betriebswirtschaftliche Strategie. Vorteile der Ausflaggung werden gegen nationale Regelungen, wie etwa die Tonnage Steuer, abgewogen. Tatsächlich fungieren die

Bedingungen der etablierten *flags of convenience* inzwischen als *benchmark* für alle Schifffahrtsregister. Auch letztere werden zunehmend dereguliert.

An den Bestimmungen des *International German Shipregister* und seinen faktischen Interpretationen lässt sich das gut ablesen. So ist etwa neuerdings eine weitere Verringerung der Besatzungsstärke dadurch möglich, dass für Schiffe im *International German Shipregister* nicht mehr die Einhaltung der für dieses Register vorgeschriebenen Besatzungsstärken verlangt, sondern nur noch gefordert wird, dass Unternehmen ein Besatzungskonzept vorlegen, welches eine „sichere Besatzung" garantiert. Berichten zufolge sind solche Konzepte von der dafür zuständigen Behörde, der Seeberufsgenossenschaft, bislang prinzipiell akzeptiert worden. Derartige – für das tagtägliche Leben an Bord immens wichtigen Entwicklungen – werden von der noch zu diskutierenden neuen Konvention der *International Labor Organization* (ILO) selbstverständlich nicht berührt.

International haben sich die Arbeitsbedingungen von Seeleuten auch dadurch dramatisch verändert, dass es – von seltenen Ausnahmen abgesehen – heute keine Reedereien im klassischen Sinne mehr gibt. Dass die Bezeichnung „Reederei" nach wie vor in Gebrauch ist, täuscht darüber hinweg, dass Eigentum und Betrieb von Schiffen heute nicht mehr selbstverständlich zusammen fallen. So gibt es heute etwa „Reedereien" (genauer: Schiffsmanagements), die den Betrieb von Schiffen organisieren, welche Banken oder Versicherungen gehören, andere halten zumindest Anteile an den von ihnen betriebenen Schiffen. Zu den wichtigsten Aufgaben von Schiffsmanagements gehört die Sorge für lukrative Charterverträge. Charterer organisieren die Befrachtung und mieten (chartern) Schiffe entweder für eine bestimmte Reise oder für einen bestimmten Zeitraum, manchmal für mehrere Jahre. Charterer organisieren den Ablauf der Reisen, drängen folglich auf Einhaltung strikter Zeitpläne, vielfach auch auf die Einhaltung ganz bestimmter Routen auf See, die sie anhand von Wetteranalysen vorgeben. Kapitäne riskieren erhebliche Konflikte, wenn sie aufgrund lokaler Wetterverhältnisse aus Sicherheitsgründen von den vorgeschriebenen Routen abweichen wollen.

Seit dem Siegeszug der Logistik im Charterergeschäft werden Schiffe als Glieder in logistischen Ketten betrachtet, die von vielen Versendern zu vielen Empfängern reichen. Der besondere Charakter eines Transports über See wird dabei ausgeklammert. Die Verbindungen sind sehr exakt durchgeplant, für die Ankunft und Abfahrt von Containerschiffen mindestens auf die Stunde genau. Vor allem aber: Gegenüber den Anforderungen der Fahrpläne sind bislang alle Versuche, das international etablierte Recht auf Landgang durchzusetzen, wirkungslos geblieben. Heute kommen viele Seeleute über Wochen oder gar Monate nicht aus einem Hafen heraus. In jeder bislang durchgeführten Befragung von Seeleuten findet sich die Gleichsetzung von Schiffen mit Gefängnissen. Wo es einmal nicht der strikte Fahrplan ist, der einen Landgang verhindert, wird dieser vielfach durch die Lage der neuen Häfen weitab von Stadtzentren und das Fehlen erschwinglicher Transportmöglichkeiten unmöglich.

Die für unseren Zusammenhang wichtigste Veränderung der Unternehmensorganisation ist das inzwischen international übliche *subcontracting* für das Personalmanagement. Während Schiffsmanagements das einheimische Führungspersonal für Schiffe im Internationalen Register zumeist direkt einstellen, werden für Schiffe im deutschen Eigentum, die unter einer ausländischen Flagge fahren, auch die deutschen Führungskräfte von ausländischen Personalagenturen angestellt. (Bislang hatten diese ihren Sitz überwiegend auf Zypern) Unter Umständen kann dies dazu führen (und hat auch schon mehrfach dazu geführt), dass ein Kapitän, der selbst in keinerlei rechtlichen Verhältnis zum Management des Schiffes steht, sondern Angestellter einer ausländischen Personalagentur ist, in irgend einem Hafen der Welt verhaftet wird und ins Gefängnis kommt, weil ein ausländisches Unternehmen Forderungen an das deutsche Unternehmen hat.

Ausländische Arbeitskräfte werden durch Personalagenturen in ihren Heimatländern angeheuert. Manche Reedereien haben Tochterunternehmen gegründet, andere nutzen dort ansässige Vermittlungen. Diese Art des Personalmanagements hat unter anderem zur Folge, dass sich die Zusammensetzung von Mannschaften je nach der Situation auf dem globalen Arbeitsmarkt und entsprechendem Wechsel der Vermittlungsagentur und je nach den Dispositionen der Agenturen ständig ändert. Da auch die Dauer der Verträge von Offizieren und *ratings* unterschiedlich ist, kann es durchaus vorkommen, dass ein *rating* während der Dauer eines Heuerkontraktes zwei oder sogar drei unterschiedliche unmittelbare Vorgesetzte hat. Fast immer treffen Seeleute, die nach einer vertragsfreien Zeit wieder an Bord eines Schiffes kommen, auf andere Vorgesetzte und andere Kollegen oder Kolleginnen. Das ist eine gravierende Belastung der Arbeitsbedingungen.

Die heute international verbreiteten Praktiken des Personalmanagements in der Schifffahrt setzen aber auch der Bestrebung, durch den ISM Code (*Internatonal Safety Management Code*), eine internationale Sicherheitskultur in der Handelsschifffahrt zu schaffen, faktische Grenzen. Sie ergeben sich vor allem aus der Tatsache, dass sich unter den Bedingungen einer weltweiten Konkurrenz um maritime Arbeitsplätze keine offene Diskussion über die Erfahrungen mit Sicherheitsübungen an Bord entwickeln kann. Im Verlauf einer Untersuchung zur tatsächlichen Wirkung des Sicherheitscodes wurde Symantak Bhattacharya immer wieder gesagt, die Sorge vor einer kritischen Bemerkung des Kapitäns in dem nichtöffentlichen Bericht an die Personalagentur hindere einen daran, in Diskussionen an Bord auf eigene Erfahrungen und mögliche Sicherheitsmängel hinzuweisen (2007).

Obwohl die tatsächlichen und die befürchteten Auswirkungen der potentiell globalen Konkurrenz um Arbeitsplätze in der Seeschifffahrt heute allgemein gelten, gibt es insgesamt doch erhebliche Unterschiede in den Arbeits- und Lebensbedingungen für Seeleute. Sie lassen sich nicht durchweg an der Flagge ablesen, unter der ein Schiff fährt. Zwar werden für die Internationalen Register der traditionell führenden Schifffahrtsstaaten nach wie vor vergleichsweise strikte Kontrollen durchgeführt, doch gibt es inzwischen auch deutliche Unterschiede zwischen den einzelnen *flags of convenience*. Weil Charterer (Befrachter) kaum längerfristige Verträge mit einem Schifffahrtsunternehmen eingehen, dessen Schiff unter der Flagge eines Staates betrieben wird, dessen Flotte bei Hafenstaatkontrollen (s.u.) regelmäßig negativ auffällt, sind manche Anbieter offener Register inzwischen bestrebt, durch Kontrollen dafür zu sorgen, dass auf „ihren" Schiffen internationale Vorschriften eingehalten werden. Deshalb kann heute auch nicht mehr generell zwischen nationalen Registern und sog. offenen Registern (*flags of convenience*) unterschieden werden (Alderton/Winchester 2002). Trotz der verstärkten Bemühungen mancher Flaggenstaaten um den guten Ruf ihrer Flotte gilt aber nach wie vor, dass die Deregulierung der Schifffahrt der Politik des einzelnen Unternehmens eine noch größere Bedeutung zugewiesen hat, als dies früher schon der Fall gewesen ist.

4   Folgen der Deregulierung und Versuche der Re-Regulierung

Zwar haben viele der lange etablierten Schifffahrtsunternehmen ihre Sicherheitsstandards nicht prinzipiell verändert, als sie beschlossen, ihre Schiffe unter einer *flag of convenience* fahren zu lassen. Insgesamt jedoch kam es in den 1980er und frühen 1990er Jahren zu zahlreichen Unfällen ausgeflaggter Schiffe, darunter einer Häufung von Totalverlusten. In der Regel sind Reedereien gegen den Verlust von Fracht und Schiff versichert. Wurden Seeleute verletzt oder getötet, so fanden – und finden – sie in den Nachrichten der westlichen Welt zumeist nur Erwähnung, sofern es sich um Angehörige des eigenen Staates handelt. Jedenfalls führten die Verluste an Leben zunächst noch nicht zu Versuchen internationaler Regulierung. Sie kamen erst in Gang, nachdem Tankerunfälle vor den Küsten von Industriegesellschaften, so vor allem die Strandung der „Amoco Cadiz" im Jahre 1978 vor der Küste der Bretagne, erhebliche Umweltschäden verursacht hatten.

Zuständig für internationale Fragen der Schifffahrt ist die *International Maritime Organisation* (IMO), eine Unterorganisation der UNO. Aufgrund der Schaffung vieler neuer Schiffsregister war die Zahl der Mitglieder in der IMO in den 1970er und 1980er Jahren erheblich angestiegen, wobei es ausgerechnet jene

Staaten waren, unter deren Flagge jetzt die meisten Schiffe fuhren, die ein geringes Interesse an internationalen Vorschriften für die Schifffahrt hatten. Während
sich die Handelsflotten von Großbritannien oder Deutschland ständig verringerten, waren in das Schiffsregister von Panama, Liberia oder Antigua Barbuda
ständig mehr Schiffe eingeschrieben worden. Da in der IMO entsprechend internationaler *usancen* zwei Drittel der Mitglieder einem Beschluss zustimmen
mussten, dauerte es oft Jahre, bevor er in Kraft treten konnte. 1974 wurde deshalb beschlossen, dass in Zukunft alle *amendments* zu der bereits 1914 nach dem
Untergang der Titanic beschlossenen Konvention über *Safety of Life at Sea* (SO-
LAS), unabhängig von der Zahl der Ratifizierungen Geltung erhalten sollen,
wenn im Verlauf eines Jahres kein Einspruch erhoben wurde. (Diese Regelung
des *tacit consent* ist auch verantwortlich dafür, dass der *security code* ISPS, der
nach den Angriffen vom 11.09.2001 in sehr kurzer Zeit durch die IMO ge-
peitscht wurde, als Zusatz zu SOLAS formuliert wurde, obwohl er mit der Zielsetzung dieser Konvention kaum etwas zu tun hat.)

Alle außerhalb von SOLAS seit Mitte der 1970er Jahre verabschiedeten
Konventionen wurden jahrelang beraten. Ihre Ratifizierung dauerte dann wieder-
um viele Jahre. Neu beschlossen bzw. revidiert wurden Konventionen gegen die
Verschmutzung des Meeres (MARPOL), zur Einführung von Mindeststandards
der Ausbildung und der Besatzung (STCW) und zum *safety management* (ISM).[3]
Zunehmend wurden von der IMO Zertifizierungen und Kontrollen eingeführt.

Die wichtigste Neuerung konnte allerdings nicht in der IMO beschlossen
werden, weil es sich um eine Abkehr von bisherigen Grundsätzen des internationalen Seerechts durch Eingriffe in nationale Hoheitsrechte handelt. Die sog. *Port
State Controls* (Hafenstaatkontrollen) beruhen nicht auf einer internationalen
Konvention, sondern jeweils auf einem sog. *Memorandum of Understanding*
(Dirks 2001). Im August 1982 kamen 14 europäische Staaten überein, 25% aller
Schiffe unter fremder Flagge, die ihre Häfen anlaufen, im Hinblick auf die Einhaltung internationaler Bestimmungen zu kontrollieren. Inzwischen ist die Zahl
der beteiligten Hafenstaaten gewachsen, und in anderen Weltregionen sind weitere solche Übereinkünfte geschlossen worden, die vorerst letzte im Jahre 2005
für die Region des Persischen Golfs.

Die Wirkungen von *Port State Controls* sind begrenzt, weil es zu wenig und
zu wenig fachkundiges Personal gibt, international aber zu viel Personal, das die
Kontrollen nutzt, um zusätzliches privates Einkommen zu erzielen. Darüber
hinaus lassen internationale Regeln eine „Inaugenscheinnahme" bestimmter

---

3   Im Deutschen geht unter, dass die unterschiedliche Zielrichtung von ISM und ISPS bereits in
     der jeweiligen Bezeichnung angelegt ist. Mit ISM wird Sicherheit (safety) der Seefahrt ange-
     strebt, mit ISPS geht es um Sicherheit (security) für die Bevölkerung an Land. Sie soll vor ter-
     roristischen Angriffen geschützt werden.

Einrichtungen an Bord nur zu, wenn die Kontrolle der Schiffspapiere (beispielsweise die Überprüfung der Übereinstimmung zwischen verbrauchtem Treibstoff und regulär abgelieferten Rückständen) Verdachtsmomente ergibt oder Hinweise auf Mängel übermittelt wurden. Zudem ist auch die Konkurrenz zwischen den Häfen einer strengen Kontrolle abträglich.

Hafenstaatkontrolleure können Bußen verhängen. Sie werden formal von verantwortlichen Offizieren gefordert, faktisch aber von Reedereien bezahlt. Ihrer geringen Höhe wegen gelten sie als wenig wirksam, wenn es eine Reederei darauf anlegt, an fehlenden Sicherheitseinrichtungen zu sparen.

Trotz aller notwendigen Einschränkungen: Insgesamt überwiegen die positiven Wirkungen der Hafenstaatkontrollen. Auf sog. *white, grey* und *black lists* werden Flaggenstaaten je nach Anzahl der Festhaltungen von Schiffen unter ihrer Flagge kategorisiert. Die Listen werden veröffentlicht. Inzwischen gibt es auch Informationen der Häfen untereinander. Für Flaggenstaaten, die nicht darauf setzen, Kunden vom untersten Ende der Sicherheit und der Qualifizierung des Personals zu gewinnen, sind die Statistiken der *Port State Controls* wichtig. Wie bereits ausgeführt, gilt das inzwischen auch für manche Anbieter von *flags of convenience*. Übrigens finden sich unter den Schiffen, die aufgrund von Mängeln festgehalten wurden, jedes Jahr auch Schiffe aus den Internationalen Registern europäischer Staaten.

5 Zu den Grenzen der Consolidated Maritime Labour Convention von 2006

Jede Konvention ist besser als keine Konvention, und die von der *International Labour Organization* beschlossene *Consolidated Maritime Labour Convention* (MLC) ist schon deshalb ein wichtiger Erfolg, weil in Artikel V. festgelegt ist, dass ihre Bestimmungen auch für Schiffe gelten sollen, deren Flaggenstaat MLC nicht ratifiziert hat. Im Unterschied zur generellen Tendenz, in ihr einen entscheidenden Meilenstein in der Geschichte der Regulierung von Arbeitsverhältnissen in der Seefahrt zu sehen, bin ich in meiner Einschätzung allerdings eher zurückhaltend.

Zunächst einmal ist die inhaltliche Reichweite der Konvention in doppelter Weise beschränkt. Zum einen wird den unterschiedlichen Bedingungen für die Einhaltung allgemeiner Standards dadurch Rechnung getragen, dass zwischen verpflichtenden Bestimmungen (A) und Richtlinien (B) unterschieden wird. Vor allem aber: die neue Konvention zielt darauf ab, internationale Mindeststandards durchzusetzen, nicht etwa Regelungen zu treffen, welche aktuell gravierende

Missstände in den Arbeitsbedingungen aller Seeleuten beseitigen würden. Was das heißt, soll hier zumindest an einigen Beispielen verdeutlicht werden:

Auf der Basis von MLC kann kein Management dazu verpflichtet werden, die Zahl der Besatzungsmitglieder an Bord zu erhöhen. Die zuständigen Behörden werden auch in Zukunft die Besatzungsstärken für die Schiffe ihrer Flotte festlegen (MLC, A2.7.) Solche Festlegungen folgten bislang den ökonomischen Interessen von Betreibern. Das wird sich nicht ändern. Damit bleiben die Intensität der Arbeit und die von nahezu allen Seeleuten beklagte Isolierung an Bord also weiterhin bestehen. MLC ändert auch nichts an der bisherigen Praxis, Charterer nicht in das internationale System der Regulierung und Kontrolle mit einzubeziehen. Die rigorose internationale Konkurrenz um Seetransporte verleiht Charterern aber eine sehr starke ökonomische Position. Sie werden auch in Zukunft sehr weitreichende Möglichkeiten haben, Charterverträge zu diktieren. Folglich wird sich die logistische Planung von Reisen auch weiterhin eher nach den Interessen von Charterern als nach dem Bedürfnis von Seeleuten richten, gelegentlich ein paar Stunden an Land verbringen zu können. Noch weniger ist zu erwarten, dass neue Hafenanlagen in der Nähe größerer Ansiedlungen entstehen und Seeleute dadurch eher Zugang zu Einrichtungen an Land möglich wären.

Ähnlich verhält es sich mit „Lärm und Vibrationen". Nicht erst mit der neuen Konvention, sondern bereits mit der ILO-Konvention Nr. 148, die seit 1979 in Kraft ist, sollten Arbeitskräfte gegen Luftverunreinigung, Lärm und Vibrationen am Arbeitsplatz geschützt werden. Seit 2003 gibt es eine entsprechende Regelung der EU. Unter Umständen ließe sich die Tatsache, dass diese bisherigen Regelungen wirkungslos blieben, damit erklären, dass sie von vielen Flaggenstaaten nicht ratifiziert wurden, was freilich nichts an der moralischen Verpflichtung von Schifffahrtsunternehmen ändern sollte, internationalen Regulierungen auch dann zu folgen, wenn ihnen ein Flaggenstaat die Möglichkeit der Vermeidung bietet. Die Reduzierung von Lärm und Vibrationen auf Schiffen würde freilich voraussetzen, dass diese Zielsetzung berücksichtigt wird, wenn Schiffe konstruiert werden. Tatsächlich wird dieser Sachverhalt in den Richtlinien zu B.4.3.1. der neuen Konvention angesprochen. Doch bleibt die Empfehlung, dass die zuständige Behörde entsprechende Vorschriften erlasse, lediglich Appell. Würde er in Zukunft tatsächlich vereinzelt umgesetzt, so bliebe immer noch der infernalische Lärm im Hafen, der entsteht, wenn ein Containerschiff ent- und beladen wird. Seeleute, die auf Feederschiffen arbeiten, haben diesen Lärm oft mehrmals die Woche zu ertragen. Diejenigen unter ihnen, die gerade wachfrei sind und eigentlich schlafen könnten, werden daran gehindert. Gegen die Lärmbelastung von Containerverkehr unmittelbar neben der eigenen Koje sind Ohrstöpsel ein sehr unzureichender Schutz. Deutsche Seemannsfrauen fordern deshalb seit langem, dass Seeleuten im Feederverkehr zwischendurch Übernachtungen im Hotel finanziert werden. Es sieht nicht so aus, als ob sie damit Erfolg haben könnten.

Während diese und andere konkrete Bedingungen aktueller seemännischer Arbeit aus der Debatte über die in der MCL festzulegenden Mindeststandards von vornherein ausgeklammert wurden, war das für die sogenannten *abandonments* nicht der Fall. Von abandonment wird gesprochen, wenn Eigner ein Schiff – aus welchen Gründen auch immer – nicht weiter betreiben, sondern es einfach in irgend einem Hafen der Welt liegen lassen. Regelmäßig versuchen Seeleute dann, das Schiff zu erhalten, weil sie auf Auszahlung ihrer Heuern samt der Kosten für die Heimfahrt warten. Mit der Zeit sind die Vorräte aufgebraucht, oft fehlen auch Wasser und Strom. Nach einiger Zeit sind sie für ihre Verpflegung auf Almosen angewiesen. Nur wenn es gelingt, die ITF zu informieren, wird die Heimfahrt finanziert und können manchmal auch rückständige Heuern erfolgreich eingefordert werden. Während der Verhandlungen über die *International Bill of Rights* wie die Maritime Labour Convention auch genannt wird, ist es leider nicht gelungen, die traditionelle Verpflichtung von Flaggenstaaten, für die „Heimschaffung" von abandoned Seeleuten und für die Zahlung der noch ausstehenden Heuern zu sorgen, mit aufzunehmen. Eine entsprechende Verpflichtung hat – zumindest vorläufig – lediglich Eingang in die *guidelines* gefunden. Manche fürchten, dies habe die Bemühungen, verpflichtende Regelungen zugunsten von *abandoned* Seeleuten zu schaffen, eher zurück geworfen. Es handelt sich keineswegs um ein nebensächliches Problem. Zwar gibt es keine genauen Zahlen,[4] doch gehen konservative Schätzungen davon aus, dass zwischen 1990 und 2006 rund 1000 Schiffe aufgegeben wurden. Insgesamt sollen mindestens 15 000 Seeleute und Fischer betroffen gewesen sein (Smith 2006). Seit im Winter 2008/2009 die Finanzkrise auf die Realwirtschaft und folglich auch auf den Seetransport durchgeschlagen hat, hat die Zahl der stillgelegten Schiffe und damit auch die Zahl der ökonomisch gestrandeten Seeleute zugenommen (Mission to Seafarers 05.03.2009; ITF 16.02.2009).

Zu den Übeln, für die kaum Abhilfe zu erwarten ist, gehört auch die Erschwerung des Landgangs durch die Bestimmungen des ISPS Code. Zwar ist das Recht von Seeleuten auf Landgang schon lange festgelegt, doch ist mit dem *security code*, der Seeleute insgesamt als potentielle Terroristen behandelt, die restriktive Praxis der USA verallgemeinert worden. Dass das Recht auf Landgang auch in dieser Konvention noch einmal formal bestätigt wurde, bleibt ohne Wirkung. Ohne besondere Visa wird Seeleuten der Landgang selbst dann ver-

---

4 Erst seit 2004 wird versucht, eine Statistik über neu aufgetretene Fälle zu führen. Vgl.: ILO: Abandonment of Seafarers database.

weigert, wenn er ausnahmsweise möglich ist. Nicht nur Vertreter von Seemannsmissionen berichten von zahlreichen Fällen des verweigerten Landgangs bzw.
des verweigerten Zugangs von Mitarbeiter/innen der Seemannsmissionen (vgl.
Stevenson 2007), auch das Sicherheitskomitee der International Maritime Organization sah sich 2004 veranlasst, die Realisierung des immer wieder bestätigten
Rechtsanspruchs einzufordern. Zwei Jahre später wurde erneut weit verbreitete
non-compliance konstatiert (MSC 2004 und 2006). Berichten zufolge ist auch
das ohne Wirkung geblieben. Das bedeutet, dass auch in Zukunft in jeder Befragung von Seeleuten die Formulierung auftauchen wird: „Es ist ein Gefängnis".
Manchmal wird sie durch den ironischen Hinweis ergänzt, im Gefängnis könne
man immerhin Fußball spielen.

6   Fazit

Was die Wirksamkeit der in der neuen Konvention tatsächlich beschlossenen
Regelungen und damit zugleich die Perspektiven für die Durchsetzung von *decent work* in der Seeschifffahrt betrifft, so stehen m. E. mehrere Sachverhalte
allzu großen Hoffnungen entgegen. Zum einen kennen wir bereits aus anderen
Konventionen, so etwa aus der in den Anhängen durchaus sehr ins einzelne gehenden Konvention MARPOL (Übereinkommen zur Verhütung der Meeresver-
schmutzung durch Schiffe), dass Bestimmungen national unterschiedlich ausge-
legt werden, und dass Kontrolleure nicht qualifiziert genug, überlastet oder käuf-
lich waren und sind (Douvier 2005: passim). MARPOL ist nicht ohne Wirkung
geblieben, aber diese lässt sich nicht direkt aus dem Wortlaut der Konvention
ablesen. Auch die jetzt beschlossene Konvention muss national umgesetzt werden. Tatsächlich ist das Element der Flexibilität im Hinblick auf die nationale
Umsetzung in dieser Konventionen sogar besonders stark ausgeprägt (vgl. ILO
introduction Nr. 16, 2008). Deshalb sind auch nur Richtlinien (*guidelines*) und
nicht etwa strikte Richtlinien für die von Flaggenstaaten durchzuführenden Kontrollen möglich.[5]
   Mein zweites Bedenken gründet auf der Tatsache, dass Kontrolleure der
Hafenstaaten Dokumente als Aussagen über Fakten akzeptieren müssen. Hat ein
Flaggenstaat die Konvention ratifiziert und legt ein Schiff bei Kontrollen das
vom Flaggenstaat ausgestellte Zertifikat über die *compliance* mit den Vorschriften vor, so muss dies im Regelfall als Aussage über tatsächliche *compliance*
akzeptiert werden. Nur wenn ein Inspektor gute Gründe hat, *non-compliance* zu

---

5   Diese guidelines sind sehr ausführlich. Vgl. INTERNATIONAL LABOUR ORGANIZATION
     MEFS/20008/8(Rev.).

vermuten oder wenn er eine Beschwerde von Seefahrenden erhält, ist er berechtigt, das Zertifikat in Zweifel zu ziehen (ILO 23.02.2009). Das lässt befürchten, dass sich die Situation im Hinblick auf die Kontrollen gegenüber den Erfahrungen mit der 1976 beschlossenen ILO Konvention Nr. 147 über Mindeststandards von Arbeitsbedingungen nicht grundlegend verändert hat. Weder die Mitarbeiter/innen von SIRC (*Seafarers' International Research Centre*) in Cardiff, noch Mitglieder der „Forschungsstelle Schifffahrt" an der Universität Bremen haben je beobachtet oder auf Nachfrage erfahren, dass die Einhaltung dieser Standards kontrolliert worden wäre. Das ist aus zwei Gründen nicht erstaunlich. Zum einen erhalten Forscher/innen nicht die Erlaubnis, auf *ships of shame* mitzufahren, zum anderen ist diese Konvention von sehr vielen Flaggenstaaten nicht ratifiziert worden. Dennoch: so weit bekannt, gibt es keinen einzigen Fall, in dem Beanstandungen auf der Basis dieser Konvention zu Bußen oder gar Festhaltungen geführt hätten. Und dies, obwohl die internationale Untersuchungskommission über Schifffahrt unter der Leitung des früheren australischen Ministers Peter Morris ihrem im Jahr 2000 vorgelegten Bericht aus gutem Grund den Titel *„Ships, Slaves and Competition"* gegeben hat.

Bereits für die 1978 erstmals beschlossene Konvention über *Standards of Training, Certification and Watchkeeping* gilt seit ihrer Überarbeitung im Jahre 1995, dass ihre Einhaltung auch von Schiffen gefordert wird, deren Flaggenstaaten sie nicht ratifiziert haben. Entsprechendes ist nun auch für die neue Konvention festgelegt worden. Insofern ließe sich argumentieren, dass ihre weiterhin ausstehende Ratifikation durch den Kongress der Philippinen nicht von Bedeutung ist, weil die erforderliche Zahl an Ratifikationen ohnehin zustande kommen und die Konvention damit wie geplant im Jahre 2011 weltweite Geltung erlangen wird. Aber die Philippinen sind nach wie vor das Land, aus dem die größte nationale Gruppe an Seeleuten in der Welthandelsflotte stammt. Und wenn die Interpretation des *International Seafarers' Action Centre* (ISAC) zutrifft, dass die Ratifizierung nicht zustande kommt, weil im Kongress Anteilseigner von Schiffen und Unternehmer vertreten sind, die Personalagenturen für die Welthandelsflotte betreiben (Noelbarcelona 05.03.2009), so ist die verweigerte Ratifizierung doch ein Indiz für die zu erwartenden Zustände. Nicht nur werden philippinische Seeleute wohl auch in Zukunft jede Chance auf einen erneuten Heuervertrag verlieren, wenn bekannt wird, dass sie sich an die ITF gewandt oder einen Hafenstaatkontrolleur über Missstände informiert haben, noch ist zu erwarten, dass eine 2008 von der POEA, der staatlichen philippinischen Organisation für die Beschäftigung philippinischer Staatsbürger im Ausland, getroffene Regelung aufgehoben wird. Sie hat Seeleuten das traditionelle Recht auf *maintenance and cure* beschnitten. Neuerdings sind Ansprüche auf medizinische Versorgung auf Unfälle und Krankheiten begrenzt, die ursächlich auf die Arbeit an Bord zurückzuführen sind, und anstelle der traditionellen Kostenübernahme für die Zeit der Krankheit ist jetzt ein minimales Erstattungssystem getreten (Stevenson 2009).

Mein wichtigster Vorbehalt gegen allzu positive Erwartungen im Hinblick auf die neue Konvention basiert auf der Tatsache, dass es sich beim Arbeitsmarkt für Seeleute um einen legal globalisierten Arbeitsmarkt handelt. Zwar werden seit einiger Zeit Engpässe im Hinblick auf das Angebot an Schiffsoffizieren festegestellt, aber das Reservoir an potentiellen *ratings* ist nahezu unbegrenzt. Weltweit sind viele junge Männer bereit, nahezu alle Arbeitsbedingungen zu akzeptieren, um eine Heuer zu erlangen. Ergeben sich zunehmende Chancen für eine Beschäftigung an Land, wie etwa zeitweise in Indien, so nimmt das Angebot an *ratings* ab (Drewry 2008), andererseits verschärft jede Schifffahrtskrise die internationale Konkurrenz unter Seeleuten. Obwohl im November 2008 der Containerverkehr in Indonesien um 40% gegenüber der Vorkrisenzeit abgenommen hatte, rechneten indonesische Seeleute damit, weiterhin Beschäftigung zu finden, zwar nicht bei einheimischen Unternehmen, wohl aber in Singapur oder Malaysia, weil ihre Heuern niedriger sind als die von dortigen Seeleuten (Fairplay 27.11.2008). Und obgleich mehr als die Hälfte der 2008 von Piraten vor Somalia als Geiseln genommenen Seeleute aus den Philippinen stammten, drängten im November 2008 besonders viele potentielle und aktuelle philippinische Seeleute in die staatliche Vermittlungsstelle. Wegen verschlechterter Aussichten an Land waren sie bereit, eine auch noch so gefährliche Arbeit anzunehmen (Reuters 19.11.2008). Bereits im Februar 2008 hat die dänische MAERSK Reederei bekannt gegeben, dass sie sich von 200 dänischen Seeleuten trennen und diese durch Philippinen ersetzen wird (Maritime Connector 18.02.2008). Aber auch philippinische Seeleute treffen zunehmend auf Konkurrenz aus der Volksrepublik China.

Einer Untersuchung des *Seafarers' International Research Centre* (SIRC) zufolge sind von den derzeit rund 162 000 chinesischen Seeleuten bereits 42 000 auf ausländischen Schiffen tätig. Es ist anzunehmen, dass sich das Angebot an *ratings* mit einer soliden Grundausbildung und geringen Lohnforderungen in absehbarer Zeit noch erweitern wird. Jedenfalls weigern sich in der Situation der Krise die Repräsentanten der *International Shipping Federation* (ISF) die lange zuvor vereinbarten Gespräche über eine Erhöhung der Mindestheuern aufzunehmen (transportweekly 17.02.2009). Auch wenn keineswegs alle Seeleute der Welt diese Mindestheuern verdienen, so ist diese Weigerung doch ein Indiz für die Tatsache, dass sich die weltweite Konkurrenz unter Seeleuten in der Krise weiter verschärft.

Gegen diese Konkurrenz bleiben Regulierungen vergleichsweise machtlos. Eine Situation wie in den 1960er Jahren, in der die Konkurrenz von Unternehmen um Seeleute und die zeitgleiche Verbesserung von Arbeitsbedingungen an

Land in den damals führenden Seefahrtsstaaten zu einer bemerkenswerten Verbesserung der Lebens- und Arbeitsbedingungen von Seeleuten führte, ist in absehbarer Zeit nicht zu erwarten. Hinzu kommt, dass die rigorose Konkurrenz um maritime Arbeitsplätze und das Interesse einzelner Länder an den Überweisungen von Staatsbürgern und Staatsbürgerinnen, die im Ausland arbeiten, eines der grundlegenden Prinzipien von *decent work*, das Recht der Vereinigungsfreiheit und das damit verbundene Recht zu Kollektivverhandlungen faktisch weitgehend außer Kraft setzt. Nicht nur, dass Seeleute unter diesen Bedingungen nahezu allesamt darauf verzichten, sich selbst gewerkschaftlich zu organisieren, viele zögern auch lange, bevor sie versuchen, die *International Transportworkers Federation* (ITF), die sich advokatorisch für sie einsetzt, über Missstände zu informieren. Allen Regulierungen zum Trotz wird die globalisierte Arbeitswelt von Seeleuten solange vor allem durch die Interessen der Schifffahrtsunternehmen und der Charterer bestimmt bleiben, als diese nicht mit Unternehmen an Land um Arbeitskräfte konkurrieren müssen.

7 Literaturhinweise

Alderton, Tony/Winchester, Nik (2002): Internationale Regulierungen und die Praxis von Flaggenstaaten. In: Gerstenberger/Welke (Hg.): Seefahrt im Zeichen der Globalisierung. Münster: Westfälisches Dampfboot. 180-197

Bhattacharya, Symantak (2007): Seafarers' Participation in Safety Management On Board Cargo Ships. SIRC, Symposium 2007. www.sirc.proceedings

Dirks, Jan (1998): Positives Regulieren in der Handelsschifffahrt im Kontext der Globalisierung. Münster: LIT Verlag

Douvier, Stefan (2005): MARPOL. Umweltschutz auf dem Meer. Bestandsaufnahme und Ausblick. Bremen: salzwasserverlag

Drewry (2008): Manning 2008. http://www.drewry.co.uk

Fairplay (27.11.2008): Seafarers in Asia watch their backs. http://www.fairplay.co.uk/secure/ (abgerufen: 20.03.2009)

Gerstenberger, Heide/Welke, Ulrich ([2004] 2008): Arbeit auf See. Zur Ökonomie und Ethnologie der Globalisierung. Münster: Westfälisches Dampfboot

Gerstenberger, Heide (2007): „Shipboard Organization: Commercial Vessels". In: „The Oxford Encyclopedia of Maritime History"

Grey, Michael (2002): Wie sich die Konstruktion und der Betrieb von Schiffen auf die Arbeit und das Leben von Seeleuten auswirken. In: Gerstenberger/Welke (Hg.): Seefahrt im Zeichen der Globalisierung. Münster: Westfälisches Dampfboot. 74-89

International Commission on Shipping (2000): Ships, Slaves and Competition. Charlestown, Australia. http://www.icons.org.au

International Labour Organization: Achieving the seafarers' international bill of rights: more than half way there!, Community and public information; [Feature articles] wysiwg://1. http://www.ilo.org/global...stories/lang—en/WCMS_103260/index.htm

International Labour Organization: Abandonment of Seafarers Database. http://www.ilo.
org/dyn/seafarers/seafarers

International Labour Organization (2006): Guidelines for flag State inspections under the
Maritime Labour Convention, 2006, MEFS/2008

International Labour Office in collaboration with the Seafarers' International Research
Centre (2004) The Global Seafarer. Geneva: International Labour Office

International Maritime Organisation: Maritime Safety Committee (MSC) (2004): Circular
1112 vom 7. Juni 2004: Shore Leave and Access to ships under the ISPS Code; sowie: Circular 1194 vom 30. Mai 2006 : Effective Implementation of Solas Chapter
XI-2 and the ISPS Code; I:\CIRC\MSC\1112.DOC sowie I:\CIRC\MSC\1114.doc

Maritime Connector, Maersk lay off Danish seafarers; http://www.maritime-connector.
com/News Details/574 lang (abgerufen: 16.03.2009)

Mission to Seafarers (05.03.2009): Mission to seafarers expects high demand amid shipping crisis; http://www.schristiantoday.com/article (abgerufen: 16.03.2009)

Noelbarcelona, blog: Seafarers' Groups Fear Non-Ratification of Maritime Pact, 5.03.
2009; http.//www.FilipinoWriter.com (abgerufen: 16.03.2009)

Reuters (09.11.2008): Filipino sailors worry more about jobs than pirates; http://www.
reuters.com/article/latestCrisis (abgerufen: 20.03.2009)

Transportweely, 17.02.2009, ILO minimum wage discussions 2009; http://www.
transportweekly.com (abgerufen: 16.03.2009)

Smith, James (Observatory of Seafarers' Rights, Nantes, France) 18.07.2006, Update on
search for solutions to the problem of abandonment of seafarers; http://
www.seacurus.com/latest_news.asp?/ItemID=17&pcid-98&archive=yes (abgerufen:
13.04.2008)

Stevenson, Douglas (Centre for Seafarers' Rights at The Seamen's Church Institute of
New York and New Jersey), Seafarers' Rights Face a Worldwide Crisis, http://www.
thewitness.org/agw/scipressrelease.html, (abgerufen:16.03.2009)

Stevenson, Douglas (14.11.2007): Impacts of ISPS on Seafaring. (Seamen's Church Institute of New York and New Jersey) http://seamenschurch.org

Wu, Bin/Shen, Guanbao/Li, Ling (2007): The Transformation of the Chinese Labour
Market for Seafarers. Seafarers' International Research Centre (SIRC). Cardiff. ab-
zurufen unter: www.sirc.cf.ac.uk

Tenold, Stig (2006): Tankers in Trouble. Norwegian Shipping and the Crisis of the 1970s
and 1980s. Research in Maritime History, Nr. 32. (International Maritime Economic
History Association), St. John's Newfoundland

Weltweit geltende Arbeitsstandards durch Globalisierung – Politisch-organisationales Lernen in der IAO

Jan Dirks

An der internationalen Handelsschifffahrt als einem weitgehend globalisierten Wirtschaftsbereich lässt sich eine Vielzahl möglicher Entwicklungen beobachten, die anderen Wirtschaftssektoren noch bevorstehen. Andererseits muss die internationale Handelsschifffahrt aufgrund der Mobilität der Produktionsanlagen (Schiffe) und der damit verbundenen weltweiten Kontrollierbarkeit der Einhaltung international vereinbarter Normen als ein außergewöhnlicher Sektor verstanden werden, in dem die Normumsetzung wesentlich transparenter ist als in anderen Bereichen der Arbeit.

Umso mehr überrascht es zunächst, dass mit dem Seearbeitsübereinkommen 2006 von der Internationalen Arbeitsorganisation ein umfassendes international verbindliches Regelwerk verabschiedet wurde, das für alle Seeleute in der internationalen Handelsschifffahrt ein hohes Niveau bei den Arbeits- und Lebensbedingungen gewährleistet und dessen Einhaltung durch die sogenannte Hafenstaatskontrolle von den Mitgliedstaaten gegenseitig kontrolliert werden soll. Den Hafenstaaten wird durch das Übereinkommen die Möglichkeit eingeräumt, im Rahmen von unangekündigten Inspektionen von Schiffen, die unter Flaggen anderer Staaten registriert sind, die Einhaltung der im Seearbeitsübereinkommen 2006 festgeschriebenen Normen zu prüfen und das Schiff ggf. an der Weiterfahrt zu hindern, bis alle Normen erfüllt sind.

Globalisierung ist u.a. mit Tendenzen der Unternehmen verbunden, insbesondere im produktiven Gewerbe, zur Verringerung der Arbeitskosten und zur Vermeidung von hohen Arbeits- und Sozialstandards in das vermeintlich billigere Ausland abzuwandern. In der internationalen Handelsschifffahrt zeigt sich diese Tendenz zur Verlagerung von Arbeitsplätzen an einem Trend zur Ausflaggung von Schiffen aus den traditionellen Schifffahrtsstaaten mit hohen Arbeits-, Sozial- und Sicherheitsanforderungen in die Staaten mit sogenannten Gefälligkeitsflaggen, die in dieser Hinsicht keine Anforderungen stellen.

In der internationalen Handelsschifffahrt zeigt sich jedoch, dass gerade die weitgehende Globalisierung des Sektors es auch ermöglicht, dass es zu einer weltweiten erheblichen Verbesserung der Arbeits- und Lebensbedingungen der Seeleute kommen kann und nicht, wie man annehmen sollte, zu einer dauerhaften Abwärtsspirale. Zu Beginn der großen Ausflaggungswelle in den 1980er und 1990er Jahren verschlechterten sich allerdings die Arbeits- und Lebensbedingungen der Seeleute. Seit Anfang des neuen Jahrtausends ist jedoch eine zunehmende Verbesserung in den Arbeits- und Lebensbedingungen zu beobachten, die zu Teilen dem weltweiten Mangel an qualifizierten Arbeitskräften geschuldet ist. Starker Wettbewerb um solche Arbeitskräfte führt zu besseren Arbeits- und Lebensbedingungen. Allerdings wäre diese Verbesserung ohne institutionalisierte Begleitung nur von kurzer Dauer, denn sobald wieder genügend qualifizierte Arbeitskräfte zur Verfügung stehen, müssten sich die Bedingungen für die Seeleute wieder verschlechtern.

Das Beispiel des Seearbeitsübereinkommens der Internationalen Arbeitsorganisation (IAO) zeigt, dass es einen Prozess des politisch-organisationalen Lernens in der IAO gegeben hat, der zu einer dauerhaften Verbesserung der Arbeits- und Lebensbedingungen der Seeleute führen wird, unabhängig vom Arbeitskräfteangebot. Die Reeder und Seeleutegewerkschaften in der Internationalen Arbeitsorganisation sorgten gemeinsam mit den Regierungen der Mitgliedstaaten für eine grundlegende Überarbeitung der auf die Arbeits- und Lebensbedingungen der Seeleute bezogenen Instrumente (33 Übereinkommen, 30 Empfehlungen) der IAO, die nach fünfjährigen Verhandlungen zum Ergebnis eines einzigen umfassenden maritimen Übereinkommens (Seearbeitsübereinkommen 2006) führte. Das neue Übereinkommen ersetzt alle anderen maritimen Instrumente der IAO.

Seearbeitsübereinkommen

Als Mittel gegen die mit den Ausflaggungen verbundenen Verschlechterungen der Arbeits- und Lebensbedingungen der Seeleute hatten sich die bis dahin bestehenden maritimen Übereinkommen und Empfehlungen der IAO als untauglich erwiesen. Die Übereinkommen waren zu vielschichtig, zu komplex, deckten nicht alle relevanten Bereiche ab und wiesen zu geringe Ratifikationsraten auf.

Für das eine neue Übereinkommen der IAO wurden nun die Normen bzw. Inhalte der früheren maritimen Übereinkommen und Empfehlungen übernommen, sofern sie noch aktuell waren. Gleichzeitig wurden neue Normen, z.B. bezüglich der sozialen Sicherheit der Seeleute dem bestehenden Katalog hinzugefügt. Zudem beinhaltet das Seearbeitsübereinkommen neben den maritimen Instrumenten – nach heftigen Auseinandersetzungen zwischen den USA und den Arbeitgeberverbänden auf der einen Seite und den Gewerkschaften sowie einer

Vielzahl von Mitgliedstaaten auf der anderen Seite – auch einen Verweis auf die IAO-Erklärung der grundlegenden Prinzipien und Rechte bei der Arbeit von 1998, ein klares Bekenntnis zur Universalität bestimmter Arbeitsrechte. Das für alle Beteiligten überraschende Abstimmungsergebnis zur Annahme des Übereinkommens ohne Gegenstimmen (bei zwei Enthaltungen) ist nicht nur ein Indiz für den Willen der Mitgliedstaaten und Sozialpartner, die Arbeits- und Lebensbedingungen der Seeleute zu verbessern, sondern auch ein klares Bekenntnis zu den Kernarbeitsnormen der ILO.

Ziele des neuen Übereinkommens sind – neben der Schaffung menschenwürdiger Arbeits- und Lebensbedingungen an Bord – die Verbesserung der Schiffssicherheit und die Schaffung einheitlicher Wettbewerbsbedingungen.

Wirksamkeit des Seearbeitsübereinkommens

Durch die vorgesehene Hafenstaatkontrolle wird das Seearbeitsübereinkommen weltweit eine sehr hohe Wirksamkeit erreichen, wie die wichtigsten maritimen internationalen Übereinkommen der Internationalen Seeschifffahrts-Organisation (IMO) SOLAS, MARPOL und STCW: In Europa werden zum Beispiel 25 Prozent aller Schiffe, die unter nicht-europäischen Flaggen registriert sind, im Rahmen des so genannten Paris-MOU auf die Einhaltung der drei genannten IMO-Übereinkommen durch Inspektionen überprüft. Schiffe, die massiv gegen die Bestimmungen der Übereinkommen verstoßen, werden im Hafen so lange festgehalten, bis die Mängel beseitigt sind. Für die Reeder ist das Festsetzen eines Schiffes mit enormen Kosten verbunden, so dass sie üblicherweise sehr schnell für die Einhaltung der internationalen Standards sorgen. Sobald das IAO-Seearbeitsübereinkommen in Kraft ist, wird der gleiche Mechanismus auch auf dessen Normen angewendet. Durch das Prinzip der Nichtbegünstigung wird sichergestellt, dass auch Schiffe die Normen beachten müssen, die in einem Mitgliedstaat registriert sind, der das Übereinkommen nicht ratifiziert hat.

Selbst das stark ratifizierte Vorgängerübereinkommen Nr. 147 konnte aufgrund unzureichender Kontrollmöglichkeiten keinen vergleichbaren Effekt erzielen, wie es das Seearbeitsübereinkommen ermöglichen wird. Bereits heute haben die großen Flaggenstaaten Liberia, Panama und Marshall-Islands das Übereinkommen ratifiziert. Das Übereinkommen tritt in Kraft, wenn 30 IAO-Mitgliedstaaten, die über 33 Prozent der Welttonnage verfügen, das Übereinkommen ratifizieren. Die Europäische Union hat die Mitgliedstaaten ermächtigt, das Übereinkommen zu ratifizieren, was einer unmissverständlichen Aufforderung zur Ratifikation gleichkommt. Falls das Übereinkommen bis 2010 spätestens jedoch

2012 nicht von allen Mitgliedstaaten ratifiziert wurde, wird die Kommission entsprechende Schritte einleiten.

Politisch-organisationales Lernen in der IAO

Politisch-organisationales Lernen in der IAO wird determiniert durch die besondere Rolle der IAO als politikfeldspezifisches Entscheidungsorgan, Dienstleister und Selbstbeobachtungsmechanismus. Diese besondere Rolle und daraus resultierende Struktur unterscheidet sie von Organisationen, die als Akteure gegenüber ihren Kunden auftreten und nicht gleichzeitig durch die Mitglieder konstituiert werden.

Bei organisationalem Lernen in der IAO geht es um (auch grundlegend) neue Konzeptualisierungen von Sachverhalten, die die Politikprozesse in der IAO maßgeblich und dauerhaft bestimmen unter anderem zur Fortentwicklung und Erfüllung der Primäraufgabe der Organisation im Kontext veränderter Bedingungen, hier: Bedingungen der Globalisierung und von neoliberalen Tendenzen, aber auch der oben konstatierten weltweiten Akzeptanz der grundlegenden Prinzipien und Rechte bei der Arbeit und darüber hinausgehend der durch das einstimmige Abstimmungsergebnis dokumentierten Akzeptanz der maritimen Arbeitsrechte.

Fortentwicklung der Primäraufgabe

Die Fortentwicklung der Primäraufgabe findet hier im Kontext der veränderten Rahmenbedingungen statt und wird unter anderem deutlich an der Erklärung der grundlegenden Prinzipien und Rechte bei der Arbeit (1998), der Wahl Somavias zum Generaldirektor der IAO (1999) sowie der durch ihn ins Leben gerufenen Decent Work Agenda (1999).

Prozess der Selbstbeobachtung

Die oben kurz angerissene Neukonzeptualisierung von Sachverhalten (Ersetzen der maritimen IAO Instrumente durch das Seearbeitsübereinkommen) – Somavia spricht von einem Prozess, der als Beispiel für andere Tätigkeitsfelder der IAO dienen kann – setzt einen Prozess der organisationalen Selbstbeobachtung voraus, der als erstes Ergebnis den „Geneva Accord"[1] zwischen den Reedern und den Seeleutegewerkschaften zur Folge hatte.

Die Überarbeitung der insgesamt 63 maritimen Instrumente der IAO im Rahmen von insgesamt zehn hochrangig besetzten Konferenzen und deren Zusammenfassung zu einem Übereinkommen verweist auf einen intensiven Selbstreflexionsprozess innerhalb der Organisation unter anderem mit dem Ergebnis, dass sowohl die herkömmlichen Verfahren bei der Genese von Seearbeitsstandards, deren Überarbeitung als auch deren Umsetzung grundlegend geändert werden müssen.

Folgen für die Normüberwachung

Mit Blick auf die Normüberwachung geht die IAO – neben der Anwendung der klassischen Instrumente (Berichtswesen, Beschwerde- und Klageverfahren) – neue Wege, die die Verantwortung für die Kontrolle der Einhaltung der Normen nicht mehr alleine bei den Flaggenstaaten und der IAO selbst, sondern immer stärker bei den Hafenstaaten verankert. Zwar unterlag auch das bisher als Referenzübereinkommen geltende IAO-Seefahrts-Übereinkommen Nr. 147 der Hafenstaatkontrolle. Jedoch werden mit dem neuen Seearbeitsübereinkommen ein Zertifikat des Flaggenstaates und eine Erklärung der Reederei über die Einhaltung der Normen des Seearbeitsübereinkommens verlangt. Somit werden erstmals Prüfungen an Bord von Schiffen möglich, die über die Inaugenscheinnahme durch den Hafenstaatinspekteur, z.B. der Hygiene oder Unterkünfte, hinausgehen. Das neue System der Zertifizierung ermöglicht somit Überprüfungen z.B. auch der Anwendung der Normen zur regelmäßigen Bezahlung der Heuern oder zur Vereinigungsfreiheit.

Durch die Anwendung des Prinzips der Nichtbegünstigung werden auch jene Schiffe von den Kontrollen erfasst, deren Flaggenstaaten das Übereinkommen nicht ratifiziert haben. Die IAO hat hier offenbar aus den Erfahrungen der IMO gelernt, die sich – wie die Internationale Transportarbeitergewerkschaft ITF schon früher – die Angewiesenheit der Schifffahrt auf die Häfen in den Industriestaaten für die Kontrolle der Einhaltung ihrer (Sicherheits-)Normen zunutze gemacht hat.

---

1 Der Geneva Accord ist die Vereinbarung von 1998 zwischen den Reedern und den Gewerkschaften in der IAO über die grundlegende Überarbeitung der maritimen Instrumente der IAO. Ausführlich in Jan Dirks: Internationale Regulierung der Arbeits- und Lebensbedingungen im Politikfeld der Handelsschifffahrt. In: Eva Senghaas-Knobloch/Jan Dirks/Andrea Liese: Internationale Arbeitsregulierung in Zeiten der Globalisierung. Politisch-organisatorisches Lernen in der Internationalen Arbeitsorganisation (IAO). Münster 2003. 127-222, bes. 192ff.

Förderung der Umsetzung durch die IAO

Bezogen auf die Decent Work Agenda hat die IAO ein *International Programme for the Promotion of Decent Work in the Maritime Industry* entwickelt, dessen Homepage jedoch verwaist bzw. seit Jahren nicht geändert wurde, was darauf hindeutet, dass wir es hier mit einem Feigenblatt zu tun haben.

Mit Blick auf das Seearbeitsübereinkommen gibt es jedoch einen *Action Plan 2006 bis 2011*, der (1) die schnelle und weit verbreitete Ratifikation unterstützen und institutionelle und andere Instrumente für die effektive nationale Umsetzung entwickeln soll. Dieser Plan konzentriert sich zunächst auf jene Staaten, die ein besonderes maritimes Interesse haben (Member States with major maritime interests). Dabei werden drei Stränge verfolgt:

1. Aufrechterhalten des Engagements der Mitglieder und Mobilisierung von Unterstützung,
2. Erstellung und Austausch von Informationen,
3. Unterstützung bei der Implementation.

Politisch-organisationales Lernen in der IAO?

Mit der Erklärung der grundlegenden Prinzipien und Rechte bei der Arbeit von 1998 sowie der durch die Decent Work Agenda reflektierten Fortentwicklung der Primäraufgabe der IAO – die nunmehr neben dem Schutz der Arbeitnehmer auch den *Anspruch* auf menschenwürdige produktive Arbeit in Freiheit, Gleichheit, Sicherheit und Wertschätzung einschließt, wurde ein Prozess des politisch-organisationalen Lernens in der IAO fortgeführt, der in den verschiedenen Tätigkeitsfeldern der IAO unterschiedliche Wirkungen erzielt.

Gleichzeitig nehmen die verschiedenen Einheiten ebenso wie die Mitgliedstaaten und Sozialpartner im Rahmen eigener Lernprozesse Einfluss auf die Politikprozesse in der IAO und tragen maßgeblich zur Fortentwicklung bzw. zur Erfüllung ihrer Primäraufgabe bei.

Die durch das Sekretariat und den Verwaltungsrat intensiv verfolgten Prozesse im maritimen Bereich haben neben der Abschaffung bestehender und der Schaffung neuer Strukturen und Verfahren zu verstärkter Kooperation mit anderen internationalen Organisationen insbesondere mit Blick auf die Umsetzung der Standards geführt. Seitens der Mitgliedstaaten wurde eine stärkere Verantwortung der Hafenstaaten akzeptiert.

Resümee

Die Entwicklung hoher, wirksamer und weltweit verbindlicher Standards für die Arbeits- und Lebensbedingungen der Seeleute in der internationalen Handelsschifffahrt war möglich, weil die Mitgliedstaaten, Sozialpartner und das Sekretariat der IAO in einem Prozess des politisch-organisationalen Lernens eine gemeinsame Sichtweise über angemessene Arbeits- und Lebensbedingungen der Seeleute entwickelt haben[2]. Darauf verweist das beeindruckende Ergebnis, mit dem das Übereinkommen verabschiedet wurde.

Die mit dem zunehmenden Welthandel verbundene Mobilität der Schiffe und das für den internationalen Warenaustausch erforderliche Anlaufen der Schiffe in Häfen der IAO-Mitgliedstaaten ermöglicht ein Überwachungssystem, welches die Umsetzung des Seearbeitsübereinkommens gewährleistet. Im Kontext der internationalen Handelsschifffahrt führt somit die Globalisierung zur Verbesserung der Arbeits- und Lebensbedingungen der Seeleute und unterbricht die Abwärtsspirale, die sich in den 1990er Jahren abgezeichnet hat.

---

2   Zur Schwierigkeit der Verhandlungsprozesse siehe Jan Dirks (2005): Internatonale Willensbildung für ein neues maritimes Arbeitsübereinkommen der Internationalen Arbeitsorganisation. In: Eva Senghaas-Knobloch (Hg.): Weltwelt geltende Arbeitsstandards trotz Globalisierung. Analysen, Diagnosen und Einblicke. Münster. 37-48. Ich habe seitdem meine Einschätzung über politisch-organisationales Lernen in der IAO revidiert.

Zur Bedeutung von Europäischen Betriebsräten für „gute Arbeit" in Mittel-/Osteuropa

Jochen Tholen

Der Begriff der „Guten Arbeit", „Decent Work" wird sehr unterschiedlich verstanden, je nach Geschichte, Geografie, persönlicher Vita oder der Position im Geflecht kollektiver Machtverhältnisse. Die Konvention der ILO (International Labour Organisation) zu „Decent Work" ist sicher ein Versuch, den kleinsten gemeinsamen Nenner für diesen Begriff zu finden. In welchen Politikfeldern könnte sich aber „Decent Work" materialisieren?

Im Folgenden wird versucht, in einem ersten Schritt die Institution „Europäische Betriebsräte" (im Folgenden EBR genannt) mit der sehr abstrakten Begrifflichkeit von „Guter Arbeit", mit der „Decent Work" Perspektive der ILO in Verbindung zu bringen.

In einem zweiten Schritt wird auf die besondere, die „Grenzsituation" der EBR genauer einzugehen sein, um den Beitrag der EBR zur Entstehung und Gestaltung des Sozialdialogs als Teil von „Decent Work" Strategien auch institutionell zu verdeutlichen.

Nach einem Zwischenschritt der Feststellung der quantitativen Ausbreitung der EBR und der bisherigen Praxis in der EU-15 (Westeuropa) wird im letzten Kapitel dieses Beitrages auf der Basis eigener empirischer Untersuchungen gefragt, inwieweit die EBR eine Pionierrolle bei der Einbeziehung von Arbeitnehmern aus Mittel-/Osteuropa in das (bisher vor allem in Westeuropa gewachsenen) supra-nationale Geflecht von Arbeitsbeziehungen spielen bzw. spielen können. Und damit wird der Kreis geschlossen: Zu fragen ist also nach dem Beitrag der Europäischen Betriebsräte in transnationalen/europäischen Unternehmen zur politischen Implementierung eines der vier strategischen Zielbereiche der ILO Strategie „Decent Work", vor allem in Mittel-/Osteuropa.

1   Europäische Betriebsräte und „Decent Work" – ein theoretischer Bezug

Den EBR gibt es als Institution seit 1994[1] und wächst sich langsam – für einige viel zu langsam – zu einem Rückgrat eines bisher eher schwach ausgebildeten Europäischen Sozialmodells aus.

Europäische Betriebsräte können in solchen Unternehmen gewählt werden, die in den Mitgliedsstaaten der EU und den assoziierten Ländern insgesamt mindestens 1.000 Beschäftigte aufweisen, Filialen in mindestens zwei dieser Länder haben, wobei diese Filialen mindestens je 150 Beschäftigte haben müssen. Diese drei Gründungsbedingungen gelten simultan.

Vergleichen wir die anderen gesetzlichen Regelungen, in denen es Bestimmungen zur Vertretung von Arbeitnehmerinteressen auf europäischer Ebene gibt:

*   EU Fusionsrichtlinie,
*   EU Richtlinie zum grenzüberschreitenden Transfer von Unternehmenszentralen,
*   Europäische Aktiengesellschaften (SE),
*   EU Sozialdialoge (neue Formen, vor allem sektorale SD als Form einer europäischen Industriepolitik),
*   EU Richtlinie zur Information und Konsultation der Arbeitnehmer in Unternehmen/Betrieben der EU vom März 2002 (diese bewirkte bis heute die rechtliche Abkehr von bisherigen monistischen Vertretungssystemen in den betreffenden EU Mitgliedsländern hin zu dualistischen),

so ist mit den Europäischen Betriebsräten (EU Richtlinie von 1994) die Europäisierung der Arbeitsbeziehungen vergleichsweise am meisten fortgeschritten.

Die EBR-Richtlinie von 1994 wurde hineingeboren in eine EU, die seinerzeit „nur" 15 Mitglieder plus assoziierten Ländern wie Norwegen und die Schweiz umfasste. Es war damals schon schwierig genug gewesen, die EBR in diese 17 Länder mit ihren unterschiedlichen Arbeits- und Sozialverfassungen einzupflanzen. Um wie viel schwieriger war und ist es, eine Rolle der EBR als

---

1   Am 5. Juni 2009 trat eine Novellierung der EBR Richtlinie in Kraft. Deutliche Verbesserungen gegenüber der alten Richtlinie gibt es in den Bereichen: Information und Konsultation (z.B. bei grenzüberschreitenden Maßnahmen), der jetzt verstärkten Rolle des geschäftsführenden Ausschusses des EBR, der engeren Zusammenarbeit des EBR mit den nationalen Betriebsräten / Interessenvertretungen, des Schulungsanspruchs der EBR, der Neuverhandlung der EBR-Vereinbarung bei Fusionen, der wirksamen und abschreckenden Sanktionen bei Verstößen gegen die nationalen EBR-Gesetze, der stärkeren Rolle der Gewerkschaften in ihrer Rolle als Experten für die EBR.

Intermediäre auch in den neuen Mitgliedsländern, vornehmlich in Mittel- und Osteuropa (EU 27) plus assoziierten Ländern plus EU Kandidatenstaaten wie u.a. Kroatien und Mazedonien zu finden, um Vertretungsbedingungen für Arbeitnehmer besser zu organisieren. Diese neuen Mitgliedsländer und Kandidatenstaaten hatten, anders als die Länder der EU 15, nur eine vergleichsweise kurze Zeit, sich an marktwirtschaftlich-kapitalistische Verhältnisse, verbunden mit der Einführung der Demokratie, anzupassen – nämlich erst seit 1990.

Bei der Herausbildung eines europäischen Systems von Arbeitsbeziehungen, das auch die neuen EU-Länder mit einbezieht, spielt die Einrichtung Europäischer Betriebsräte in der öffentlichen wie auch wissenschaftlichen Diskussion eine hervorgehobene Rolle. Europäisierung der Arbeitsbeziehungen wird hier begriffen als Entstehen einer komplementären Ebene (Hoffmann 2001: 2), die die nationalen Systeme nicht ersetzt. Im Gegenteil, das Funktionieren nationaler Arbeitsbeziehungen stellt eine wichtige Voraussetzung für das Entstehen eines Systems europäischer Arbeitsbeziehungen dar. Erfahrungen Europäischer Betriebsräte zeigen, wie Initiativen zur grenzüberschreitenden Information innerhalb eines „gemeinschaftsweit operierenden" Unternehmens ins Leere stoßen müssen, wenn in den mittel-/osteuropäischen Betrieben keine betriebliche Interessenvertretung der Arbeitnehmer existiert. Es wird deshalb zu fragen sein, wie die zunehmende Orientierung an europäischen Standards und Normen (Gradev 2001) sich auf die Herausbildung nationaler Arbeitsbeziehungen in Mittel-/ Osteuropa auswirkt und welche Chancen und Schwierigkeiten auf den einzelnen Feldern der Europäisierung (Tarifpolitik, sozialer Dialog auf betrieblicher und überbetrieblicher Ebene, Rolle Europäischer Betriebsräte, Information und Mitwirkung von Arbeitnehmervertretungen in Europäischen Aktiengesellschaften/SE) auszumachen sind.

Diese Arbeitsbeziehungen, Tarifverträge und Arbeitsgerichtsbarkeiten auf EU-Ebene (entstanden und gewachsen primär zu Zeiten der EU-15 – also in Westeuropa), so rudimentär sie im Vergleich zu den je nationalen Regelungen von Arbeitsbeziehungen in den einzelnen EU-Mitgliedsländern auch erscheinen mögen und so sehr wie im Fall des EuGH das Leitbild der Entscheidungen an neo-liberalen Vorstellungen orientiert sein mag, umfassen dennoch auch und gerade im Verbund mit den je nationalen Arbeitsbeziehungen (Stichwort: komplementäre Ebene) ein Geflecht von Institutionen zur Bewältigung und Regelung sozialer Konflikte (Lepsius 1979). Insgesamt bot und bietet sich dadurch den westeuropäischen Gewerkschaften eine sehr flexible Nutzung unterschiedlicher Handlungsfelder und Instrumente.

Das Leitbild solcher Institutionen orientiert sich an der Liberalisierung und Versachlichung der Herrschaftsverhältnisse in den Arbeitsbeziehungen Westeuropas. Zwar wird auch hier grundsätzlich das Herrschaftsverhältnis zwischen

Kapital und Arbeit durch ein ausgebautes System von Interessenvertretungen, Tarifvertragssystem/Schlichtungseinrichtungen und Arbeitsgerichtsbarkeit *nicht* beseitigt. *Aber* dennoch wird dadurch die Herrschaftsausübung des Kapitals systematisiert und insofern versachlicht sowie die Herrschaftsfolgen liberalisiert, das heißt prinzipiell zum Gegenstand von *Verhandlungen und Interessenausgleich* gemacht. Das bedeutet die Einrichtung eines thematisch differenzierten und Stufen weisen Regelungsprozesses von Konfliktpotentialen zwischen Kapital und Arbeit.

Das ist die theoretische Verbindung zwischen den EBR als Interessenvertretung auf supra-nationaler, hier: europäischer Ebene, und unserem Verständnis der Kernelemente von „Guter Arbeit", des „Decent Work" Konzepts der ILO. Eva Senghaas hat auch zu Recht darauf hingewiesen, dass die vier Zielsetzungen der Decent Work Strategie der ILO neben der Förderung der Rechte bei der Arbeit, Beschäftigung und Sozialschutz auch der Sozialdialog gehöre (Senghaas-Knobloch 2007: 5): „Traditionell baut der Sozialdialog zwischen den Sozialpartnern in der IAO auf repräsentativen Arbeitgeber- und Arbeitnehmervertretungen in den Mitgliedsländern auf" (ebenda: 17). Der Europäische Betriebsrat als Institution auf *supra*-nationaler Ebene, zugleich aber auf ein bestimmtes (europäisches) *Unternehmen* beschränkt, aber dennoch auf funktionierende Arbeitsbeziehungen auf je *nationaler* Ebene dringend angewiesen, ist innerhalb der Europäischen Union plus assoziierten Ländern auch als ein Kernstück des Sozialdialogs im ILO Verständnis anzusehen.

Konkret zu fragen ist also nach der Bedeutung der EBR bei dem Ziel der Angleichung der Lebens- und Arbeitsverhältnisse in der EU 27, also vor allem zwischen Westeuropa einerseits und Mittel/Osteuropa andererseits. Können die EBR eine Brückenfunktion übernehmen, um Teilaspekte (also die Versachlichung der Herrschaftsverhältnisse zwischen Kapital und Arbeit) einer „Guten Arbeit" zu verwirklichen? Dabei ist neben der quantitativen Verbreitung der EBR vor allem deren Normsetzung für viele Bereiche der je nationalen Arbeits- und Sozialverfassung interessant: Haben die EBR einen „Leuchtturmcharakter" für die Verbesserung der Arbeitsbeziehungen und damit der Förderung des Sozialdialogs in den MOEL und damit ganz allgemein für die dortigen Arbeits- und Lebensverhältnisse?

2   Die Grenzsituation der Europäischen Betriebsräte

Ganz allgemein definiert sich der EBR (egal ob auf die EU-15 beschränkt oder die neuen mittel-/osteuropäischen Mitgliedsländer mit umfassend) durch ein dreiseitiges Bezugssystem (Eberwein/Tholen/Schuster 2000: 110f.): Hiernach nimmt der EBR im Schnittpunkt der Erwartungshaltungen dreier unterschiedlicher Akteursgruppen – nationale Interessenvertretungen und Belegschaften, Management und Gewerkschaften – eine spannungsreiche Grenzstellung ein.

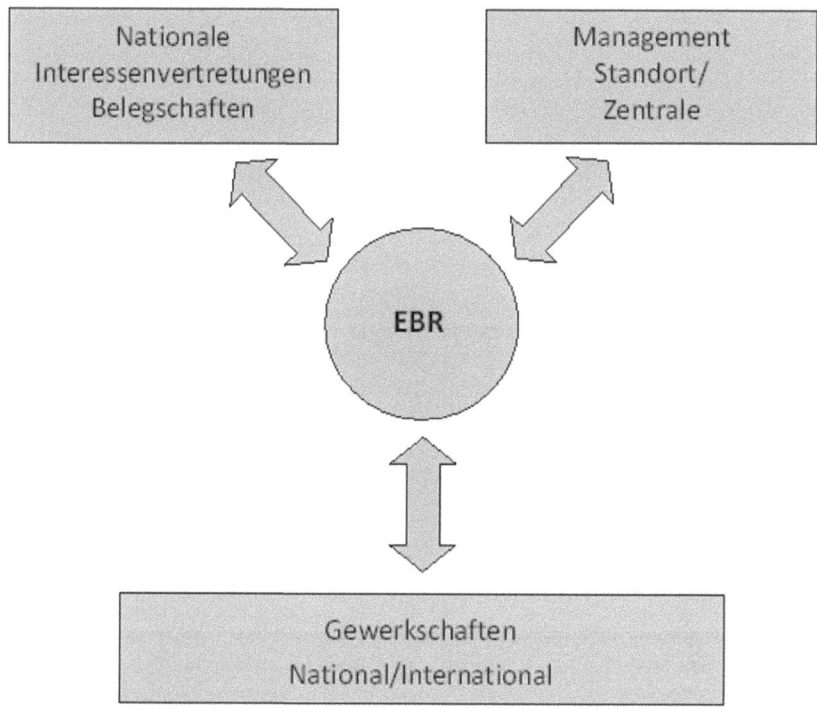

Abb.: Rolle des EBR – Schematische Darstellung

Dieses Spannungsverhältnis kompliziert sich noch weiter dadurch, dass auf Seiten des Managements nach Unternehmenszentrale und nationalen Standorten, bei den Gewerkschaften nach Europäischen Föderationen und nationalen Verbänden unterschieden werden könnte. Dabei sind letztere ja auch keineswegs in allen Ländern einheitlich strukturiert. Ferner könnte auch zwischen den (wiederum national durchaus unterschiedlich institutionalisierten) nationalen Interessenvertretungen und den nationalen Belegschaften differenziert werden, deren Ansprüche und Erwartungen ja auch nicht automatisch identisch sein müssen.
　　Diese Differenzierungen sollen hier allerdings nicht weiter verfolgt werden. Deutlich wird jedoch, dass sich der EBR in einer komplexen Position und Situation befindet, in einer „Grenzsituation" (Fürstenberg 1958). Der EBR ist zudem

institutionell mit einer relativ geringen Eigenautorität ausgestattet. Er kann daher eine wirksame (politische) Praxis nur entfalten, wenn er eine Akzeptanz seitens seiner Interaktionspartner, verbunden mit der Möglichkeit einer hinreichenden Information, aufweist und zugleich über eine Konzeption seiner eigenen Tätigkeit verfügt. Hierzu gehören vor allem die Entwicklung eines eigenständigen Selbstverständnisses als EBR, die Bewältigung der EBR internen, aber auch externen Kommunikations- und Informationsproblematik sowie die Entwicklung einer Strategie, die sein praktisches Handeln anleiten kann.

Wenn sich dieses eigenständige Profil nicht entwickelt, kann der EBR auch keine eigenständige Rolle bei der Kommunikation und dem Ausgleich zwischen Ost und West spielen.

Weitere Probleme der EBR-Arbeit sind:

- Da der institutionelle Rahmen der EBR-Tätigkeit wenig fixiert ist, kommt dem persönlichen Engagement einzelner Arbeitnehmervertreter als mehr individuell-subjektiver Faktor eine besondere Rolle für die Entwicklung oder Stagnation der Europäischen Betriebsräte zu. Das gilt im besonderen Maße für die Integration der mittel-/osteuropäischen Belegschaftsvertreter in ein (west)europäisches System der Arbeitsbeziehungen.
- Die Anforderungen an die Europäischen Betriebsräte haben sich mit dem Beitritt der EU-10 Länder im Mai 2004 und Rumäniens und Bulgarien in 2007 weiter erhöht, was insbesondere die interkulturelle Kompetenz und die Fähigkeit zur Integration von anderen Traditionen und Arbeitsbeziehungen betrifft.
- Als besonderes Problem tritt dabei auf, dass in einer erheblichen Zahl von mittel-/osteuropäischen Betrieben eine gewerkschaftliche Präsenz auf der Betriebsebene fehlt und damit betriebliche Ansprechpartner für die EBR mühsam oder gar nicht zu finden sind.

3   Die quantitative Ausbreitung Europäischer Betriebsräte und die bisherige Praxis in der EU-15

Was die rein quantitative Ausbreitung von EBR anbetrifft, so nennen die Zahlen vom Dezember 2005 (also unter Berücksichtigung der 10 neuen EU-Mitgliedsländer) 2.204 Unternehmen, die unter die EBR-Richtlinie fielen.

Davon hatten 772 (also rund 35 Prozent) einen Europäischen Betriebsrat eingerichtet[2] – neueste Zahlen vom Juli 2009 sprechen sogar von 908 Unternehmen mit einem EBR (ETUI 2009).

Von den 772 Unternehmen *mit* einem EBR im Jahr 2005 hatten die meisten auch Niederlassungen in Mittel-/Osteuropa (in Klammern dazu die Gesamtzahl von EBR-fähigen Unternehmen): 425 (819) in Polen, 334 (662) in Ungarn, 333 (636) in Tschechien, 199 (340) in der Slowakei, 108 (181) in Estland, in Slowenien 108 (185), in Litauen 87 (162) und in Lettland 84 (155) (ETUI 2006: 37).

Der Deckungsgrad von EBR in Unternehmen, die in den acht mittel-/osteuropäischen EU Mitgliedsländern (also ohne Rumänien und Bulgarien) aktiv waren, war mit immerhin mehr als 50 Prozent signifikant höher als die entsprechende Quote in *allen* EU-25 Mitgliedern (35 Prozent).

Rein von der Zahl her stellen Europäische Betriebsräte also einen gewichtigen Faktor für die Entwicklung von Brückenfunktionen zu den MOE-Ländern dar.

Die Untersuchungen zur Praxis bestehender EBR vornehmlich in der EU 15 – also in Westeuropa – lassen sich wie folgt zusammenfassen[3]:

- Nach einem Gründungsboom in der Zeit unmittelbar vor Inkrafttreten der Richtlinie 1996 erfolgte die weitere Gründung von Europäischen Betriebsräten nur zögerlich. Hier liegt ein bei weitem noch nicht ausgeschöpftes Potenzial.

- In der Praxis der EBR lassen sich verschiedene Typen unterscheiden, die vom eher „symbolischen" EBR mit einer weitgehend formalen Teilnahme an den jährlichen Sitzungen bis zu einem dynamisch sich entwickelnden Gremium reichen. Der letztgenannte Typ beginnt, über seine eigentliche Rolle – Unterrichtung und Anhörung – hinauszugehen und gemeinsame, gemeinschaftsweit koordinierte Standpunkte, Aktionsprogramme und Vereinbarungen auszuarbeiten (Lecher et al 1998: 84ff.).

- Darüber hinaus konstruiert das Spannungsverhältnis zwischen nationalen und europäischen Interessen einschließlich der unterschiedlichen Gewerkschaftskulturen einen komplexen und teilweise durchaus widersprüchlichen

---

2   Die 2.204 EBR-fähigen Unternehmen beschäftigten im Dezember 2005 insgesamt 23,6 Mio. Arbeitnehmer. Die 772 Unternehmen mit einem EBR repräsentierten rund 61 Prozent dieser 23,6 Mio. Beschäftigten. Je größer ein Unternehmen ist, desto höher ist der EBR Deckungsgrad: Rund 61,3 Prozent aller „EBR-fähigen" Unternehmen mit mehr als 10.000 Beschäftigten wiesen einen EBR auf, während nur 23 Prozent der „EBR-fähigen" Unternehmen mit weniger als 5.000 Beschäftigten einen EBR aufwiesen (ETUI 2006: 28, 33).

3   Siehe dazu LO (Dänischer Gewerkschaftsbund) u.a. 2002; European Foundation for the Improve-ment of Living and Working Conditions 2004; CCOO de Catalunya u.a., o.J.; Zimmer/Reingard 2003; Knudsen 2004.

Handlungsrahmen für die EBR (Eberwein/Tholen/Schuster 2000: 155ff.;
Dies. 2002).

▪ Häufig genannte Probleme für die Entwicklung des EBR zu einem dynamisch agierenden Gremium sind: die Einstellung des Managements zum
EBR und generell die Arbeitsbeziehungen im jeweiligen Unternehmen,
Schwierigkeiten bei der sprachlichen Verständigung und der Entwicklung
interkultureller Kompetenz, Probleme bei der Zusammenarbeit mit außerbe-
trieblichen Gewerkschaftsgremien und in der Kommunikation und Information zwischen EBR und betrieblichen Arbeitnehmervertretern.

Allerdings hängen die Meinungen auch sehr stark von der jeweils nationalen
Perspektive der Beobachter ab: So kommt Wolfgang Streeck aufgrund seiner
deutschen Perspektive (bestimmt von starken, auch rechtlich fixierten Mitbe-
stimmungsorganen) zu dem Urteil, dass die Konstruktion des EBR weder der
eines Betriebsrates ähnelt noch europäisch ist (Streeck 1997). Im Gegensatz dazu
kommen britische Beobachter zu einer sehr optimistischen Sichtweise der poten-
ziellen Wirkung der EBR, weil es in Großbritannien auf der Betriebs-/Unter-
nehmensebene nur ein monistisches, d.h. ausschließlich gewerkschaftliches Inte-
ressenvertretungssystem gibt (Wills 2000).

Wir dagegen sehen den Entwicklungsprozess der EBR zusammen mit anderen Autoren wie Hyman (2000), Lecher et al (1998) und Marginson (2000) erheblich gestaltungsoffener.

4   Können Europäische Betriebsräte die Rolle von Pionieren bei der Einbeziehung von Arbeitnehmern aus Mittel-/Osteuropa spielen?

4.1 Die Einbeziehung mittel/osteuropäischer Vertreter in den EBR vor dem
1. Mai 2004

Das folgende Kapitel stützt sich im wesentlichen auf Studien, die zwischen 2000
und 2003 erstellt wurden.

In allen mittel-/osteuropäischen neuen EU Mitgliedsländern war bis spätestens 30. April 2004 (am Vorabend der ersten „Beitrittswelle" mittel-/osteuro-
päischer Staaten) die EU Direktive 94/45/EC über die Europäischen Betriebsräte
in nationales Recht gegossen worden. Keines der acht mittel-/osteuropäischen

Länder Beitrittsländer hatte Übergangsregelungen beantragt. Die Richtlinie musste also direkt am 1. Mai 2004 angewendet werden[4.]

Obwohl rechtlich vor dem 1. Mai 2004 nicht vorgeschrieben, waren zum Teil Vertreter aus den MOE-Ländern auch bisher schon in bestehende Europäische Betriebsräte einbezogen worden. Die Bereitschaft dazu variierte von Unternehmen zu Unternehmen und von Branche zu Branche sehr stark.

Der Status der mittel-/osteuropäischen Vertreter, die von den Unternehmen vor dem 1. Mai 2004 freiwillig zugelassen wurden, reichte von voller Gleichberechtigung mit den Vertretern aus den EU-15 (beispielsweise bei VW und Opel) bis zu bloßem Beobachterstatus.

Es ist nicht zu bestreiten, dass die Europäischen Betriebsräte mit der Integration von Arbeitnehmern aus Ländern, deren Arbeitsverhältnisse und Löhne sich beträchtlich von den westeuropäischen Niveaus unterschied (und immer noch unterscheidet), vor neuen Herausforderungen standen und stehen. Die EBR mussten zudem darauf achten, wie die Vertreter aus den neuen EU Mitgliedern gewählt wurden. In den mittel-/osteuropäischen Filialen wirkte sich der trotz Ausnahmen wie Slowenien niedrige gewerkschaftliche Organisationsgrad negativ auf die demokratische Legitimität der EBR-Mitglieder aus. Weiterhin konnten sich EBR selbst in denjenigen multinationalen Unternehmen, in denen es gelungen war, hauptamtliche Experten für die Koordinierung der EBR-Arbeit einzustellen (Sekretäre oder Geschäftsführer des EBR), mit der zusätzlichen Aufgabe der Vermittlung zwischen Ost und West überfordert fühlen.

Auf Seiten der mittel-/osteuropäischen Gewerkschafter wurde von der Mitgliedschaft im EBR vor allem erwartet, dass sie bessere Informationen von der zentralen Unternehmensleitung erhielten. Darüber hinaus wurde auch der symbolische Wert des EBR betont und die Möglichkeit, mit anderen Arbeitnehmern aus anderen Zweigbetrieben/anderen Ländern Informationen auszutauschen – es erfolgte somit „a change of rhetoric" (Meardi 2003: 12). Letztes Endes wurde als Perspektive auch für möglich gehalten, dass der EBR dazu beitragen könnte, doppelte Standards in den Unternehmen abzubauen.

Ob solche Erwartungen in die Arbeit und Funktionen der EBR auch realistisch waren, mag an dieser Stelle bezweifelt werden. Denn die in Mittel-/Osteuropa investierenden westlichen Unternehmen setzen bei ihren Investitionen *auch* auf diese doppelten Standards (Kostenfunktion der Direktinvestitionen), um zu einem Kostenmix ihrer Produkte zwischen Ost und West zu kommen und damit global konkurrenzfähiger zu werden.

---

4   Einen Überblick über den Stand der Implementierung der EBR Richtlinie in den Beitrittsländern vor dem Beitrittsdatum 1. Mai 2004 gibt das RELACEE Projekt 2003. Das Projekt wurde gefördert durch französische, spanische, polnische und tschechische Gewerkschaften.

4.2   Hohes Potenzial der Europäischen Betriebsräte – eigene empirische
      Ergebnisse

Auf der Grundlage eigener empirischer Arbeit wird nun nach der Bedeutung der
EBR bei dem Ziel der Angleichung der Lebens- und Arbeitsverhältnisse in der
EU-27, also vor allem zwischen Westeuropa einerseits und Mittel-/Osteuropa
andererseits, gefragt. Können die EBR eine Brückenfunktion übernehmen, um
Teilaspekte (so die Versachlichung der Herrschaftsverhältnisse zwischen Kapital
und Arbeit) einer „Guten Arbeit" zu verwirklichen?[5]

4.2.1 a) Experten aus Westeuropa und auf der EU-Ebene:

Unsere Interviewpartner aus der IG Metall betonten die wichtige Rolle der EBR
als Brücke zur Entwicklung der Arbeitsbeziehungen in den Beitrittsländern. Der
EBR wird als wichtigstes Feld für Information und Kommunikation gesehen,
wichtiger als die Tarifkoordination der Verbände. Der EBR kann Druck zur
Einhaltung von Mindeststandards in den jeweiligen Unternehmen erzeugen; er
hat zum Beispiel das Recht zur Einsicht in die Betriebsbilanzen (was die überbe-
trieblichen Gewerkschaftsorganisationen nicht haben); viele Kosten (Übersetzer,
Treffen) zahlt das Unternehmen etc.
        Die Interviewpartner aus anderen deutschen Industriegewerkschaften war-
nen vor einer überzogenen Erwartung an die Rolle der EBR. Denn die EBR würden nach dem 1. Mai 2004 in Mittel-/Osteuropa eine ähnliche Rolle spielen wie
in der EU-15. Am Anfang steht das Kennen lernen, die allgemeine Verständigung über den Aufbau eines Informationsnetzes bis zur Formulierung von Politikfeldern.
        Von unseren Interviewpartnern aus den europäischen Gewerkschaftsfödera-
tionen wird das Entwicklungspotenzial der EBR bei der EU-Erweiterung unter-
strichen, aber auch hier gibt es eine gewisse Skepsis angesichts der bisherigen
Schwierigkeiten der EBR. An sich wären die EBR ein ideales Instrument zur

---

5   Zwischen 2003 und 2005 wurde eine Untersuchung zu den Auswirkungen von Direktinvesti-
     tionen westeuropäischer, vornehmlich deutscher Unternehmen auf die Arbeitsbeziehungen in
     Polen, Tschechien und der Slowakei durchgeführt (Tholen/Czíria/Hemmer/Kozek/Mans-
     feldová 2006; Tholen 2007). Empirische Grundlagen waren neben Expertengesprächen vor al-
     lem neun umfangreiche Unternehmensfallstudien (in insgesamt neun Unternehmenszentralen
     in Deutschland, Frankreich und der Schweiz sowie 22 Betriebsstätten in Polen, Tschechien und
     der Slowakei). Dabei spielte die Existenz eines EBR in allen untersuchten Unternehmen eine
     gewichtige Rolle.

Vermittlung zwischen Ost und West. Aber ob sie diese großen Entwicklungsmöglichkeiten auch als ihre Chance ergreifen, ist derzeit noch nicht klar.

Den Ausgleich zwischen den einzelnen Standorten eines Unternehmens sehen unsere Gesprächspartner aus dem Europäischen Gewerkschaftsinstitut als künftiges Feld für den EBR. Bei vielen Multinationals sei die Produktivität ihrer Ostbetriebe genau so hoch wie die ihrer Westbetriebe, die Lohnrelation aber betrage 1:3 oder gar 1:4. Darüber müsse man reden. Der EBR könne auch Impulse für Kollektivverhandlungen geben. Ein anderes Beispiel für eine künftige EBR-Mittlerrolle könne darin liegen, einen Ausgleich zwischen Überstunden im Osten bei gleichzeitiger Kurzarbeit im Westen zu finden. Bei den bisherigen EBR gäbe es aber nur relativ wenig „gute Praxis".

Auch für das Problem fehlender Ansprechpartner in den mittel-/osteuropäischen Filialen wurden Beispiele genannt. In einem Fall sollte nach dem Willen des deutschen Konzernmanagements ein polnischer Vertreter Mitglied im EBR werden. Die zuständige polnische Gewerkschaft konnte dem nicht nachkommen, weil es in der polnischen Filiale keine betriebliche Gewerkschaftsvertretung gab, da deren Bildung der polnische Werksleiter bisher verhindert hätte (Vertreter der IG Metall).

Unter den Gesprächspartnern aus den deutschen Arbeitgeberorganisationen gab es nur eine rudimentäre Kenntnis über den Stand der Europäischen Betriebsräte. Soweit unsere Interviewpartner über die Existenz von EBR informiert waren, bestätigen sie erhebliche Unterschiede bei der Rollenwahrnehmung der EBR in den einzelnen Unternehmen.

Aber auch die Arbeitgeber halten es für wahrscheinlich, dass der EBR eine Vermittlungsrolle bei der Integration der neuen EU-Mitglieder spielen kann. Die EBR entwickelten sich noch. Allerdings sind die EBR mit zu vielen Themen überfrachtet, also sei die Materie zu komplex für einzelne EBR-Mitglieder. Viele Arbeitnehmervertreter im EBR sprächen kein Englisch. Die Kosten für den EBR steigen damit weiter (Übersetzungskosten). Deshalb seien die deutschen Arbeitgeber auch nicht für eine Revision der Richtlinie im Sinne einer Ausweitung der EBR-Kompetenzen und der Sitzungshäufigkeit.

4.2.2 b) Meinungen aus den MOE-Ländern

Tschechien

Wenn es im Unternehmen einen Europäischen Betriebsrat gibt, haben die Gewerkschaften zu ihm Kontakt. Dort, wo Gewerkschaftsfunktionäre bisher in EBR integriert waren, heben sie die verbesserten Informationsmöglichkeiten über

Planungen und Absichten des Unternehmens hervor. Die Unternehmer sind faktisch über die Europäischen Betriebsräte nicht informiert und betrachten die EBR als eine Angelegenheit der Gewerkschaften.

Slowakei

Die Respondenten aus dem Energiesektor sehen eine vermittelnde Rolle der EBR als möglich an. In der Metallindustrie schätzen die Unternehmer-Vertreter den persönlichen Kontakt als wichtiges Element der EBR-Tätigkeit. Die Gewerkschaftsvertreter halten EBR für einen nützlichen Kanal zur Gewinnung von Informationen über Entwicklung und Pläne des Unternehmens. Ähnlich positiv schätzen die Sozialpartner in der Nahrungsmittelindustrie die Rolle der EBR ein. Sie halten auch einen Einfluss auf das Managerverhalten für möglich. Ebenso meinen die Respondenten aus dem Energiesektor, dass die Bedeutung der Europäischen Betriebsräte in Zukunft noch wachsen wird.

Polen

Die allgemeine Meinung über die Europäischen Betriebsräte ist aufgrund der bisherigen Erfahrungen polnischer Vertreter ziemlich positiv. Solidarnosc ist an den EBR besonders interessiert. EBR werden als Instrument geschätzt, die Zusammenarbeit zwischen den verschiedenen nationalen Vertretern in den Unternehmen zu verbessern, Informationen über die Unternehmensplanungen zu gewinnen und Differenzen untereinander kennen zu lernen und zu diskutieren. Kritisch wurde bemerkt, dass das Management versuchen könnte, EBR in ihrem Sinne zu manipulieren, und dass wegen des Vertraulichkeitsgebots nicht alle Informationen an die Gewerkschaften weitergegeben werden könnten. Vereinzelt wird auch eine Gefahr darin gesehen, dass in den EBR die Arbeitnehmer sich so weit mit dem Konzern identifizieren, dass dies die Solidarität mit den Arbeitern anderer Unternehmen untergräbt.

Die polnischen Unternehmervertreter haben wenig Kenntnis über die Institution „Europäischer Betriebsrat".

In allen drei MOE-Ländern bewerten die Gewerkschaftsvertreter die durch den EBR verbesserten Informationsmöglichkeiten über Strategie und Planungen der Unternehmen positiv. Die Zusammenarbeit mit westeuropäischen Gewerkschaftern und die Etablierung einer supra-nationalen Diskussionskultur wird als wichtiger Schritt für die Integration in ein größeres Europa gesehen. Es wird auch in Betracht gezogen, dass die Europäischen Betriebsräte einen positiven Einfluss auf das Verhalten einheimischer (mittel-/osteuropäischer) Manager haben können. Hinderlich für einen Ausbau und Stärkung der Europäischen

Betriebsräte in den MOE-Ländern erscheint, dass die heimischen Unternehmer nur geringe Kenntnisse über die Institution des EBR besitzen und dies häufig als alleinige Angelegenheit der Gewerkschaften betrachten. Weiterhin wird das Sprachproblem als Hindernis für die Entfaltung des EBR angesehen. Allgemein jedoch wird das Beitrittsdatum 1. Mai 2004 als Anfang der vollen Integration der mittel-/osteuropäischen Vertreter in den Europäischen Betriebsräten der westlichen Unternehmen angesehen, so dass – nimmt man diesen Standpunkt ein – es zur Zeit unserer Untersuchungen kaum Erfahrungen der wirklichen Funktion der EBR in Mittel-/Osteuropa gab.

4.1.1 c) Fazit: Chancen und Probleme der Europäischen Betriebsräte durch die Aufnahme der acht mittel-/osteuropäischen Länder in die EU

Den Europäischen Betriebsräten wird allgemein eine wichtige Rolle bei der Entwicklung europäischer Arbeitsbeziehungen zugeschrieben. Sie werden als konkreteste Handlungsperspektive der Europäisierung der Arbeitsbeziehungen angesehen. Darin stimmen befragte Gewerkschafter und Unternehmervertreter überein. Es überwiegen aber bei den Gewerkschaftsvertretern die Stimmen, die vor zu hohen Erwartungen warnen. Nur in einer Minderheit der westeuropäischen EBR ist es bisher gelungen, funktionierende Netzwerke der Arbeitnehmervertreter und im Ansatz ein supra-nationales „europäisches" Bewusstsein zu entwickeln. Angesichts der gravierenden Differenzen im Lohn- und Gehaltsgefüge und der Drohung der Verlagerungen von Betrieben weg aus Westeuropa/Deutschland in die MOE-Länder dürfte die weitere Ausbildung supranationaler solidarischer Handlungsmuster nicht leicht fallen. Im positiven Falle werden die Europäischen Betriebsräte wie in der bisherigen EU-15 zunächst einen Beitrag zum gegenseitigen Kennenlernen, zum besseren Verständnis unterschiedlicher Gewerkschaftskulturen und zum Austausch von Informationen leisten. Hoffnungen, dass Europäische Betriebsräte zu einer raschen Einebnung der Unterschiede bei den sozialen Standards beitragen können, dürften sich eher nicht erfüllen. Tendenziell können sich durch die Existenz und Tätigkeit von EBR Effekte für ein verändertes Klima zwischen Management und Arbeitnehmervertretungen in den MOE-Ländern ergeben. Mehrere Beispiele aus unseren Unternehmensfallstudien zeigen, dass es mittel-/osteuropäischen Vertretern im EBR gelang, Konflikte mit den Managern der Tochterunternehmen mit Hilfe des EBR und des zentralen Unternehmensmanagements zu lösen. Die direkte Verbindung zum zentralen Management bedeutet für die EBR-Vertreter aus den mittel-/osteuropäischen Filialen einen Prestigegewinn und erweitert tendenziell ihre Handlungsmöglichkeiten. Ein Problem für die Ausweitung von EBR-Tätigkeiten in die MOE-Länder ist das Fehlen von Arbeitnehmervertretungen in einer wachsenden Zahl von mittel-/osteuropäischen Betrieben. Westeuropäischen EBR-Vertretern fehlen hier legitimierte Ansprechpartner. Weiterhin stellt die Skepsis der befragten mittel-/osteuropäischen Gewerkschafter gegenüber der für sie neuen Institution der Betriebsräte (dualistische Interessenvertretung statt der bisher gewohnten monistischen) ein Hemmnis dar. Inwieweit Europäische Betriebsräte zur Herausbildung betrieblicher Vertretungsstrukturen in mittel-/osteuropäischen Tochterunternehmen und damit zur Herausbildung stabiler Elemente eines sozialen Dialogs als eine Voraussetzung zur Vermittlung zwischen west- und osteuropäischen Standorten eines Unternehmens beitragen können, wäre in der weiteren Entwicklung zu untersuchen. Die von uns befragten Experten besonders auf europäischer Ebene sahen das eher skeptisch.

Diese Skepsis bezieht sich sowohl auf den Verbreitungsgrad der EBR als auch auf die Bewertung der bisherigen Praxis.

Um auf unsere wesentlichste Ausgangsfrage nach dem Beitrag der Europäischen Betriebsräte in transnationalen/europäischen Unternehmen zur politischen Implementierung eines der vier strategischen Zielbereiche der ILO Strategie „Decent Work", vor allem in Mittel-/Osteuropa, zurückzukommen, so muss festgestellt werden, dass derzeit ein solcher Beitrag bisher nur sehr rudimentär herausgebildet ist. Diese – empirisch unterlegte – Skepsis darf jedoch nicht mit einer generellen Verneigung dieser Frage gleichgesetzt werden.

Denn der Beitritt von acht MOE-Länder zur Europäischen Union am 1. Mai 2004 und zwei weiteren am 1.1.2007 stellt(e) für Gewerkschaften, bestehende EBR und nationale Arbeitnehmervertretungen eine große Herausforderung dar. Es ist durchaus nicht ausgeschlossen, dass diese Herausforderung zu einem neuen Schub bei der Entwicklung der Europäischen Betriebsräte führen könnte. Wie oben schon argumentiert, gibt es ein großes Potenzial für weitere Neugründungen. Deutlich wird aber auch, welche gewaltige zusätzliche Aufgabe mit dem Beitritt der zehn neuen aus Mittel-/Osteuropa kommenden EU-Mitgliedsländer und der geplanten Mitgliedschaft von Ländern des Westlichen Balkans auf die Arbeitnehmervertreter zukommt. Die Warnung der Arbeitgeber vor einer Überforderung der EBR ist nicht von der Hand zu weisen. Struktur und Größe bestehender EBR-Gremien sind dabei genau diskussionswürdig wie eine klarere Definition des Rechtes der Arbeitnehmervertreter auf Information und Konsultation (was mit der Revision der Richtlinie 2009 zum Teil auch gelang). Es ist aber auch nicht auszuschließen, dass gerade die großen Herausforderungen, die mit dem Beitritt der 10 mittel-/osteuropäischen Länder verbunden sind, zu einer Vitalisierung bestehender EBR und zum Anstoß für weitere EBR-Gründungen führen können.

5 Europäische Betriebsräte sind (noch) keine Mittler zwischen Ost- und Westeuropa und tragen derzeit wenig zur Verwirklichung von Teilaspekten der „Decent Work" Strategie der ILO in Mittel-/Osteuropa bei

Die Europäischen Betriebsräte als bisher stärkstem Ausdruck eines – nicht als Vereinheitlichung zu verstehenden – Europäisierungsprozesses der Arbeitsbeziehungen werden in der wissenschaftlichen wie auch politischen Diskussion oft als „letzter Rettungsanker" missbraucht, wenn andere Institutionen der Kooperation auf europäischer Ebene nicht funktionieren. So auch im Fall der Kooperation innerhalb der europäischen Standorte international tätiger Unternehmen, wenn sie einen EBR aufweisen. Hier wird dem EBR eine Mittlerrolle zwischen Ost und West zugedacht, die er – zumindest im Moment – (noch) nicht ausfüllen kann:

- Ein EBR mit mittel-/osteuropäischen Vertretern (seit dem 1. Mai 2004 zwingend für die 8 mitteleuropäischen Länder und ab 1. Juli 2007 auch für Rumänien und Bulgarien vorgeschrieben) kann nur so „gut" sein, wie er es vorher auf der Basis der EU-15 auch gewesen ist. Und da zeichnen sowohl unsere empirischen Untersuchungen als auch die Ergebnisse anderer Studien ein realistisches Bild eines EBR, der zwischen Information und Konsultation anzusiedeln ist und zum Teil von den Akteuren selbst nicht unbedingt als europäisches Gremium, sondern vielmehr als Ansammlung nationaler Vertreter auf europäischer Ebene angesehen wird. Nur einer Minderheit von westeuropäischen EBR ist es bisher gelungen, funktionierende Netzwerke von nationalen Arbeitnehmervertretern und ein im Ansatz „europäisches" Denken zu entwickeln. Wenn aber selbst die EBR in Westeuropa sich noch in einem frühen Entwicklungsstadium befinden, wie können dann die durch die EU Erweiterung gestiegenen Anforderungen an den EBR hinsichtlich dessen interkultureller Kompetenz und Fähigkeit zur Integration von anderen Traditionen und Arbeitsbeziehungen erfüllt werden?
- Das Gefälle zwischen West- und Osteuropa bezüglich der Löhne und anderen Arbeitsbedingungen ist derzeit noch so hoch, dass es zu erheblichen – verdeckten – Interessenkollisionen zwischen den Gewerkschaften in Ost und West kommen kann, von denen auch der EBR nicht unberührt bleibt. Westliche und insbesondere die deutschen Interessenvertreter erhoffen sich eine möglichst rasche Lohnnivellierung zwischen Ost und West, um damit bestimmte Wettbewerbsbedingungen für ihre Standorte günstiger zu gestalten. Dagegen waren – zumindest in der Vergangenheit – mittel-/osteuropäische gewerkschaftliche Betriebsvertretungen (die oft die Tarifverträge

mit dem Management abschließen) gerade an einem möglichst langen Erhalt an diesem für sie günstigen Wettbewerbsfaktor interessiert. Auch in diesem Fall kommt der klassische Konflikt zwischen Lohnerhöhungen einerseits und Erhaltung des komparativen Wettbewerbsvorteils andererseits zum Tragen.

- Die Unklarheit der Wahl der mittel-/osteuropäischen EBR-Vertreter (zum Teil vom Management aufgrund fehlender Interessenvertretungen in mittel-/osteuropäischen Standorten bestimmt) erschweren deutliche Interessendefinitionen und Rollenzuschreibungen innerhalb des Gremiums EBR.

- Das Potenzial der EBR wird von den mittel-/osteuropäischen Gewerkschaften und EBR Mitgliedern als recht hoch eingestuft (anders als dies der Fall bei der ebenfalls per EU Richtlinie[6] gesetzlich vorgeschriebenen Einrichtung von „Betriebsräten" in Polen, Tschechien und der Slowakei ist). Diese großen Hoffnungen werden aber geäußert auf einem vergleichsweise niedrigen Niveau der Interessenvertretungen. Waren die mittel-/osteuropäischen Interessenvertreter bisher noch von den Informationen zur Situation des Gesamtunternehmens mehr oder minder abgeschnitten, so bietet ihnen das Gremium des EBR jetzt eine für sie ungeahnte Fülle an Informationen zur effektiveren Gestaltung der betrieblichen Tarifverträge – von Europäisierung jedoch ist hier wenig zu spüren. Aber gerade diese Fülle von Informationen erhalten die *deutschen* Vertreter im EBR nicht durch dieses Gremium, sondern über die Institutionen der deutschen Mitbestimmung (Betriebsverfassungsgesetz, Mitbestimmungsgesetze). Insofern ist auch auf diesem Feld eine Ungleichheit der Interessen in Ost und West festzustellen.

Eine solche Ungleichheit der Erfahrungen, Traditionen und Rollenzuschreibungen muss mit bedacht werden, bevor man den EBR mit Zielsetzungen wie die der Mittlerfunktion zwischen Ost und West überfrachtet und in seiner Funktion zur Etablierung eines funktionierenden Sozialdialogs auf europäischer Ebene mit Einbettung in die ILO Strategie von „Decent Work" überbewertet.

Gemäß unseren Befunden gibt es drei Entwicklungsstufen eines ost- und westeuropäische Standorte umfassenden EBR:

- EBR als Informationsgremium. Für die mittel-/osteuropäischen Vertreter ist dies der Ort, um Informationen über das Gesamtunternehmen zu erhalten und so eine ökonomisch-politische Kompetenz zu entwickeln. Für westeu-

---

6   Richtlinie 2002/14/EG/ des Europäischen Parlaments und des Rates vom 11. März 2002 zur Festlegung eines allgemeinen Rahmens für die Unterrichtung und Anhörung der Arbeitnehmer in der Europäischen Gemeinschaft.

ropäische/deutsche EBR-Vertreter ist der EBR das institutionelle Gremium, um Informationen über die Arbeitsbeziehungen in den mittel-/osteuropäischen Standorten des Unternehmens zu bekommen und so eine interkulturelle Kompetenz zu entwickeln;

- EBR als Integrationsgremium. In einem zweiten Schritt kann – aufbauend auf den EBR als Informationsgremium – der EBR der Ort der Integration der mittel-/osteuropäischen Vertreter in diesem Gremium als nicht nur formal, sondern auch politisch gleichberechtigte Mitglieder sein;

- EBR als Mittlergremium zwischen Ost und West. In diesem Stadium können die (noch) gravierenden Unterschiede bezüglich Löhne, Arbeitsbedingungen, vor allem aber auch der Dialogformen etc. in Ost und West so aufgearbeitet werden, dass diese nicht wegzuleugnenden Unterschiede nicht nur in der Form der nationalen Standortkonkurrenzen, sondern zumindest ansatzweise auch in der Form europäischer Lösungen diskutiert werden. Diese Entwicklungsstufe stellt zugleich die notwendigen Voraussetzungen eines Sozialdialog dar (repräsentative Arbeitgeber- und Arbeitnehmerorganisationen; die Existenz formaler Beschäftigungsverhältnisse, in denen produktive, frei gewählte Arbeitstätigkeit stattfindet), wie er im Verständnis der ILO zu „Decent Work" ausgestaltet sein sollte.

Da aber gerade in den neuen mittel-/osteuropäischen EU-Mitgliedsländern (den ehemaligen Transformationsgesellschaften) durch De-Industrialisierung, den Umbau der Sozialsysteme, durch den großen Sektor von prekären Arbeitsverhältnissen und – dadurch mit bedingt – starke Mitgliederverluste in Gewerkschaften sowie oft nicht repräsentative Arbeitgebervereinigungen wesentliche strukturelle Voraussetzungen eines funktionierenden Sozialdialogs nicht vorhanden sind (Senghaas-Knobloch 2007: 7f.), können auch die meisten EBR – die sich in ihrer Entwicklung im Moment noch zwischen Stufe eins und Stufe zwei befinden – (noch) nicht einen solchen Beitrag leisten.

Die Betonung liegt auf „noch", denn der EBR in seiner Funktion zum Aufbau und zur Stabilisierung eines europäischen Sozialdialogs als ein von vier Kernelementen der ILO Strategie zu „Decent Work" ist entwicklungsfähig.

Befördert werden kann ein solcher Entwicklungsprozess durch

- eine (in 2009 leicht verbesserte) Revision der EBR-Richtlinie, die dem Umstand Rechnung trägt, dass es bestimmte Prozesse (wie etwa Unternehmensverlagerungen und -zusammenschlüsse auf europäischer Ebene) gibt, die nicht mehr (allein) durch nationale Interessenvertretungen begleitet werden können, sondern den EBR als Akteur im Unternehmen dringend benötigen;

- die subjektiv-individuellen Einstellungen der jeweiligen Akteure zur Aus-
  formung europäischer Elemente der Arbeitsbeziehungen. Viele EBR-
  Mitglieder nutzen derzeit nicht einmal den Rahmen aus, der durch die derzeit gültige EBR-Richtlinie gegeben ist.

Gemessen an der Zeitachse der Einführung von betrieblichen Interessenvertretungen in Deutschland (nach 1870 zunächst von wenigen aufgeklärten Unter-
nehmern als freiwillige Arbeiterausschüsse gegen den Widerstand der meisten
anderen Unternehmer und auch der Gewerkschaften eingeführt) bis hin zum
Betriebsrätegesetz von 1920 als rechtlichem Ausdruck der Durchsetzung des
arbeits- und betriebsbezogenen Selbst- und Mitbestimmungsstrebens im Rahmen
der Liberalisierung der Betriebsverfassung im Ersten Weltkrieg und der Revolution von 1918/19 (Braun/Eberwein/Tholen 1992), steht die Entwicklung der
Europäisierung der Arbeitsbeziehungen mit ihrem Kernelement des EBR und
damit auch die Funktion der EBR zur Einführung von wesentlichen Bausteinen
von „Decent Work" auch in den vormaligen staatlichen Planwirtschaften Mittel-/
Osteuropas erst am Anfang.

Neben der Geduld bedarf es permanenter politischer Initiativen, damit auch
der EBR in der Zukunft eine ähnliche Erfolgsstory aufweisen kann wie das deutsche Betriebsrätesystem.

6   Literatur

Braun, Siegfried/Eberwein, Wilhelm/Tholen, Jochen (1992): Belegschaften und Unter-
    nehmer. Zur Geschichte und Soziologie der deutschen Betriebsverfassung und Be-
    legschaftsmitbestimmung. Frankfurt/M.: Campus-Verlag
CCOO de Catalunya u.a.: Projekt unterstützt von DG for Employment and Social Affairs
    (o.J.):   European   Works   Councils   –   Cases   of   good   practice, o.J.:
    http://www.conc.es/internacional/comites.htm
Eberwein, Wilhelm/Tholen, Jochen/Schuster, Joachim (2000): Die Europäisierung der
    Arbeitsbeziehungen als politisch-sozialer Prozess. Zum Zusammenhang von natio-
    naler und Europäischer Ebene am Beispiel von Deutschland, Frankreich, Großbri-
    tannien und Italien. München und Mering: Rainer Hampp Verlag
Dies. (2002): The Europeanization of Industrial Relations. National and European proc-
    esses in Germany, UK, Italy and France. Aldershot/UK: Ashgate Publ.
ETUI (2006): European Works Councils Database 2006. Brussels
ETUI (2009): European Works Councils Database July 2009. Brussels
European Foundation for the Improvement of Living and Working Conditions (2004):
    European Works Councils in practice. Dublin
Fürstenberg, Friedrich (1958): Der Betriebsrat – Strukturanalyse einer Grenzsituation. In:
    Kölner Zeitschrift für Soziologie. 1958. 418-429

Gradev, Grigor (2001): EU Companies in Eastern Europe: Strategic Choices and Labour Effects. In: Grigor Gradev (Ed): CEE countries in the EU companies' strategies of industrial restructuring and relocation. Brussels: EGI.1-20

Hoffmann, Reiner (2001): Europäische Gewerkschaftsstrukturen und die Perspektiven europäischer Arbeitsbeziehungen. In: Waddington, Jeremy/Hoffmann, Reiner (Hg): Zwischen Kontinuität und Modernisierung: Gewerkschaftliche Herausforderungen in Europa. Münster: Verlag Westfälisches Dampfboot. 437-455

Hyman, Richard (2000): Editorial. In: European Journal of Industrial Relations, 6. Jg., H. 1. 5-7

Knudsen, Herman (2004): European Works Councils – Potentials and Obstacles on the Road to Employee Influence in Multinational Companies. In: Industrielle Beziehungen, 11. Jg., H. 3. 203-220

Lecher, Wolfgang/Nagel, Bernhard/Platzer, Hans-Wolfgang (1998): Die Konstituierung Europäischer Betriebsräte – Vom Informationsforum zum Akteur? Baden-Baden: Nomos Verlagsgesellschaft

Lepsius, M.R. (1979): Soziale Ungleichheit und Klassenstrukturen in der Bundesrepublik Deutschland. Lebenslagen, Interessenvermittlung und Wertorientierungen. In: Klassen in der europäischen Sozialgeschichte, hrsg. v. H.-U. Wehler, Göttingen. 166-209

LO (Dänischer Gewerkschaftsbund) u.a., unterstützt von der Europäischen Kommission (2002): Towards more influence. Bericht von der Konferenz in Aarhus am 25. und 26. November 2002

Marginson, Paul (2000): The Euro Company and Euro Industrial Relations. In: European Journal of Industrial Relations, 6. Jg., H. 1. 9-34

Meardi, Guglielmo (2003): Foreign direct investment in Central Eastern Europe and industrial relations: Lessons from the European Works Councils in Poland. Paper presented to the 13th IIRA World Congress, Berlin, 8-11, September 2003

RELACEE-project (2003): Implementation of the EWC Directive in the future Member States, June 2003

Senghaas-Knobloch, Eva (2007): "Si vis pacem cole justitiam" – Die pragmatischen Herausforderungen des IAO-Konzeptes für weltweit menschenwürdige Arbeit, artec-paper Nr. 139. Bremen: Universität Bremen

Streeck, Wolfgang (1997): Neither European nor Works Councils: A Reply to Paul Knudsen, in: Economic and Industrial Democracy, 18. Jg., H. 2. 325-337

Tholen, Jochen/Czíria, Ludovit/Hemmer, Eike/Mansfeldová, Zdenka/Sharman, Ewa (2006): Direktinvestitionen deutscher Unternehmen in Mittel- und Osteuropa. Fallstudien zu den Auswirkungen auf die Arbeitsbeziehungen in Polen, Tschechien und der Slowakei. München und Mering: Rainer Hampp Verlag

Tholen, Jochen (2007): Labour Relations in Central Europe. The Impact of Multinationals´ Money. Aldershot/UK: Ashgate Publ.

Wills, Jane (2000): Three Years in a Life of a European Works Council. In: European Journal of Industrial Relations, 6. Jg., H. 1. 85-107

Zimmer, Reingard (2003): Europäische Solidarität. Beispiele positiver Arbeit Europäischer Betriebsräte. In: Arbeitsrecht im Betrieb 10/2003. 620-625

"Decent Work" durch den Europäischen Sozialdialog – Eine trügerische Hoffnung

Guido Becke

1 Einleitung

Die Vernutzung menschlicher Arbeit in ökonomischen Vermarktlichungs-kontexten bildet bereits seit dem 19. Jahrhundert einen Dreh- und Angelpunkt für Interessenkonflikte zwischen Kapital und Arbeit. Mit Blick auf den sozio-ökonomischen Integrationsprozess der Europäischen Union und dessen Entwick-lungsperspektiven stellt sich die politische Kardinalfrage, wie arbeitsbezogene Interessen von Erwerbstätigen hierbei zur Geltung gebracht werden können. Die Berücksichtigung dieser Interessen berührt die politische Legitimität der Europä-ischen Union, die ihr auf Seiten der Bürgerinnen und Bürger ihrer Mitgliedsstaa-ten zuteil wird (vgl. Offe 2005; Erne 2008). Eine nachhaltige Realisierung der Arbeitsinteressen von Erwerbstätigen wird ermöglicht, wenn Arbeitsqualität im Sinne „menschenwürdiger Arbeit / Decent Work" als eine essentielle arbeitspoli-tische Gestaltungsaufgabe im Rahmen der Europäischen Union anerkannt und systematisch verfolgt wird. Die Bearbeitung dieser arbeitspolitischen Gestal-tungsaufgabe bildet eine Daueranforderung, da sich die Arbeitswelt auf einzel-staatlicher, europäischer und auch globaler Ebene in einem kontinuierlichen Veränderungsprozess befindet. Die Wahrnehmung dieser Daueraufgabe setzt stabile Institutionen Europäischer Industrieller Beziehungen voraus. Innerhalb der Europäischen Union gewinnt ein Europäisches System Industrieller Bezie-hungen an Kontur (siehe Marginson/Sisson 2006), dessen zentrale Eckpfeiler die Institutionen des Europäischen Betriebsrats (vgl. Tholen in diesem Band) sowie des Europäischen Sozialdialogs bilden. Im Folgenden wird analysiert, inwiefern die Institution des Europäischen Sozialdialogs zur Förderung von ‚Decent Work' im Rahmen der Europäischen Sozialpolitik beiträgt. Der Europäische Sozialdia-log erstreckt sich auf „the discussions, consultations, negotiations and joint ac-tions undertaken by the social partner organisations representing the two sides of industry (Management and Labour) at European Level" (European Commission 2006: 91).

Zur Definition menschengerechter Arbeit bzw. ‚Decent Work' als normati-ves Basiskonzept existiert inzwischen eine Vielzahl konzeptioneller Ansätze (siehe Morley 2007: 5). Ihre Gemeinsamkeit beschränkt sich darauf, Arbeitsqualität oder menschengerechte Arbeit als Bestandteil eines umfassenderen normativen Konzepts der Lebensqualität zu betrachten. Hier soll lediglich das Spektrum dieser konzeptionellen Vielfalt umrissen werden: Auf der einen Seite des Spektrums befinden sich normative Vorstellungen „guter Arbeit", die sich primär auf die Ausgestaltung gesellschaftlicher Arbeits- und Beschäftigungsverhältnisse oder die Rahmenbedingungen konkreter Arbeitsprozesse richten. Diese Perspektive steht im Zentrum des Decent-Work-Konzepts der Internationalen Arbeitsorganisation. Im Sinne einer generellen Leitdefinition von Arbeitsqualität besteht das übergeordnete Ziel dieses Konzept darin, „Möglichkeiten zu fördern, die Frauen und Männern eine menschenwürdige und produktive Arbeit in Freiheit, Sicherheit und Würde und unter gleichen Bedingungen bieten" (Internationales Arbeitsamt 1999: 4). Das Decent-Work-Konzept umfasst vier strategische Zieldimensionen, d.h. die Förderung der Rechte bei der Arbeit, die Schaffung von Beschäftigung (produktive Arbeit), des Sozialschutzes und des Sozialdialogs (siehe ausführlich hierzu Senghaas-Knobloch 2007). Die Stärke des Decent-Work-Konzepts liegt darin, grundlegende Kriterien der Arbeitsqualität zu formulieren, die als normative Basisstandards weltweite Anerkennung beanspruchen. Eine Leerstelle des Konzepts bezieht sich jedoch auf die Frage, wie konkrete Arbeitsbedingungen und Arbeitsprozesse innerhalb existenter Arbeits- und Beschäftigungsverhältnisse im Sinne von ‚Decent Work' beschaffen sein sollen.

Dieser arbeitswissenschaftlich bzw. arbeitspsychologisch orientierte Zugang zur Arbeitsqualität, in dessen Zentrum Konzepte einer menschengerechten, d.h. persönlichkeits- und gesundheitsförderlichen Arbeitsgestaltung stehen (siehe als Überblick Ulich 2001), befindet sich am anderen Ende des erwähnten Spektrums. Etablierte arbeitspsychologische Kriterien der Arbeitsgestaltung, wie ganzheitliche Arbeitsaufgaben, Arbeitsautonomie, Zeitelastizität, wurden in einem anti-tayloristischen Forschungs- und Gestaltungskontext entwickelt. Sie bedürfen zumindest mit Blick auf neue Arbeitsformen vermarktlichter Wissensarbeit einer Überprüfung (siehe Becke 2007). Ein übergreifendes Verständnis von Arbeitsqualität könnte daran ansetzen, beide Zugänge zur Arbeitsqualität miteinander zu verknüpfen und mit Blick auf konkrete Arbeitsfelder (z.B. Wissensarbeit, Produktionsarbeit, personenbezogene Dienstleistungen) zu kontextualisieren. Im Folgenden werden die Begriffe menschenwürdige Arbeit und ‚Decent Work' bzw. ‚gute Arbeitsqualität' in diesem übergreifenden Sinne verwendet.

Dieser Beitrag ist wie folgt aufgebaut: Zunächst werden drei politische Meilensteine vorgestellt, die zur Anerkennung menschenwürdiger Arbeit als politischer Gestaltungsaufgabe auf der Ebene der Europäischen Union maßgeblich beigetragen haben. Danach wird die institutionelle Neurahmung des (sektoralen)

Europäischen Sozialdialogs auf der Basis des EU-Vertrags von Maastricht (1992) skizziert, da diese zu einer beträchtlichen politischen Aufwertung des Europäischen Sozialdialogs beigetragen hat. Daran schließt sich eine Analyse des (sektoralen) Europäischen Sozialdialogs mit Blick auf die Förderung von ‚Decent Work' an. Hierbei werden neuere Initiativen zur Revitalisierung des Europäischen Sozialdialogs thematisiert und hinsichtlich ihrer Förderpotenziale von ‚Decent Work' auf europäischer Ebene abgeschätzt. Die Analyse verdeutlicht, dass die Hoffnung trügt, mit Hilfe des Europäischen Sozialdialogs (ESD) könne europaweit ‚Decent Work' substanziell gefördert werden. Im letzten Kapitel wird daher für eine stärkere Politisierung gewerkschaftlichen Handelns auf europäischer Ebene plädiert.

2 Die Anerkennung guter Arbeitsqualität als politische Gestaltungsaufgabe der Europäischen Union

Die Anerkennung menschenwürdiger Arbeit als originäre politische Gestaltungsaufgabe der Europäischen Union ist eng verwoben mit der Herausbildung der europäischen Sozialpolitik als eigenständiges EU-Politikfeld, das zwischen ihren Mitgliedsstaaten und den politischen Institutionen der EU als politisch ‚umkämpftes Terrain' galt (vgl. Hantrais 2007; Marginson/Sisson 2006). Das Bild der europäischen Arbeits- und Sozialpolitik ist dabei stark durch den Leitgedanken der „Marktkompatibilität" (Rhodes 1998) geprägt. Dies bedeutet, dass sich die europäische Arbeits- und Sozialpolitik zumeist im Schatten der Binnenmarktintegration entwickelt hat, d.h. sie bezieht sich vor allem auf jene Bereiche, welche ökonomische Integrationsprozesse unterstützen bzw. fördern. Als marktkompatibel geltende Gesetzesvorhaben erhielten vor allem in Zeiten einer uneingeschränkten Geltung des Einstimmigkeitsprinzips im Ministerrat der EU häufig eine politische Unterstützung durch Arbeitgeberverbände sowie durch Staaten mit einer angelsächsischen oder anglo-irischen Rechtstradition. Beispiele für eine solche marktkompatible Arbeits- und Sozialpolitik bilden Gesetzesvorhaben zur wechselseitigen Anerkennung von Bildungsabschlüssen sowie die Richtlinien zum Arbeitsumweltschutz. Letztere ermöglichen Arbeitgebern in der Europäischen Union relativ vergleichbare Kosten für den betrieblichen Arbeits- und Gesundheitsschutz, um mögliche, durch ungleiche Arbeitsschutzstandards bedingte ‚Wettbewerbsverzerrungen' europaweit zu reduzieren.

Dieses Bild ist dadurch abzurunden, dass trotz der Dominanz der ökonomischen Integration im Laufe der Jahre eine schrittweise arbeits- und sozialpolitische Ergänzung erfolgte, die einen Katalog von europaweit geltenden sozialen Mindeststandards etablierte, der auch von den neuen bzw. zukünftigen Mitgliedsstaaten zu beachten ist. Diese Verankerung sozialer Mindeststandards schafft spezifische Pfadabhängigkeiten politischer Entscheidungsprozesse im politischen Mehrebenensystem der Europäischen Union, die wenn überhaupt, nur schwer reversibel sind (siehe Leibfried/Pierson 1998). Überdies konnten in einigen arbeits- und sozialpolitischen Handlungsfeldern Gelegenheitsstrukturen genutzt bzw. geschaffen werden, um avancierte gesetzliche Standards zu etablieren, die in vielen Mitgliedsstaaten über geltende nationale Standards hinausreichen, wie im Arbeits- und Gesundheitsschutz sowie zur Geschlechtergerechtigkeit am Arbeitsplatz und auf dem Arbeitsmarkt.[1] Überdies gelang es, Grundlagen eines europäischen kollektiven Arbeitsrechts zu schaffen, deren Eckpfeiler nach fast 30jähriger mitbestimmungspolitischer Diskussion die Richtlinie über die Beteiligung der Arbeitnehmer in der Europäischen Aktiengesellschaft (2001) sowie die Richtlinie über die Bildung Europäischer Betriebsräte (1994) in Unternehmen bzw. Konzernen mit grenzüberschreitenden Wirtschaftsaktivitäten und europäischen Niederlassungen sind (siehe Platzer 2003). Vor diesem skizzierten Hintergrund ist Arbeitsqualität in den letzten beiden Dekaden zu einer arbeits- oder sozialpolitischen Gestaltungsaufgabe auf der Ebene der Europäischen Union avanciert. Meines Erachtens sind für den allmählichen politischen Aufmerksamkeits- und Relevanzgewinn des Themas Arbeitsqualität drei politische Meilensteine besonders bedeutsam, auf die ich nun kurz eingehen werde.

Als ein zentraler Meilenstein erwies sich das Sozialabkommen zum EU-Vertrag von Maastricht. Dieses „Abkommen über die Sozialpolitik" (Sozialprotokoll) wurde schließlich 1997 in den Amsterdamer EU-Vertrag als eigenes Sozialkapitel (Art. 136-145) integriert. Es ist in dreifacher Weise relevant für die Anerkennung der Arbeitsqualität als politisches Gestaltungsfeld der Europäischen Union:

- Erstens erhält nun die Verbesserung der Lebens- und Arbeitsbedingungen, und damit auch der Arbeitsqualität, den Charakter einer sozialpolitischen Zielsetzung der Europäischen Union. Dieses Ziel ist explizit im Sozialkapitel des EU-Vertrags, Art. 136, verankert.
- Zweitens werden Themenfelder, die einen unmittelbaren Bezug zur Arbeitsqualität aufweisen, nun dem Bereich der qualifizierten Mehrheitsentscheidungen im EU-Ministerrat zugeordnet, wodurch die Chancen zur Realisierung einschlägiger Gesetzesvorhaben erhöht werden. Dies gilt vor allem für Regulierungsvorhaben im Bereich der Arbeitsbedingungen, des Arbeits- und Gesundheitsschutzes, der Information und Anhörung von Arbeitneh-

---

1   So wurde z.B. auf der Basis des Amsterdamer Vertrags (1997) in der europäischen Arbeits-
und Beschäftigungspolitik das Prinzip des ‚Gender Mainstreaming' verankert.

mern sowie der Chancengleichheit von Frauen und Männern auf dem Arbeitsmarkt und am Arbeitsplatz (vgl. Rhodes 1998; Keller 2001). Für andere sozialpolitische Gesetzesinitiativen, z.B. zur kollektiven Interessenvertretung, gilt nach wie vor das Einstimmigkeitsprinzip für Entscheidungen des Ministerrats.

- Drittens stellte das Sozialabkommen den sozialen Dialog zwischen den europäischen Sozialpartnern auf eine neue rechtliche Basis, da nun prinzipiell eine Rechtsetzung in arbeits- und sozialpolitischen Fragen durch Verhandlungen zwischen den europäischen Sozialpartnern ermöglicht wurde (Rhodes 1998: 128ff.). Dieser neue Verfahrensmodus der „Rechtsetzung durch Rahmenvereinbarungen" zwischen den Sozialpartnern erstreckte sich nicht nur auf die zentrale, Sektoren und Branchen übergreifende Ebene, sondern bezog auch die sektorale bzw. subsektorale Ebene ein.

Die vom Europäischen Rat in Nizza beschlossene Europäische Sozialagenda[2] sowie die von der EU-Kommission 2002 vorgelegte Gemeinschaftsstrategie für Sicherheit und Gesundheit bilden gemeinsam den zweiten politischen Meilenstein zur Verankerung von Arbeitsqualität als arbeits- und sozialpolitische Gestaltungsaufgabe der EU. Die Gemeinschaftsstrategie geht erstens von der Prävention arbeitsbezogener Risiken aus, wobei neue Entwicklungstendenzen der Erwerbsarbeit sowie damit verbundene veränderte Risiko- und Belastungskonstellationen (z.B. psychosozialer Stress bei hoch qualifizierter Wissensarbeit) berücksichtigt werden. Zweitens stellt sie das Konzept des Wohlbefindens in den Mittelpunkt, das körperliche, psychische und soziale Dimensionen integriert (siehe Ulich/Wülser 2004). Ein relativ weites, Indikatoren gestütztes multidimensionales Konzept von Arbeitsqualität wurde vor dem Hintergrund der Europäischen Sozialagenda, die Bestandteil des integrierten Modernisierungsansatzes der Europäischen Union ist, auch 2001 durch den Europäischen Rat verabschiedet. Es bezieht sich auf vier Kerndimensionen (siehe Kuhn 2004: 233):

- Die objektiven Beschäftigungsmerkmale (z.B. Arbeits- und Beschäftigungsverhältnisse, Auslegung des Arbeitsplatzes, Arbeitsorganisation),
- persönliche Merkmale der abhängig Beschäftigten, welche diese am Arbeitsplatz einbringen (z.B. Qualifikation und Kompetenzen),

---

2 Avancierte Ziele der Sozialagenda sind u.a. die Entfaltung des Beschäftigungspotenzials der EU durch mehr und bessere Arbeitsplätze, die Antizipation und Bewältigung von Wandel und Anpassung an neue Arbeitsumgebungen, die Modernisierung des Sozialschutzes, die Förderung sozialer Eingliederung und der Geschlechtergerechtigkeit sowie die Förderung des Sozialen Dialogs im Rahmen der Sozialagenda (Kuhn 2004: 232).

- die Übereinstimmung zwischen den Kompetenzen von Arbeitnehmern und Anforderungen des Arbeitsplatzes sowie
- die subjektive Bewertung der Erwerbsarbeit durch die einzelnen Beschäftigten (Arbeitszufriedenheit).

Von der Europäischen Stiftung zur Verbesserung der Lebens- und Arbeitsbedingungen wurde auf dieser Basis ein Modell zur Evaluation der Qualität von Arbeit und Beschäftigung in Europa entwickelt, das sich auf zehn Indikatoren der Arbeitsqualität stützt. Dieses Indikatorenmodell bezieht sich sowohl auf die ‚Makroebene' der Ausgestaltung gesellschaftlicher Arbeits- und Beschäftigungsverhältnisse als auch auf die Mikroebene der subjektiven Bewertung der Erwerbsarbeit. Nach dem von der EU-Kommission 2003 vorgelegten Bericht zur Arbeitsqualität in Europa bestehen zu jedem der Qualitätsindikatoren noch erhebliche Verbesserungsbedarfe innerhalb der Europäischen Union: Zum Beispiel liegt die Beschäftigungsquote älterer Beschäftigter noch unterhalb der 50%-Zielmarge; es existiert eine überproportional hohe Jugendarbeitslosigkeit; die Steigerung der Erwerbsbeteiligung von Frauen wird erschwert durch fehlende Betreuungseinrichtungen für Kinder; es besteht nach wie vor ein stabiles geschlechtsspezifisches Lohngefälle. Die Ergebnisse der Studie verweisen überdies auf mitunter erhebliche Differenzen zwischen den Mitgliedsstaaten (siehe Kuhn 2004).

Die vom Europäischen Rat anno 2000 verabschiedete Lissabon-Strategie bildet den dritten Meilenstein. Sie stellt eine strategische Antwort der Europäischen Union auf die Herausforderungen der Internationalisierung von Wirtschaftsbeziehungen dar, in deren Gefolge die EU in einen verstärkten Wettbewerb mit den USA, Japan, Indien und China gerät. Die Lissabon-Strategie zielt bis 2010 darauf ab, die Europäische Union zur global wettbewerbsfähigsten und dynamischsten Wirtschaftsregion mit dauerhaftem Wirtschaftswachstum, mehr *und besseren Arbeitsplätzen* und größerem sozialen Zusammenhalt zu entwickeln. Hinsichtlich dieser multiplen Zielperspektive setzt die Lissabon-Strategie auf einen europäischen Modernisierungspakt zwischen den Mitgliedsstaaten der Europäischen Union, ihren europäischen Institutionen und den Sozialpartnern, durch den eine positive und dynamische Wechselwirkung zwischen Wirtschafts-, Beschäftigungs- und Sozialpolitik in Gang gesetzt und aufrechterhalten werden soll (Daly 2006). Im Rahmen dieses europäischen Modernisierungspakts wird Arbeitsqualität primär als sozialer Produktivitätsfaktor betrachtet (siehe Kuhn 2004). Die Schaffung besserer Arbeitsplätze ist im Kontext der Lissabon-Strategie ein integraler Bestandteil, um die Wettbewerbsfähigkeit des europäischen Wirtschaftsraums zu fördern. Sie intendiert demnach die Förderung (hoch) qualifizierter Beschäftigung innerhalb der Europäischen Union. In der Lissabon-

Strategie wird Arbeitsqualität zwar als strategisch bedeutsame Gestaltungsaufgabe integriert, aber zugleich funktionalisiert: Was zählt ist ihr Produktivitätsbeitrag (vgl. auch Hyman 2004). Die Förderung von Arbeitsqualität im originären Interesse von Erwerbstätigen am Erhalt ihrer qualifikatorischen wie gesundheitlichen Ressourcen zu betreiben, bleibt hierbei allenfalls von sekundärer Bedeutung. Im Rahmen der Europäischen Beschäftigungsstrategie bezieht sich diese funktionalistische Interpretation von Arbeitsqualität vorwiegend auf die soziale Sicherung und den sozialen Schutz von Beschäftigten (siehe Ball 2001). Im Fokus steht dabei die Leitidee der ‚Flexicurity' (siehe auch von Maydell et al. 2006: 111f.). Hierbei geht es darum, die Förderung erhöhter Arbeitsmarktflexibilität sowie der beruflichen Mobilitätsbereitschaft von Beschäftigten, die Unternehmensinteressen an einer externen Flexibilisierung von Beschäftigung entgegenkommt, zu vereinbaren mit sozialen Schutzmaßnahmen für Beschäftigte, um diese gegenüber Risiken der Flexibilisierung von Arbeits- und Beschäftigungsverhältnissen abzusichern (z.B. in den Bereichen Arbeitslosigkeit, Arbeitszeit / Balance zwischen Erwerbsarbeit und privaten Lebensbereichen, Lohn und Entgelt, soziale Sicherung). Im Flexicurity-Kontext erstreckt sich Arbeitsqualität zudem auf die Sicherung der Beschäftigungsfähigkeit von Beschäftigten, die vor allem durch Weiterbildungsangebote und -maßnahmen gefördert und erhalten werden soll. Aspekte der Arbeitsqualität, die sich auf konkrete arbeitsinhaltliche und gesundheitliche Bedingungen beziehen, unter denen flexible Erwerbsarbeit geleistet wird, werden nicht in den Blick genommen.

3 Institutionelle Neurahmung des Europäischen Sozialdialogs

Der Europäische Sozialdialog erstreckt sich zum einen auf Konsultations-, Anhörungs- und Beratungsprozesse zwischen politischen Gremien und Institutionen der Europäischen Union (z.B. EU-Kommission) und den europäischen Dachverbänden der Sozialpartner[3], zum anderen richtet er sich auf die Aushandlungs-,

---

3 Auf der Ebene des intersektoralen EU-Sozialdialogs sind der Europäische Gewerkschaftsbund (EGB) und Businesseurope die größten Verbände der Europäischen Sozialpartner (vgl. Dufresne 2006; EU-Commission 2006). Der EGB umfasst 82 nationale Mitgliederorganisationen aus 35 Ländern der Europäischen Union und 12 sektorale europäische Gewerkschaftsausschüsse, die ca. 1100 nationale Gewerkschaftsorganisationen auf Sektoren- bzw. Branchenebene und etwa 31.680.000 organisierte Gewerkschaftsmitglieder repräsentieren (Dufresne 2006). Die mitgliederstärksten Verbände der sektoral ausgerichteten europäischen Gewerkschaftsausschüssen sind die European Trade Union Federation for Public Services (189 Mitgliedsgewerkschaften mit 8 Millionen Gewerkschaftsmitgliedern) sowie die European Metalworkers' Federation (mit 65 nationalen Mitgliedsverbänden und einer Repräsentanz von 6,5 Millionen organisierten Beschäftigten. Businesseurope gehören 40 nationale intersektorale Mitgliedsverbände

Informations- und Kooperationsprozesse zwischen diesen Dachverbänden auf branchenübergreifender wie sektoraler Ebene (siehe Müller-Jentsch 1997: 331ff.). In der Vorphase des Europäischen Sozialdialogs, die bis Mitte der 1980er Jahre dauerte, dominierte die politische Konsultationsfunktion der Sozialpartner in Anhörungen, Beratungsgremien und tripartistischen Ausschüssen, wie dem Europäischen Wirtschafts- und Sozialausschuss (vgl. Dufresne 2006; European Commission 2006). Auf Initiative der EU-Kommission unter der Ägide von Jacques Delors wurden zwischen 1985 und 1991 regelmäßige direkte und informelle Beratungen zwischen den europäischen Dachverbänden der Sozialpartner unter Einbeziehung der EU-Kommission initiiert, in denen die Sozialpartner gemeinsame, rechtlich nicht verbindliche Stellungnahmen, Resolutionen und Erklärungen zur europäischen Sozialpolitik abschlossen. Das Interesse der damaligen EU-Kommission an der Etablierung dieses informellen ‚Val-Duchesse-Dialogs' bestand darin, perspektivisch ein stabiles europäisches System Industrieller Beziehungen mit starken Sozialpartnern zu schaffen (siehe Gold et al. 2007) und die Unterstützung der Gewerkschaften für das ‚Europäische Sozialmodell' zu gewinnen (siehe Hyman 2004). Die Förderung des Europäischen Sozialdialogs (ESD) wurde zudem als Instrument zur Harmonisierung der Arbeits- und Beschäftigungsbedingungen in Anbetracht einer Vielfalt nationaler Systeme der Arbeitsbeziehungen betrachtet. Zudem wurde der ESD als ein potenzielles arbeits- und sozialpolitisches Regulierungsinstrument gesehen. Diese Perspektive prägte die Phase der institutionellen Neurahmung des (sektoralen) ESD zwischen 1991 und 2001.

Im Rahmen des Sozialabkommens zum Maastrichter EU-Vertrag (1992) wurde der Europäische Sozialdialog und damit auch der politische Akteursstatus der Sozialpartner, d.h. der europäischen Dachverbände der Arbeitgeber und Gewerkschaften, im Gesetzgebungsprozess der Europäischen Union zu Fragen der Arbeits- und Sozialpolitik erheblich gestärkt. Der Europäische Sozialdialog avancierte damit zu einer Verhandlungsarena, in der die Dachverbände der europäischen Sozialpartner im Bereich der Sozialpolitik quasi gesetzgeberisch tätig werden konnten. Das Sozialabkommen bietet ihnen nun die Option einer arbeits- und sozialpolitischen Regulierung auf der Basis von Rahmenvereinbarungen.

(Arbeitgeber- *und* Industrieverbände) aus 34 Staaten der Europäischen Union an. Im Unterschied zum EGB sind die sektoralen europäischen Arbeitgeberverbände keine Mitgliedsorganisationen von Businesseurope. Ende 2005 existierten 59 europäische Sektorverbände auf der Arbeitgeberseite, die Interessen von Arbeitgebern aus 40 europäischen Wirtschaftssektoren repräsentierten. Von diesen 59 Verbänden waren lediglich 46 im Rahmen des sektoralen Europäischen Sozialdialogs aktiv (siehe Dufresne 2006). Die Koordination zwischen Businesseurope und diesen sektoralen europäischen Arbeitgeberverbänden auf dem Gebiet der Europäischen Sozialpolitik erfolgt im Rahmen des informell strukturierten ‚European Employers' Network'.

Durch dieses neue Verfahren der „Regulierung durch Sozialdialog" (Rhodes 1998) sollten die politischen Handlungsspielräume der Sozialpartner bei der Ausgestaltung der sozialen Dimension der EU erhöht und ihre Einflusschancen im Gesetzgebungsverfahren gestärkt werden, um auf diesem Wege die Kluft zwischen der ökonomischen und der sozialen Integration der EU weiter zu schließen. Das Sozialprotokoll sieht sowohl Sektoren und Branchen übergreifende zentrale als auch sektorale bzw. subsektorale Sozialdialoge zwischen den europäischen Dachorganisationen der Arbeitsgeber und der Gewerkschaften vor.

Wenn ein verbindliches Rahmenabkommen zwischen den Sozialpartnern auf europäischer Ebene zustande kommt, so stehen hierfür den Sozialpartnern zwei alternative nationale Implementationswege offen (vgl. Rhodes 1998; Keller 2001; Gold et al. 2007):

- Zum einen besteht für die europäischen Sozialpartner die Option, ausgehend von der Gesetzgebungsinitiative der EU-Kommission supranationale Kollektivvereinbarungen, d.h. Rahmenabkommen abzuschließen, die anschließend durch den Ministerrat der EU in eine Richtlinie umgewandelt und verabschiedet werden. Derartige Rahmenabkommen der EU-Sozialpartner erlangen damit Gesetzeskraft für alle Mitgliedsstaaten der EU. Die Implementation dieser Richtlinien erfolgt über die nationale Gesetzgebung der Mitgliedsstaaten.

- Zum anderen können im Rahmen des Europäischen Sozialdialogs Rahmenabkommen der Sozialpartner als so genannte autonome oder freiwillige Kollektivvereinbarungen abgeschlossen werden, die eine Initiativfunktion der Europäischen Kommission ausschließen. Die Umsetzung dieser autonomen Rahmenabkommen erfolgt nicht über die nationale Gesetzgebung, sondern unter Berücksichtigung der Verfahren und Traditionen der Sozialpartner bzw. der Industriellen Beziehungen in den einzelnen Mitgliedsstaaten. In diesem Umsetzungsweg spiegelt sich das Subsidiritätsprinzip wider.

Die ,Regulierung durch Sozialdialog' unterscheidet sich in zwei zentralen Aspekten von autonomen Tarifverhandlungen zwischen Arbeitgeberverbänden und Gewerkschaften (siehe hierzu Müller-Jentsch 1997): Erstens mangelt es dieser neuen Regulierungsform zumindest im Falle der erstgenannten Option an einer Autonomiezone bilateraler Verhandlungen ohne jegliche Einflussnahme politischer Institutionen (der EU). Zweitens schließt sie ,harte' Verhandlungsgegenstände und -themen aus, wie Arbeitsentgelt und die regulierte Konfliktaustragung zwischen beiden Seiten unter Einbeziehung von Streik und Aussperrung (siehe Marginson/Sisson 2006: 90). Da Streik als gewerkschaftliches Mittel der Interessenverfolgung auf der Ebene des ESD außen vor bleibt, ist der arbeitspoli-

tische Handlungsspielraum der Gewerkschaften zur Durchsetzung ihrer Ziele –
auch mit Blick auf die Förderung von Arbeitsqualität – begrenzt. Es mangelt den
europäischen Gewerkschaftsdachverbänden damit an einem effektiven Druck-
mittel, ihr Pendant auf der Arbeitgeberseite zu Verhandlungen über kontroverse
Themen zu veranlassen. Dadurch wird die Agenda der ‚Rechtsetzung durch Rahmenvereinbarungen' maßgeblich durch weniger konfliktträchtige Themen bestimmt, die ein Positivsummenspiel zwischen den beteiligten Sozialpartnern
ermöglichen (siehe auch Keller 2008). Eine Ausnahme hiervon bildet lediglich
die EU-Kommission, die mit der ‚Androhung' von Gesetzgebungsinitiativen
beide Seiten an den Verhandlungstisch zwingen kann.

4   Grenzen der Förderung von ‚Decent Work' durch den Europäischen Sozialdialog

Auf den ersten Blick erscheint der (sektorale) Sozialdialog nicht nur als eine
inzwischen etablierte, sondern auch erfolgreiche Institution, die zur Förderung
der Arbeitsqualität innerhalb der Europäischen Union beiträgt (siehe EU-
Commission 2006: 114): So wurden im Rahmen der europäischen Arbeits- und
Sozialpolitik bisher in 33 Wirtschaftssektoren soziale Dialoge zwischen den
Sozialpartnern etabliert. Sie erstrecken sich damit inzwischen auf die Hälfte der
gesamten europäischen Wirtschaft. Im Rahmen des Europäischen Sozialdialogs
wurden bis 2005 mehr als 300 gemeinsame Erklärungen und Stellungnahmen zu
Gesetzesvorhaben der Europäischen Union oder Rahmenabkommen zwischen
den (sektoralen) Sozialpartnern entwickelt und verabschiedet (EU-Commission
2006). Die in den ESD gesetzten Hoffnungen zur europaweiten Förderung von
‚Decent Work' erweisen sich jedoch als trügerisch, wie neuere empirische Studien verdeutlichen.

Diese Studien (vgl. de Boer et al. 2005; Pochet et al. 2006), die auf einer
Kombination von Sektorfallstudien und der inhaltsanalytischen Auswertung der
vielfältigen Ergebnisdokumente des (sektoralen) ESD basieren, gelangen zu dem
zunächst erstaunlichen Befund, dass im Rahmen des europäischen Sozialdialogs
die Regulierung von Arbeitsbedingungen bzw. die Förderung von ‚Decent Work'
keineswegs dominiert. Im Rahmen des ESD können zwei Hauptfunktionen unterschieden werden (siehe Dufresne 2006: 71f.): Die Konsultationsfunktion richtet sich primär auf die Exekutive der Europäischen Union. Sie besteht im weiten
Sinne in der Beratung der politischen Institutionen der EU in Fragen der europäischen Sozialpolitik und der EU-Sektorpolitiken. Hingegen richtet sich die Verhandlungsfunktion auf die Aushandlung von Rahmenvereinbarungen sowie gemeinsamer Stellungnahmen und Erklärungen der EU-Sozialpartner. Die über-

wiegende Anzahl der textbasierten Ergebnisse bzw. gemeinsam erarbeiteten Dokumente der Sozialpartner erstreckt sich vor allem auf die klassische Konsultationsfunktion des (sektoralen) ESD, vor allem gegenüber der EU-Kommission. Dies gilt insbesondere für die 1990er Jahre (vgl. Pochet 2006; de Boer et al. 2005). Hierbei stehen Aspekte der Arbeitsqualität zumeist nicht im Zentrum (siehe Pochet 2006). Offenbar wird selbst von gewerkschaftlicher Seite die Konsultationsfunktion des ESD als wenig geeignet zur europaweiten Förderung von Arbeitsqualität erachtet.

Trotz unterschiedlicher Interessen der Sozialpartner stiftet der Europäische Sozialdialog für beide Seiten offenbar einen gemeinsamen europabezogenen Zusatznutzen, der darin besteht, den ESD als alternativen Kanal politischen Lobbyings gegenüber der EU-Kommission und anderen politischen Institutionen auf EU-Ebene auszugestalten (vgl. Pochet et al. 2006; de Boer et al. 2005). Im Zentrum steht hierbei die gemeinsame politische Einflussnahme der Sozialpartner auf die europäischen Sektorpolitiken bzw. die Deregulierung und Marktliberalisierung von bis dato öffentlichen Dienstleistungen und Infrastrukturen, z.B. Post, Eisenbahn, Telekommunikation, Energieversorgung und Öffentlicher Personennahverkehr. Das Interesse europäischer Arbeitgeberverbände besteht darin, eine zu starke Förderung ökonomischer Konkurrenz mit Blick auf die eigene Marktposition zu begrenzen, während die europäischen Gewerkschaftsdachverbände primär daran interessiert sind, Beschäftigung zu erhalten.

Arbeitsqualität bildet einen zentralen Bezugspunkt der Verhandlungsfunktion des ESD (siehe Pochet 2006): So bezieht sich circa die Hälfte der gemeinsamen Empfehlungen und Erklärungen sektoraler Sozialpartner auf Dimensionen der Arbeitsqualität, wie Weiterbildung und Arbeitszeit, Arbeits- und Gesundheitsschutz sowie die Gestaltung der Arbeitsumgebung. Die von den Sozialpartnern oft in Projekten gemeinsam entwickelten Tools erstrecken sich ausschließlich auf Aspekte der Arbeitsqualität. Auch hier dominieren die Themen Weiterbildung sowie Arbeits- und Gesundheitsschutz. Es lohnt sich jedoch ein genauer Blick, um die tatsächliche Relevanz dieser ESD-Ergebnisse für die Förderung von ‚Decent Work' abschätzen zu können: So verdeutlichte die Inhaltsanalyse der gemeinsamen ESD-Dokumente, dass selbst bei textbasierten Ergebnissen, die sich auf Dimensionen der Arbeitsqualität bezogen, nicht selten das gemeinsame Anliegen der Sozialpartner im Zentrum stand, Beschäftigung und Wettbewerbsfähigkeit auf sektoraler Ebene zu erhalten (siehe de Boer et al. 2005: 62f.)[4].

---

4   Die Autoren führen ein typisches Beispiel an: Eine gemeinsame Stellungnahme der Sozialpartner zu Arbeitsbedingungen im Transportgewerbe bezog sich auf die Schlafkabinen in Schwerlastfahrzeugen. Auf die Initiative der EU-Kommission, eine verbindliche Erweiterung der Schlafkabinen per Gesetzesvorhaben vorzusehen, verfassten die Sozialpartner eine gemeinsame Stellungnahme. In dieser wurde die geplante Initiative der EU-Kommission begrüßt,

Das Thema Arbeitsqualität bleibt also de facto quantitativ hinter anderen Themen in den Ergebnisdokumenten des ESD zurück. Seine tatsächliche Relevanz lässt sich jedoch nur abschätzen, wenn zugleich die Ergebnisqualität berücksichtigt wird. Diese orientiert sich an zwei wesentlichen Aspekten: Zum einen geht es um die Frage, inwiefern im Rahmen des ESD tatsächlich verbindliche soziale Mindeststandards zu menschenwürdigen Arbeitsbedingungen zwischen den Sozialpartnern ausgehandelt und festgelegt wurden. Zum anderen ist zu fragen, inwieweit diese Standards auch arbeitspolitisch avancierte Potenziale mit Blick auf den europäischen Wirtschaftsraum enthalten.

Von der Option der „Rechtsetzung durch Rahmenvereinbarungen" machten die europäischen Sozialpartner auf intersektoraler wie sektoraler Ebene selten Gebrauch. Von lediglich 21 verbindlichen Rahmenabkommen, welche die Europäischen Sozialpartner bis 2006 miteinander ausgehandelt haben, entfallen nur fünf Vereinbarungen auf den intersektoralen Sozialdialog. Lediglich die intersektoralen Rahmenabkommen zum Elternurlaub (1995), zur Teilzeitarbeit (1997) sowie zur Befristung von Arbeitsverträgen (1999) legten für die EU-Mitgliedsstaaten rechtlich bindende Mindestnormen mit unmittelbarer Relevanz für die europaweite Förderung von ‚Decent Work fest (siehe Keller 2008: 364).

Ein Gutteil der 16 Rahmenabkommen des sektoralen ESD bezieht sich weniger auf substanzielle arbeits- und sozialpolitische Regulierungsaspekte mit Relevanz für die Arbeitsqualität, sondern vielmehr auf prozedurale Aspekte, allen voran auf die Etablierung und Fortsetzung von Ausschüssen für den sektoralen Sozialdialog. Die übrigen Rahmenabkommen richten sich primär auf die sektorspezifische Regulierung von Arbeitszeiten im Gefolge der EU-Arbeitszeitrichtlinie (1993) (siehe de Boer et al. 2005: 53), wie die subsektoralen Arbeitszeitrichtlinien für die Seeschifffahrt und den Bahnverkehr, die in den entsprechenden Paritätischen Ausschüssen zwischen den Sozialpartnern ausgehandelt und durch den Ministerrat auf Antrag der EU-Kommission in Richtlinien umgewandelt wurden (vgl. Keller 2001; EU-Commission 2006). Für den intersektoralen wie für den sektoralen ESD gilt, dass die ausgehandelten Rahmenabkommen ohne den erheblichen politischen Druck, den die EU-Kommision auf die Sozialpartner, insbesondere die Arbeitgeberseite, ausgeübt hat, zumeist nicht zustande gekommen wären. Diese Rahmenabkommen der Sozialpartner wurden vereinbart, um stark durch die EU-Kommission beeinflussten Gesetzgebungen zuvor zu kommen (de Boer et al. 2005: 63) – nach dem Motto ‚negotiate or we will legislate'. Ein Mangel an derartig bindenden Kollektivvereinbarungen erschwert

---

zugleich aber gefordert, in diesem Fall auch die zulässige Gesamtlänge solcher Fahrzeuge zu erhöhen, damit die verbesserte Arbeitsumgebung der Fahrer nicht zulasten der Ladekapazitäten der Fahrzeuge ausfällt (de Boer et al. 2005: 63).

es daher, Ansätze und Initiativen zur Verbesserung der Arbeitsqualität europaweit auf sektoraler bzw. branchenbezogener Ebene zu befördern. Die in den Rahmenabkommen festgelegten und rechtlich bindenden sozialen Mindeststandards enthalten zudem kaum avancierte arbeitspolitische Potenziale zur Förderung von ‚Decent Work', da in den meisten westlichen kontinentaleuropäischen Mitgliedsstaaten höhere nationale Mindeststandards gelten (so de Boer et al. 2005). Allerdings ist die Relevanz dieser quasi gesetzlichen Mindestnormen als eine verbindliche Grundlinie europäischer Arbeits- und Sozialstandards gerade mit Blick auf den Erweiterungsprozess der Europäischen Union nicht zu unterschätzen.

Für die geringe Verbreitung einer Rechtsetzung durch kollektivvertragliche und legal bindende Rahmenvereinbarungen der Europäischen Sozialpartner lassen sich vor allem drei Gründe anführen: Erstens verfolgen die Dachverbände der Gewerkschaften und Arbeitgeberverbände auf europäischer Ebene unterschiedliche Basisstrategien: Während die Gewerkschaften den ESD tendenziell als Chance zur europaweiten Regulierung von Arbeits- und Beschäftigungsbedingungen begreifen, stehen die Arbeitgeberverbände derartigen Vorhaben ablehnend gegenüber, da sie darin eine Schwächung ihrer Machtposition oder aber eine Erhöhung von Arbeits- und Sozialkosten sehen (vgl. hierzu Rhodes 1998; Keller 2008), so dass derartige verbindliche Rahmenabkommen primär im Schatten der EU-Kommission zustande kommen. Zweitens sind die sektorenübergreifenden wie die sektoralen europäischen Spitzenverbände der Gewerkschaft und der Arbeitgeber durch ein hohes Maß an struktureller Heterogenität geprägt (siehe Keller/Sörries 1998). Diese Heterogenität äußert sich z.B. in unterschiedlichen Verbandskulturen und Organisationsprinzipien von Mitgliedsgewerkschaften, der uneinheitlichen Definition und Organisierung von Sektoren innerhalb der EU oder aber in manifesten Interessendifferenzen zwischen nationalen Mitgliedsverbänden der EU-Sozialpartner. Die ausgeprägte strukturelle Heterogenität erschwert letztlich den Abschluss verbindlicher Rahmenabkommen als Grundlage für eine europaweite Förderung der Arbeitsqualität.

Drittens verhindert nicht selten die Machtasymmetrie zwischen den supranationalen sektoralen Verbänden der Sozialpartner auf der einen Seite und ihren nationalen Sektororganisationen auf der anderen Seite ein Zustandekommen verbindlicher Rahmenabkommen (siehe Keller 2001). In dieser Akteursfiguration (zum Konzept siehe Elias 1993) verfügen die nationalen Mitgliedsverbände der europäischen Dachverbände über größere Machtressourcen: Die nationalen Dachverbände kontrollieren für die EU-Spitzenverbände relevante Ungewissheitszonen, die in der Verfügbarkeit über finanzielle und z.T. auch personelle Ressourcen bestehen, welche für die EU-Dachverbände unverzichtbar sind. Bei nationalen Sektorverbänden der Sozialpartner ist die Bereitschaft, Ressourcen in größerem Umfang an die EU-Dachverbände abzugeben gering, da befürchtet wird, dadurch könne die eigene nationale Verhandlungsposition geschwächt werden (ebd.)[5]. In Anbetracht des tief greifenden sektoralen Wandels, der durch Prozesse der ökonomischen Globalisierung und Europäisierung verstärkt wird (z.b. in der Bauwirtschaft und im Bereich der öffentlichen Wirtschaft) und der erheblichen Mitgliederverluste auf Seiten nationaler Branchengewerkschaften bzw. Arbeitgeberverbände (z.b. in Deutschland) werden deren Ressourcen geschmälert. Verfügbare Ressourcen werden daher tendenziell besonders auf die nationale Ebene konzentriert, um die derzeitigen Herausforderungen besser bewältigen zu können.

Dieses Machtpotenzial der nationalen Sozialpartner beruht zweitens darauf, dass diese in ihrer Mitgliedschaftsrolle supranationalen sektoralen Dachorganisationen in internen Aushandlungs- und Entscheidungsprozessen ein politisches Mandat vorenthalten können. Sie verhindern dadurch, dass sektorale Dachverbände auf der EU-Ebene verbindliche Rahmenabkommen mit ihrer jeweiligen Gegenseite aushandeln können, die ihren partikularen Interessen entgegenstehen. Eine abgemilderte Variante dieses Machtpotenzials äußert sich darin, die Mandatserteilung auf bestimmte Bereiche einzugrenzen[6]. Gelingt eine Interessenkoordination innerhalb der europäischen sektoralen Dachverbände, so werden die abgestimmten Interessenpositionen in die Verhandlungsarena des supranationalen sektoralen Sozialdialogs eingebracht. Das Verhandlungsergebnis ist auf dieser Ebene ebenfalls nicht antizipierbar. Für die nationalen Mitgliedsverbände besteht das Risiko, dass ihre nationale Macht- und Interessenposition letztlich durch Aus- und Verhandlungsprozesse in den beiden aufeinander bezogenen Verhandlungsarenen insgesamt geschwächt werden könnte. Zur Risikobegrenzung bietet sich neben einer begrenzten Mandatierung der sektoralen supranationalen Dachverbände zumindest die klassische Variante der Interessenverfolgung an: das direkte Lobbying gegenüber den EU-Institutionen. Die Arbeitgeber- und Wirtschaftsverbände verfügen hierfür im Vergleich zu den Gewerkschaften auf europäischer Ebene über eine deutlich bessere Ressourcenausstattung (siehe Müller-Jentsch 1997).

Zwischen Mitte der 1980er Jahre und Ende der 1990er Jahre machten die europäischen Sozialpartner kaum Gebrauch von der zweiten, nach Art. 139, Abs.

---

5   Ein Beispiel hierfür bietet die relativ geringe Ressourcenausstattung des Europäischen Metallgewerkschaftsbunds, in dem ca. 50 nationale Gewerkschaften Mitglieder sind. Für dessen politische Arbeit stehen gerade einmal neun Beschäftigte zur Verfügung. Seine Personalausstattung ist besser als die der anderen Gewerkschaftsausschüsse (Keller 2001: 204).

6   Von dieser Option machen auch einige (vor allem skandinavische) Gewerkschaften Gebrauch, die das Mandat von EU-Gewerkschaftsausschüsse oft auf die Etablierung Europäischer Betriebsräte beschränkten (Keller 2001).

2 des EU-Vertrags vorgesehenen vertraglich-voluntaristischen Variante, autonome Kollektivvereinbarungen ohne Initiativefunktion der EU-Kommission auszuhandeln und abzuschließen. Die Umsetzung dieses Typus von Rahmenvereinbarungen erfolgt nicht per Gesetz, sondern – auf der Basis des Subsidiaritätsprinzips – nach den jeweiligen „Verfahren und Gepflogenheiten" der nationalen Sozialpartner bzw. der nationalen Kollektivverhandlungssysteme (siehe de Boer et al. 2005: 65). Diese Zurückhaltung gaben die EU-Sozialpartner jedoch mit der Laeken-Deklaration (2001) auf. Dieser Pfadwechsel in Bezug auf die Rahmenabkommen ist durch unterschiedliche Interessen der Sozialpartner und der EU-Kommission motiviert: Letztere erwartete von den europäischen Sozialpartnern eine stärkere Beteiligung an der Umsetzung der Lissabon-Strategie. Demnach sollten die bilateralen Kollektivverhandlungen ohne vorherige Initiative der EU-Kommission dazu beitragen, vor allem jene Ziele der Lissabon-Strategie zu erreichen, die sich auf die Förderung der Verknüpfung von unternehmensinterner und externer, arbeitsmarktbezogener Flexibilisierung mit Beschäftigungsfähigkeit (‚Flexicurity') , die Verbesserung der Arbeitsqualität sowie auf die Bewältigung des demografischen Wandels richteten (EU-Commission 2006: 96ff.). Diese Erwartungen machten sich die europäischen Sozialpartner in der Laeken-Deklaration zu Eigen, so dass der ESD letztlich zu einem Vehikel für die Lissabon-Strategie wurde (so Prosser 2006: 10). Die Arbeitgeberseite, allen voran der intersektorale Dachverband Businesseurope, befürwortete die Reform des ESD, da die ‚neue Phase' des ESD nun auf weiche Regulierungsformen ohne gesetzlich verbindliche Regelungen setzte und sie nicht länger dem unmittelbaren politischen Druck der EU-Kommission ausgesetzt war. Der Europäische Gewerkschaftsbund und seine Gewerkschaftsausschüsse favorisierten die vertraglich-voluntaristische Variante in der Hoffnung, diese könne ihnen im stärkerem Maße einen Einstieg in ein eigenständiges Tarifverhandlungssystem auf europäischer Ebene ermöglichen (siehe Müller-Jentsch 2007). Eine gemeinsame Motivation der EU-Sozialpartner auf branchenübergreifender wie sektoraler Ebene lag darin, dass mit der EU-Erweiterung von 15 auf 25 Mitgliedsstaaten in 2004 die Vielfalt einzelstaatlicher Systeme der Industriellen Beziehungen in der EU stark zunahm und sich damit auch das strukturelle Heterogenitätsproblem innerhalb dieser europäischen Spitzenverbände verschärfte. Kollektivvertragliche Verhandlungslösungen in Gestalt gesetzlich bindender Mindeststandards erschienen nunmehr wenig realisierbar, da sie auf beiden Seiten hochgradig komplexe und aufwändige Prozesse der Interessenabstimmung voraussetzten (siehe Prosser 2006).

Die seit 2001 eingeleitete Reform des ESD auf Basis der vertraglich-voluntaristischen Variante orientiert sich in starkem Maße an weichen Regulierungsformen, die von der ‚Offenen Methode der Koordinierung' inspiriert sind, die für die Lissabon-Strategie und die damit verknüpfte Europäische Beschäftigungsstrategie von zentraler Bedeutung ist und inzwischen auf mehrere europäische Politikfelder angewandt wird (vgl. Gold et al. 2007; Prosser 2006)[7]. Die Basis für die autonomen Rahmenvereinbarungen bilden gemeinsam definierte Arbeits-programme der EU-Sozialpartner, die zumeist für mehrere Jahre gelten und spe-zifische Aktivitätsschwerpunkte vorsehen. Einen übergreifenden Schwerpunkt bildet der Aufbau von Strukturen des Sozialen Dialogs in den neuen EU-Mitgliedsländern (siehe EU-Commission 2006). Benchmarking- und Montoring-Prozeduren sollen einen hohen Implementationsgrad auf der Ebene der nationa-len Industriellen Beziehungen gewährleisten. Seit 2001 wurden bereits eine Rei-he autonomer Rahmenabkommen zwischen den EU-Sozialpartnern abgeschlos-sen. Diese bezogen sich beispielsweise auf Telearbeit (2002), Lebenslanges Lernen (2002) oder arbeitsbezogenen Stress in der Arbeitswelt (2004). Diese autonomen, gesetzlich nicht bindenden Rahmenvereinbarungen beziehen sich auf aktuelle und zugleich zukunftsbezogene arbeits- und sozialpolitische Problem-stellungen. Sie markieren zwar in Bezug auf die Regulierungsformen und den Implementationsweg einen Pfadwechsel im Vergleich zur bis dato dominanten Variante gesetzlich bindender Rahmenvereinbarung. In anderer Hinsicht behal-ten sie die bisherige Entwicklungsbahn der europäischen Arbeits- und Sozialpo-litik bei: Im Zentrum stehen marktkompatible Verhandlungsergebnisse, die sich weitgehend friktionslos in die Wettbewerbsstrategie von Lissabon einfügen.

Erste empirische Ergebnisse zur Evaluation der Reform des ESD sowie die Dominanz weicher Regulierungsformen in Verbindung mit dem Subsidiaritäts-prinzip bei der Umsetzung der Rahmenvereinbarungen deuten auf einige grund-legende Probleme hin, die zumindest begründete Skepsis an einer möglichst dauerhaften und weitgehend einheitlichen Förderung von ‚Decent Work' auf der Basis von Mindeststandards nähren: In Anbetracht der Vielfalt unterschiedlicher Systeme der Industriellen Beziehungen innerhalb der Europäischen Union ist erstens fraglich, ob derartige Rahmenvereinbarungen in einer mehr oder weniger einheitlichen Manier umgesetzt und in den EU-Mitgliedsstaaten wirksam wer-den. So belegen Erfahrungen mit der nationalen Umsetzung der europäischen Rahmenvereinbarung zur Telearbeit, dass deren Implementation wesentlich durch die nationalen Traditionen und Kontexte der Industriellen Beziehungen geprägt wird und sehr unterschiedliche Maßnahmen der Umsetzung angewandt werden. So erfolgte die Implementation dieser Rahmenvereinbarung in einigen Ländern auf dem klassischen Wege der Tarifvereinbarungen (z.B. in Belgien, Frankreich, Italien und Finnland), während die nationalen Sozialpartner im Ver-

---

7   Prosser (2006: 11) kennzeichnet die ‚Open Method of Coordination' (OMC) wie folgt: „The
     OMC style of policy is notable for its non-binding nature and absence of financial and legal
     sanctions. Instead, the ‚soft' tools of ‚benchmarking', ‚peer review', and ‚naming and shaming'
     are utilized to encourage compliance.

einigten Königreich hierzu lediglich einen Handlungsleitfaden für Arbeitgeber und Arbeitnehmer entwickelten (vgl. Larsen/Andersen 2007; EU-Commission 2006).

Zweitens ist zu bedenken, dass das Entwicklungsniveau der Systeme der Industriellen Beziehungen zwischen den Mitgliedsstaaten sehr unterschiedlich ausgeprägt ist. Ein bisher eher niedriges Entwicklungsniveau besteht z.b. in einigen neueren osteuropäischen postkommunistischen Mitgliedsstaaten, in denen sich Systeme der Industriellen Beziehungen noch in der Aufbau- und Institutionalisierungsphase befinden (siehe Senghaas-Knobloch 2007). In solchen Staaten erscheint eine kollektivvertragliche Implementation von auf der europäischen Ebene ausgehandelten Rahmenvereinbarungen sehr fraglich. Die aktive Beteiligung von Gewerkschaften auf einzelstaatlicher Ebene ist unverzichtbar, damit die nicht-bindenden Rahmenabkommen des ESD nicht zu Artefakten symbolischer Arbeitspolitik werden (siehe hierzu Niforou 2008).

Drittens ist eine möglichst effektive und weit reichende Umsetzung solcher Rahmenvereinbarungen an zwei wesentliche Voraussetzungen gebunden: Eine möglichst flächendeckende Implementation erfordert einen hohen Organisationsgrad der Tarifparteien als Voraussetzung für eine hohe Deckungsrate nationaler Kollektivvereinbarungen oder zumindest die rechtliche Option der Allgemeinverbindlicherklärung (Erga-Omnes-Prinzip). Beide Voraussetzungen sind aber innerhalb der Europäischen Union keineswegs gegeben: Die Deckungsraten von Kollektivvereinbarungen und der gewerkschaftliche Organisationsgrad der Arbeitnehmer variieren zwischen den Mitgliedsstaaten der Europäischen Union teilweise deutlich (siehe Dolvik/Waddington 2005). Eine hohe Variationsbreite in Bezug auf den gewerkschaftlichen Organisationsgrad und die Geltung von Flächentarifverträgen besteht auch zwischen Branchen einzelner Mitgliedsstaaten. So sind in mehreren westeuropäischen Staaten, einschließlich der Bundesrepublik Deutschland, z.B. die Tarifbindung und der gewerkschaftliche Organisationsgrad in expandierenden Branchen neuer marktorientierter Dienstleistungen (z.B. IT- und Software-Services) eher niedrig (siehe Plantenga/Remery 2005). Die rechtliche Anwendung des Erga-Omnes-Prinzips könnte in Ländern mit einer niedrigen Deckungsrate für Abhilfe sorgen. Sie ist jedoch in einigen Mitgliedsstaaten, wie in Dänemark und Italien, rechtlich nicht vorgesehen (Keller/Sörries 1998: 342).

Aufgrund der Diversität nationaler Systeme der Industriellen Beziehungen in der EU und ihres differenten Institutionalisierungsgrads ist bei dieser vertraglich-voluntaristischen Variante der Rahmenvereinbarungen voraussichtlich keineswegs mit einer einheitlichen Umsetzung von Regelungen zur europaweiten Förderung der Arbeitsqualität zu rechnen. In Anbetracht des Subsidiaritätsprinzips verhindern die neuen ‚weichen' Regulierungsverfahren vielmehr eine Vereinheitlichung von Arbeits- und Beschäftigungsbedingungen innerhalb der EU.

5   Fazit und Ausblick

Der Europäische Sozialdialog beinhaltet zwar vor allem in Gestalt kollektivvertraglicher Rahmenvereinbarungen zwischen den EU-Sozialpartnern Potenziale zur Förderung von ‚Decent Work' innerhalb der Europäischen Union. Die Hoffnung auf eine Realisierung dieser Potenziale erweist sich aber in quantitativer wie in qualitativer Hinsicht als trügerisch: Rechtlich bindende Rahmenvereinbarungen, die in stärkerem Maße eine Förderung der Arbeitsqualität auf breiterer Ebene innerhalb der EU erwarten lassen, bleiben ein Ausnahmefall. Die auf die Unterstützung der Lissabon-Strategie ausgerichtete Reform des ESD löst diese Hoffnung voraussichtlich ebenfalls nicht ein. Sie beinhaltet die Gefahr einer Entpolitisierung (vgl. Hyman 2004; Dolvik 1997; Erne 2008), d.h. der Auflösung substanzieller arbeitspolitisch relevanter Inhalte in technokratische ESD-Verfahren. Die europaweite Förderung von ‚Decent Work' wird zudem dadurch erschwert, dass in mehreren westeuropäischen EU-Staaten Gewerkschaften mit erheblichen Mitgliederverlusten konfrontiert sind (siehe Dolvik/Waddington 2005), die eine Rückbesinnung auf die nationale Handlungsebene begünstigen und eine Mobilisierung von Ressourcen für eine europaweite ‚Decent-Work-Agenda' zusätzlich erschweren.

Dennoch existieren auf der EU-Ebene arbeitspolitische Ansatzpunkte zur europaweiten Förderung von ‚Decent Work'. Diese Ansatzpunkte basieren darauf, dass eine Beschränkung auf nationale Gewerkschaftsstrategien zunehmend an Grenzen gerät und Gewerkschaften daher auch gemeinsame, auf die Europäische Union gerichtete arbeitspolitische Handlungsstrategien verfolgen. Vor dem Hintergrund der fortschreitenden ökonomischen EU-Integration, anhaltend hoher Arbeitslosigkeit in vielen EU-Mitgliedsstaaten und einer tendenziell rückläufigen Lohnentwicklung initiierten Gewerkschaftsverbände auf europäischer Ebene beispielsweise Verfahren zur Koordination der Tarifpolitik, um europaweit Prozessen der Lohnabsenkung Einhalt zu gebieten (vgl. Marginson/Sisson 2006; Schroeder/Weinert 2003). Die intensivierte ökonomische Konkurrenz innerhalb des EU-Binnenmarktes erwies sich hierbei als ein Auslöser für supranationale gewerkschaftliche Handlungsstrategien (Erne 2008: 198). Ein für ‚Decent Work' weiteres arbeitspolitisches Feld transnationaler Gewerkschaftskooperation bildet die Reorganisation transnationaler Unternehmen mit Standorten in mehreren EU-

Staaten[8]. Die Sicherung von Arbeitsplätzen sowie das Bestreben von Gewerkschaften und Europäischen Betriebsräten, sich nicht in solchen Restrukturierungsprozessen gegeneinander ausspielen zu lassen, schafft eine gemeinsame Interessensbasis für kollektives Handeln.

Ein weiterer möglicher Ansatzpunkt für eine europaweite Förderung von ,Decent Work' besteht in der Politisierung des Entscheidungsverfahren im Rahmen der Europäischen Beschäftigungsstrategie durch europäische Gewerkschaftsverbände. Bisher wird den Gewerkschaften eine politische Mitentscheidung bei der Vereinbarung beschäftigungspolitischer Leitlinien und Zielvorgaben vorenthalten (siehe hierzu Gold et al. 2007). Eine Partizipation europäischer Gewerkschaftsverbände würde es ermöglichen, ,Decent Work' auf die Agenda der EU-Beschäftigungsstrategie zu setzen (siehe Becke 2008).

Der europäische Integrationsprozess ist begleitet von Widersprüchen zwischen der Realisierung offener Märkte und der Gewährleistung eines hohen Niveaus an Beschäftigung, Sozialschutz und Lebensqualität, die gleichermaßen als normative Ziele im EU-Vertrag verankert sind (siehe Erne 2008). Diese Widersprüche lassen sich von Gewerkschaften mit auf die einzelstaatliche Ebene ausgerichteten Handlungsstrategien nicht mehr bearbeiten. Hierzu ist zunehmend die Entwicklung europäischer Handlungsstrategien angezeigt, die auf eine stärkere Politisierung dieser Widersprüche in konkreten (sektoralen) Handlungsfeldern abzielen. Problematische Arbeitsbedingungen bzw. die Verletzung von Arbeitsinteressen als Folge neoliberaler EU-Sektorpolitiken bilden hierfür mögliche Ansatzpunkte (siehe Becke 2008). Arbeitspolitische Optionen, ,Decent Work' europaweit durch eine stärker konfliktorientierte gewerkschaftliche Arbeitspolitik zu befördern, die ,eigensinnige' Vorstellungen moralischer Ökonomie gegenüber marktliberalen politischen Entscheidungen verfolgt (vgl. Hyman 2004; Bourdieu 1998), sind bisher nicht hinreichend ausgeschöpft.

Literatur

Ball, Sally (2001): The European Employment Strategy: The Will but not the Way? In: Industrial Law Journal, Vol. 30, No. 4. 353-374
Becke, Guido (2007): Gesundheitsförderung in flexiblen Arbeitsstrukturen der ,digitalen Wirtschaft' – Problemfelder und Gestaltungsperspektiven bei abhängiger und allein-

---

8   Wie z.B. die Restrukturierung von Alstom verdeutlicht, konnte durch die europaweite gewerkschaftliche Mobilisierung die EU-Kommission erfolgreich unter Druck gesetzt werden, ein ,Rettungspaket' für das Unternehmen auf dem Weg zu bringen, um dessen Bankrott zu vermeiden und Arbeitsplätze zu sichern (siehe Erne 2008).

selbstständiger Erwerbstätigkeit. artec-paper Nr. 142. Bremen: Forschungszentrum Nachhaltigkeit (artec), Universität Bremen. www.artec.uni-bremen.de

Becke, Guido (2008): Arbeitsqualität im Rahmen der europäischen (Sozial-)Politik – Förderpotenziale und Barrieren am Beispiel des sektoralen Sozialdialogs. In: Brigitte Nagler (Hg.): Menschenwürdige Arbeit/Decent Work: Eine Herausforderung in Zeiten der Globalisierung. artec-paper Nr. 154. Bremen: Forschungszentrum Nachhaltigkeit (artec), Universität Bremen. 53-64. www.artec.uni-bremen.de

Boer, Rob de/Benedictus, Hester/Meer, Marc van der (2005): Broadening without Intensification: The Added Value of the European Social and Sectoral Dialogue. In: European Journal of Industrial Relations, Vol. 11, H. 1. 51-70

Bourdieu, Pierre (1998): Der Mythos "Globalisierung und der europäische Sozialstaat. In: Ders.: Gegenfeuer. Wortmeldungen im Dienste des Widerstands gegen die neoliberale Invasion. Konstanz: UVK. 39-52

Daly, Mary (2006): EU Social Policy after Lisbon. In: Journal of Common Market Studies, Vol. 44, No. 3. 461-482

Dolvik, Jon Erik (1997): Redrawing Boundaries of Solidarity? Oslo: Arena/FAFO

Dolvik, Jon Erik/Waddington, Jeremy (2005): Can Trade Unions meet the Challenge? Unionisation in the marketised Services. In: Bosch/Lehndorff (Eds.): Working in the Service Sector. Milton Park, New York: Routledge. 189-210

Dufresne, Anne (2006): The Evolution of Sectoral Industrial Relations Structures in Europe. In: Dufresne/Degryse/Pochet (Eds.): The European Sectoral Social Dialogue. Actors, Developments and Challenges. Brüssel: Peter Lang. 49-82

Elias, Norbert (1993): Was ist Soziologie? Weinheim, München: Juventa, 7. Auflage

Erne, Roland (2008): European Unions. Labour's Quest for a Transnational Democracy. Ithaca, London: ILR Press, Cornell University Press

European Commission – Directorate-General for Employment, Social Affairs and Equal Opportunities (Ed.) (2006): Industrial Relations in Europe 2006. Chapter 5: European Social Dialogue Developments. Luxembourg. 91-120

Gold, Michael/Cressey, Peter/Léonard, Evelyne (2007): Whatever happened to Social Dialogue? From Partnership to Managerialism in the EU-Employment Agenda. In: European Journal of Industrial Relations, Vol. 13, H. 1. 7-25

Hantrais, Linda (2007): Social Policy in the European Union. Houndsmill et al.: Palgrave Macmillan, 3rd Edition

Hyman, Richard (2004): Trade Union and the Politics of the European Social Model. Paper related to the European Conference ‚Organised Labour – An Agent of EU Democracy? Trade Union Strategies and the EU Integration Process'. University College Dublin

Internationales Arbeitsamt (1999): Menschenwürdige Arbeit. Bericht des Generaldirektors. Internationale Arbeitskonferenz, 87. Tagung. Genf: Internationales Arbeitsamt

Keller, Berndt (2001): Europäische Arbeits- und Sozialpolitik. München, Wien: Oldenbourg, 2. Auflage

Keller, Berndt (2008): Einführung in die Arbeitspolitik. Arbeitsbeziehungen und Arbeitsmarkt in sozialwissenschaftlicher Perspektive. München: Oldenbourg

Keller, Berndt/Bernd Sörries (1998): The Sectoral Social Dialogue and European Social Policy: More Fantasy, fewer Facts. In: European Journal of Industrial Relations. Vol. 4, H. 3. 331-348

Kuhn, Karl (2004): Förderung der Qualität bei der Arbeit in der Europäischen Union. In: Arbeit, Jg. 13, H. 3. 229-235

Larsen, Trine P./Andersen, Sören Kaj (2007): A New Mode of European Regulation? The Implementation of the Autonomous Framework Agreement on Telework in five Countries. In: European Journal of Industrial Relations, Vol. 13, No. 2. 181-198

Marginson, Paul/Sisson, Keith (2006): European Integration and Industrial Relations. Multi-level Governance in the Making. Houndsmill, Basingstoke, Hampshire, New York: Palgrave Macmillan, 2nd Edition

Maydell, B. v./Borchardt, K./Henke, K.-D./Leitner, R./Muffels, R./Quante, M./Rauhala, P.-L./Verschraegen, G./Zukowski, M. (2006): Enabling Social Europe. Heidelberg et al.: Springer

Morley, John (2007): Quality of Work and Employment in Europe. European Foundation for the Improvement of Living and Working Conditions. Dublin. www.eurofound.eu.int

Müller-Jentsch, Walther (1997): Soziologie der Industriellen Beziehungen. Eine Einführung. Frankfurt/M., New York: Campus, 2. Auflage

Müller-Jentsch, Walther (2007): Strukturwandel der industriellen Beziehungen. ,Industrial Citizenship' zwischen Markt und Regulierung. Wiesbaden: VS Verlag

Niforou, Christina (2008): The Role of Trade Unions in the Implementation of autonomous Framework Agreements. Warwick Papers in Industrial Relations, No. 87. Industrial Relations Research Unit. Coventry :University of Warwick

Offe, Claus (2005): Soziale Sicherheit im supranationalen Kontext: Europäische Integration und die Zukunft des „Europäischen Sozialmodells". In: Miller (Hg.): Welten des Kapitalismus. Institutionelle Alternativen in der globalisierten Ökonomie. Frankfurt/M., New York: Campus. 189-226

Plantenga, Janneke/Remery, Chantal (2005): Work hard, play hard? Work in Software Engineering. In: Bosch/Lehndorff (Eds.): Working in the Service Sector. Milton Park, New York: Routledge. 189-210

Platzer, Hans-Wolfgang (2003): German Industrial Relations and European Integration. In: Müller-Jentsch/Weitbrecht (Eds.): The Changing Contours of German Industrial Relations. München/Mering: Rainer Hampp Verlag. 175-190

Pierson, Paul/Leibfried, Stephan (1998): Mehrebenen-Politik und die Entwicklung des "Sozialen Europa". In: Leibfried/Pierson (Hg.): Standort Europa. Europäische Sozialpolitik. Frankfurt/M.: edition suhrkamp. 11-57

Pochet, Philippe (2006): A quantitative Analysis. In: Dufresne/Degryse/Pochet (Eds.): The European Sectoral Social Dialogue. Actors, Developments and Challenges. Brüssel: Peter Lang. 83-108

Pochet, Philippe/Degryse, Christophe/Dufresne, Anne (2006): A Typology. In: Dufresne/Degryse/Pochet (Eds.): The European Sectoral Social Dialogue. Actors, Developments and Challenges. Brüssel: Peter Lang. 109-132

Prosser, Thomas (2006): Is the ,New Phase' of the European Social Dialogue the Development of an autonomous and effective Form of Social Dialogue? Warwick Papers in Industrial Relations. No. 82. Industrial Relations Research Unit. Coventry: University of Warwick

Rhodes, Martin (1998): Das Verwirrspiel der „Regulierung": Industrielle Beziehungen und „soziale Dimension". In: Leibfried/Pierson (Hg.): Standort Europa. Europäische Sozialpolitik. Frankfurt/M.: edition suhrkamp. 100-154

Schroeder, Wolfgang/Weinert, Rainer (2003): Europäische Tarifpolitik: Ein neues Politikfeld? In: Schroeder/Weßels (Hg.): Die Gewerkschaften in Politik und Gesellschaft der Bundesrepublik Deutschland. Ein Handbuch. Wiesbaden: Westdeutscher Verlag. 565-587

Senghaas-Knobloch, Eva (2007): "Si vis pacem cole justitiam" – Die programmatische Herausforderung des IAO-Konzepts für weltweit menschenwürdige Arbeit. artec-paper Nr. 139. Bremen: Forschungszentrum Nachhaltigkeit (artec), Universität Bremen. www.artec.uni-bremen.de

Tholen, Jochen (2010): Zur Bedeutung von Europäischen Betriebsräten für „gute Arbeit" in Mittel-/Osteuropa, in diesem Band

Ulich, Eberhard (2001): Arbeitspsychologie. Stuttgart: Schäffer-Poeschel, 5. Auflage

Ulich, Eberhard/Wülser, Marc (2004): Gesundheitsmanagement in Unternehmen. Arbeitspsychologische Perspektiven. Wiesbaden: Gabler

"Decent Work" in flexiblen Erwerbsformen – auch ein deutsches Problem?

Peter Bleses

1 Einleitung

Das Konzept ‚Decent Work' – oder hier synonym verwendet: ‚menschenwürdiger Arbeit' – geht von der Internationalen Arbeitsorganisation (IAO) aus. Die IAO verfolgt seit ihrer Gründung im Jahre 1919 eine Politik der weltweiten Förderung menschenwürdiger Arbeit. Im Kern geht es in ihrer Agenda um (vgl. Eva Senghaas-Knobloch in diesem Band):

- *Rechte bei der Arbeit*, insbesondere das Recht auf Vereinigungsfreiheit und kollektive Tarifverhandlungen sowie die Verbote der Zwangsarbeit, der nicht akzeptablen Kinderarbeit und der Diskriminierung;
- *Sozialdialog* als Einbeziehung der Arbeitgeber- und Arbeitnehmerorganisationen in die Regulierung von Arbeitsbedingungen und Sozialschutz;
- *Förderung von Beschäftigung bzw. produktiver Arbeit*, die den Arbeitenden ein zumindest existenzsicherndes Einkommen ermöglicht;
- *Sozialschutz* für alle Menschen in formeller und informeller Arbeit.[1]

Die Debatte um das ‚Decent Work'-Konzept und seine Umsetzung wurde in den vergangenen Jahrzehnten vor allem im Hinblick auf die Probleme der Durchsetzung in den wirtschaftlich wenig entwickelten Ländern des Südens und den sog. Schwellenländern geführt. Ein Beispiel für einen solchen Ansatz sind die sog. ‚Internationalen Rahmenvereinbarungen' (IRV) bzw. ‚International Framework Agreements' (IFA), die in Konzernen des Nordens in der Regel mit Gewerkschaften oder anderen Mitarbeitervertretungen (insbesondere Europäische Betriebsräte) abgeschlossen werden, um menschenwürdige Arbeitsbedingungen in Konzernstandorten oder Zuliefererbetrieben in Ländern des Südens zu gewährleisten.[2]

---

1   Eine Übersicht über die vollständige Liste der durch die IAO festgelegten Arbeitsnormen ist hier zu finden: http://www.ilo.org/ilolex/english/subjectE.pdf.
2   Zu den IRV/IFA vgl. etwa Riisgaard 2005; Brandl/Stelzl 2005.

Diese Fixierung der Debatte hat lange davon abgelenkt, dass mittlerweile in den wirtschaftlich hoch entwickelten Ländern des Nordens und nicht zuletzt auch in Deutschland wachsende Erwerbsbereiche entstanden sind, die Zweifel daran wecken, tatsächlich noch die Basisanforderungen des IAO-Konzepts menschenwürdiger Arbeit zu erfüllen. Genährt wurden diese Zweifel durch die jüngeren Studien und Diskussionen zum Thema ‚prekärer Beschäftigung' (z.b. Dörre 2006). Das Ausmaß menschen*un*würdiger Arbeit mag in den Ländern des Nordens insgesamt geringer sein als in den Ländern des Südens. Allerdings wird dadurch die Situation der hierzulande von menschen*un*würdiger Arbeit Betroffenen nicht besser. Gerade in einem Land, das in Teilen des Arbeitsmarktes einen noch immer hohen Standard sozialer Absicherungen durch Arbeitsrecht, Sozialrecht und Kollektivvereinbarungen aufweist, ist die Abkopplung derer, die daran nicht mehr partizipieren können, auch dann menschen*un*würdig, wenn sie nicht gleich verhungern müssen.

Im Folgenden werde ich der Frage nachgehen, ob die rechtliche Regulierung ausgewählter Erwerbsformen in Deutschland im Ergebnis tatsächlich zu menschen*un*würdigen Erwerbsformen führt. Da sich ein Gesamtüberblick im Rahmen eines einzelnen Beitrags ausschließt, werde ich mich bei meiner Suche auf einige verbreitete, so genannte ‚flexible Erwerbsformen' bzw. ‚flexible Erwerbsbereiche' beschränken und auch hier nur die wichtigsten Regelungen aufzeigen können: die geringfügige Beschäftigung, den Niedriglohnsektor und die ‚neue' Selbstständigkeit insbesondere im Dienstleistungssektor.[3] Ich gehe wie folgt vor: Zunächst werde ich auf die Kriterien eingehen, die der Prüfung dienen sollen, ob die behandelten Erwerbsformen tatsächlich menschen*un*würdig sind (2). Dann werde ich die genannten ‚flexiblen' Erwerbsformen hinsichtlich ihrer Gewährleistung von Mindeststandards der Menschenwürdigkeit prüfen (3) und die Ergebnisse im abschließenden Fazit zusammenfassend bewerten (4).

2   ‚Decent Work' in Deutschland: Maßstäbe der Prüfung

Die einzelnen Elemente der IAO-Agenda menschenwürdiger Arbeit wurden bereits genannt: Danach müssen *Rechte bei der Arbeit* gewährleistet sein; die

---

3   Obwohl das Problem der informellen, also der nicht in rechtsgültigen Verträgen – zum Teil von nicht in Deutschland registrierten Menschen – geleisteten Arbeit auch hierzulande (wieder) zunimmt und besondere Probleme der menschenwürdigen Arbeit aufwirft, klammere ich diese Frage aufgrund der weit über das Arbeits- und Sozialrecht hinausgehenden Rechtsmaterie (Aufenthaltsrecht, Arbeitserlaubnisrecht, Schwarzarbeit usf.) hier aus (zu wichtigen Aspekten der informellen Ökonomie siehe Manning/Mayer 2004). Zur informellen Arbeit in Haushaltsdienstleistungen siehe Geissler in diesem Band.

Arbeitnehmervertreter müssen im Rahmen eines *Sozialdialogs* an der Regulierung der Arbeitsverhältnisse beteiligt sein; es muss sich um *existenzsichernde* Tätigkeiten handeln; es muss ein *Sozialschutz* vorhanden sein. Diese Kriterien müssen an die deutschen Verhältnisse angepasst und mit Inhalt gefüllt werden.

Alle Kriterien lassen in entwickelten Ökonomien und Rechtsstaaten, die über ausgeprägte rechtliche und soziale Absicherungen der Beschäftigten und demokratische Beteiligungsmöglichkeiten der Arbeitsparteien verfügen, Spielräume der Einschätzung zu: Ab wann sind beispielsweise Rechte bei der Arbeit als ausreichend anzusehen? In wieweit müssen die Sozialpartner konkret an der Regulierung einzelner Arbeitsverhältnisse beteiligt und mit der gegebenen Regulierung einverstanden sein? Ab welcher Höhe ist ein Einkommen menschenwürdig, nur wenn es die bloße Existenz sichert? In keiner dieser Fragen lassen sich objektive Mindeststandards festlegen. Ich werde deshalb die einzelnen Kriterien durchgehen und dabei festlegen, was im Folgenden als Mindeststandard angesehen und in der darauf folgenden Übersicht über die verschiedenen flexiblen Erwerbsformen geprüft wird. Damit ist zwar kein objektiver Maßstab gewonnen; aber der Maßstab lässt sich nachvollziehen.

Rechte bei der Arbeit / Sozialdialog

Hier soll erstens geprüft werden, ob die Erwerbstätigen in der entsprechenden Erwerbsform grundsätzlich auf den Schutz des individuellen und kollektiven Arbeitsrechts zurück greifen können, sollten z.B. Konflikte während der Arbeit auftreten (etwa um die Höhe des Entgelts, die Arbeitszeitdauer usw.). Individualarbeitsrechte umfassen insbesondere das Arbeitsvertragsrecht, den Kündigungsschutz und die Regelungen zur Störung der Leistungs-Gegenleistungsbeziehung zwischen Arbeitgeber und Arbeitnehmer (sog. ‚Leistungsstörung'). Das kollektive Arbeitsrecht umfasst das Betriebsverfassungsrecht (also die Mitbestimmung durch Betriebsräte) bzw. die Mitbestimmungsregelungen im öffentlichen Dienst und in Tendenzbetrieben sowie das Tarifvertragsrecht (Kollektivverträge durch Gewerkschaften). Zweitens soll die Frage angesprochen werden, ob die Kollektivakteure tatsächlich an der Regulierung der Erwerbsform beteiligt sind bzw. sich beteiligen können und wie ihre Position zu den Erwerbsformen ist.

Existenzsichernde Beschäftigung

Die offizielle Mindestbedarfsschwelle wird für Erwerbstätige und ihre Familienmitglieder derzeit durch das SGB II (Grundsicherung für Arbeitssuchende bzw. Arbeitslosengeld II – ALG II) festgelegt.[4] Zu prüfen ist also, inwieweit die jeweiligen Erwerbsformen ein Einkommen oberhalb dieser Schwelle garantieren können, wenn sie in Vollzeit ausgeübt werden bzw. würden.

Sozialschutz

Die soziale Absicherung in Deutschland wird für die Erwerbstätigen (neben ergänzenden Systemen wie Wohngeld, Kindergeld usw.) durch die Sozialversicherungen (Krankenversicherung; Pflegeversicherung; Arbeitslosenversicherung; Rentenversicherung; Unfallversicherung) und durch die Grundsicherung für Arbeitssuchende nach SGB II sowie die Grundsicherung im Alter und bei Erwerbsminderung nach SGB XII § 41ff. gewährleistet. Es ist also zu prüfen, inwieweit die Erwerbstätigen der verschiedenen Erwerbsformen Zugang zu diesen Systemen haben. Dabei bildet die Grundsicherung für Arbeitssuchende zwar eine Basis der Existenzsicherung, die allerdings unter sehr restriktiven Bedingungen gewährt wird (insbesondere Bedürftigkeitsprüfung; Heranziehung Unterhaltsverpflichteter). Eine Existenzsicherung durch die Sozialversicherungen besitzt diese restriktiven Bedingungen nicht. Hier wird ein Rechtsanspruch auf eine Leistung erworben, die beim Eintritt des versicherten Risikos auf jeden Fall gewährt wird. Man könnte auch sagen, dass die Sozialversicherungen der ‚Normalfall' der Absicherung darstellen, die Grundsicherung eher den abweichenden ‚Ausnahmefall', auch wenn die Zahl der Grundsicherungsempfänger (ALG II) mittlerweile die Zahl der Empfänger des Arbeitslosengelds I aus der Arbeitslosenversicherung deutlich übersteigt.[5] Denn ein Anspruch auf eine Sozialversicherungsleistung zeigt aufgrund der durch eine bestimmte Dauer und Qualität der Erwerbsarbeit erworbenen Ansprüche, dass es Arbeit im gesellschaftlich sowie arbeits- und sozialrechtlich anerkannten ‚normalen' Tätigkeitsbereich war. Wenn man prüfen möchte, ob die Absicherung einer Erwerbsform menschenwürdig ist, sollte man nicht nur darauf schauen, ob sie die pure Existenz sichert, sondern auch darauf, ob sie gesellschaftlich, rechtlich und politisch als ‚normal' anerkannt ist.

---

4   Das Bundesverfassungsgericht hat in einer aktuellen Entscheidung die Praxis der Regelsatz-festlegung als nicht verfassungsgemäß bewertet und dem Gesetzgeber aufgetragen, einen neuen Modus zu finden. Es ist nicht klar, inwieweit damit auch Auswirkungen auf die Regelsatz-höhe verbunden sein werden (BVerfG, 1 BvL 1/09 vom 9.2.2010). Für den Grundsatz der Menschenwürdigkeit des Regelsatzes ist jedenfalls von Bedeutung, dass die Maßstäbe der Festlegung transparent und nachvollziehbar sein müssen.

5   Im Rechtskreis des SGB III (Arbeitslosengeld I wurden im Jahre 2007 von den registrierten Arbeitslosen 33,2% betreut; im Rechtskreis des SGB II (Arbeitslosengeld II) waren es 66,8% (Bundesagentur für Arbeit 2008: 39).

3   Prüfung: Menschenwürdigkeit flexibler Erwerbsformen

3.1   Geringfügige Beschäftigung[6]

Eine geringfügige Beschäftigung, auch Minijob oder 400-Euro-Job genannt, ist eine Form der Teilzeitbeschäftigung, die sich dynamisch ausbreitet. Im Dezember 2008 waren in Deutschland 7.196.922 Menschen geringfügig beschäftigt; davon 4.920.121 ausschließlich geringfügig (davon 3.318.065 Frauen) und 2.276.801 (davon 1.296.899 Frauen) als zusätzliche Beschäftigung. Noch im Juni 2003 lag die Gesamtzahl der geringfügigen Beschäftigungsverhältnisse mehr als 1,6 Mio. unter der im Dezember 2008 (Bundesagentur für Arbeit 2009: Tab. 3, 6ff.). Es deutet einiges darauf hin, dass Arbeitgeber durch die Umwandlung von regulären Teilzeitarbeitsverhältnissen in geringfügige Beschäftigungsverhältnisse Sozialabgaben und Steuern sparen wollen (zu den Abgaben s.u. Sozialschutz). Die Neuregelung der geringfügigen Beschäftigung im Jahre 2003 hat dieser Entwicklung Vorschub geleistet, weshalb der Gesetzgeber hier eine Mitverantwortung für den weiteren schnellen Anstieg dieser Erwerbsform trägt (Betzelt/Bleses 2010).

Das wichtigste Kennzeichen der geringfügigen Beschäftigung ist der monatliche Höchstverdienst von 400 €, der nicht überschritten werden darf. Ansonsten handelt es sich nicht mehr um eine geringfügige Beschäftigung, sondern bis zu einem Einkommen von 800 € um eine Niedriglohnbeschäftigung, auf die im nächsten Abschnitt eingegangen werden wird. Unterschieden werden können folgende Fälle, in denen eine geringfügige Beschäftigung ausgeübt wird: a) als einzige Beschäftigung; b) zwei oder mehrere geringfügige Beschäftigungsverhältnisse nebeneinander; c) als Beschäftigung neben einem nicht geringfügigen Beschäftigungsverhältnis. Diese Unterscheidung ist für die folgende Prüfung auf die Menschenwürdigkeit dieser Beschäftigung sehr wichtig.[7]

Rechte bei der Arbeit / Sozialdialog

Ein geringfügiges Beschäftigungsverhältnis, das als Teilzeitarbeitsverhältnis gilt, unterliegt arbeitsrechtlichen Bestimmungen, welche die Beschäftigten schützen. Es besteht im Grundsatz arbeitsrechtlich kein Unterschied zu vollzeitigen Beschäftigungen (§ 4 Abs. 1 S. 1 Teilzeit- und Befristungsgesetz – TzBfG). Sie

---

6   Die grundlegenden Ausführungen zum Arbeits- und Sozialrecht der geringfügigen Beschäftigung wie der Niedriglohnbeschäftigung entstammen BMAS 2009.

7   Ich gehe hier nur auf die geringfügige Beschäftigung außerhalb von Privathaushalten ein; die geringfügige Beschäftigung in Privathaushalten ist vor allem für die Arbeitgeber und nicht die Beschäftigten hinsichtlich einer geringeren Abgabenpauschale wichtig.

haben beispielsweise Anspruch auf den Mindesturlaub (4 Wochen), auf Entgeltfortzahlung bei Arbeitsunfähigkeit und während der Mutterschutzfristen; im Falle einer Kündigung sind die Kündigungsfristen zu beachten. Liegt kein Arbeitsvertrag vor, muss auch im Falle der geringfügigen Beschäftigung bei Beschäftigungsverhältnissen von über einem Monat Dauer nach dem Nachweisgesetz eine Niederschrift angefertigt werden, die Auskunft über die wesentlichen Arbeitsbedingungen (u.a. Arbeitsort, Arbeitszeit, Entgelt, ggf. Befristung) enthält.

Prinzipiell können die Arbeitsbedingungen (Stundenlöhne) auch durch einen Tarifvertrag ausgehandelt sein. Auch die Betriebsräte können geringfügig Beschäftigte vertreten und sich an ihrer betrieblichen Einbindung beteiligen. Die geringfügige Beschäftigung ist also arbeitsrechtlich eingebunden, wenngleich – wie bei allen Beschäftigungsformen – die Frage zu stellen ist, ob die Rechte tatsächlich durchgesetzt werden bzw. durchsetzbar sind. Hier sind bei den geringfügigen Beschäftigungen oft Fragezeichen zu setzen, weil sie vielfach leicht ersetzbare geringqualifizierte Tätigkeiten im Dienstleistungssektor sind (Betzelt/ Bleses 2010), in denen auch die betriebliche und gewerkschaftliche Interessenvertretung fehlt oder schwach ist. Die Gewerkschaften sind aufgrund der oft niedrigen Entlohnung pro Stunde und der schlechten sozialen Absicherung den geringfügigen Beschäftigungsverhältnissen gegenüber sehr kritisch eingestellt (DGB 2008). Sie prangern v.a. deren weitere, politisch begünstigte Verbreitung an.

Existenzsichernde Beschäftigung

Eine geringfügige Beschäftigung allein kann per Definition nicht existenzsichernd sein. Die festgelegte maximale Einkommenshöhe pro geringfügiger Beschäftigung liegt mit 400 € ca. 249 € unter dem bundesdurchschnittlichen monatlichen Bedarf einer alleinstehenden Person ohne Erwerbseinkommen und ohne Mehrbedarfe. Es müssten also wenigstens zwei geringfügige Beschäftigungen ausgeübt werden, um über den Bedarfssatz von 649 € hinaus zu kommen. Allerdings werden dann – anders als bei den geringfügigen Beschäftigungen, die ohne weitere Beschäftigungen ausgeübt werden, höhere Abgaben fällig. Mit zwei vollen geringfügigen Beschäftigungen läge eine Person dann zwar im Bruttoverdienst über der Bedarfsgrenze; allerdings sind dann die höheren Abgaben zu bedenken, die innerhalb der Gleitzone der Sozialversicherungen zu entrichten sind (s.u. Niedriglohnbeschäftigung). Bei einer geringfügigen Beschäftigung allein müssen die Erwerbstätigen selbst keine Abgaben leisten (wenn sie nicht die Rentenbeiträge aufstocken wollen). Der Brutto- entspricht dann dem Nettolohn. Johannes Steffen (2009: 9) hat errechnet, dass unter Einrechnung der Frei-

beträge bei eigener Erwerbstätigkeit bei Alleinstehenden wenigstens ein Brutto-
einkommen in Höhe von 1.231 € nötig ist, um den Bedarfsschwelle der Grundsicherung für Arbeitssuchende zu überschreiten. Das entspräche ca. drei geringfügigen Beschäftigungsverhältnissen. Da es sich bei den geringfügigen Beschäftigungsverhältnissen allerdings sehr oft um Niedriglohnbeschäftigung handelt
(Kalina/Weinkopf 2008: 5), könnte die wöchentliche Arbeitsstundenzahl zur
Sicherung der eigenen Existenz problematisch werden. In Westdeutschland lagen
die durchschnittlichen Niedriglöhne im Jahre 2006 bei 6,89 €, in Ostdeutschland
gar nur bei 4,86 € (ebda).

Sozialschutz

Die Einbeziehung in die Sozialversicherungen unterscheidet sich nach den oben
geschilderten Beschäftigungskonstruktionen:

ad a) Wird nur eine geringfügige Beschäftigung oder werden mehrere nebeneinander bis zu der Grenze von zusammen 400 € Verdienst im Monat ausgeübt, bleiben die Beschäftigten sozialversicherungsfrei. Allerdings muss der
Arbeitgeber eine Abgabenpauschale in Höhe von 30% abführen: 13% an die
gesetzliche Krankenversicherung; 15% an die gesetzliche Rentenversicherung; 2% Steuern.
Der Arbeitgeberbeitrag an die Krankenversicherung allein begründet keinen
Krankenversicherungsschutz der geringfügig Beschäftigten. Er muss auch
nur bezahlt werden, wenn die geringfügig Beschäftigten bereits Mitglied einer gesetzlichen Krankenversicherung oder familienversichert sind. Sind sie
das nicht, weil sie keinen Krankenversicherungsschutz besitzen oder weil
sie privat versichert sind, bleiben sie ohne den Schutz einer gesetzlichen
Krankenversicherung. Der Rentenversicherungsbeitrag führt lediglich zu
einer geringen Rentenanwartschaft und wird nur teilweise auf die Wartezeit
angerechnet. Er kann durch die geringfügig Beschäftigten selbst aufgestockt
werden (derzeit um 4,9%), damit ein voller Rentenbeitrag geleistet wird.
Das wirkt sich zwar nur geringfügig auf die Höhe des Anspruchs aus, allerdings werden die Beitragszeiten voll als Wartezeiten angerechnet. Voraussetzung ist, dass die geringfügig Beschäftigten auf ihre Rentenversiche-
rungsfreiheit verzichten. Der Widerruf ist für die Dauer der gerade ausgeübten geringfügigen Beschäftigung nicht revidierbar.
Der Arbeitgeber muss die geringfügig Beschäftigten außerdem in der Unfallversicherung versichern. Beiträge an die Arbeitslosenversicherung werden nicht geleistet, auch die geringfügig Beschäftigten haben keine Möglichkeit, sich selbst in der Arbeitslosenversicherung zu versichern. Den ge-

ringfügig Beschäftigten bleibt dann im Falle der Arbeitslosigkeit und auch während ihrer Beschäftigung bei nicht bedarfsgerechtem Einkommen das ALG II als bedürftigkeitsabhängige Einkommensersatzleistung bzw. als Leistung, die ihr Einkommen – Bedürftigkeit vorausgesetzt – bis zur Bedarfsgrenze plus Freibeträge für das eigene Erwerbseinkommen aufstockt.

ad b) Werden mehrere geringfügige Beschäftigungen ausgeübt, die zu einem Einkommen oberhalb der 400-€-Grenze führen, tritt die Sozialversicherungspflicht ein. Die Einkommen aus geringfügiger Beschäftigung werden dann zusammen gerechnet. Allerdings muss in der so genannten ‚Gleitzone' zwischen 400,01 und 800 € nur ein reduzierter, in der Zone steigender Beitrag entrichtet werden (s.u.).

ad c) Wird eine geringfügige Beschäftigung neben einer sozialversicherungspflichtigen Tätigkeit als Nebenbeschäftigung ausgeübt, bleibt diese (abgesehen von den Pauschbeträgen für die Arbeitgeber) für die Beschäftigten versicherungsfrei. Werden mehrere geringfügige Beschäftigungen als Nebenbeschäftigung ausgeübt, müssen von dem Einkommen aus den Nebenbeschäftigungen Sozialversicherungsbeiträge abgeführt werden.

3.2 Niedriglohnbeschäftigung

Der nach den OECD-Standards berechnete Niedriglohnsektor ist in den vergangenen Jahren stark angewachsen: Im Jahre 2006 waren gut 22% (ca. 6,47 Mio. Beschäftigte) im Niedriglohnsektor beschäftigt (14,2% der Männer und 30,5% der Frauen); das waren 43% mehr als im Jahre 1995 (Kalina/Weinkopf 2008: 5ff.). Für die Bestimmung des Ausmaßes der Niedriglohnbeschäftigung ist allerdings die Definition wichtig. Während die sozialrechtliche Definition sich auf das Monatseinkommen bezieht, die Grenzen nach unten bei 400,01 € (darunter: geringfügige Beschäftigung) und nach oben bei 800 € zieht (= so genannte ‚Midijobs'), zieht die Forschung meist Stundenlöhne zur Berechnung des Niedriglohnsektors heran und bezieht sich auf die OECD-Standard von zwei Drittel des Medianlohns. Danach lag die Niedriglohngrenze in Westdeutschland bei 9,61 € und in Ostdeutschland bei 6,81 €. Ich werde mich im Folgenden auf die ‚offizielle' Niedriglohnregulierung (400,01-800 €) beziehen, weil sich nur hier eine bestimmte rechtliche Regulierung nachweisen lässt. Es sollte aber klar sein, dass der sich oberhalb anschließende Einkommensbereich ähnlich gestaltet ist, jedenfalls was die Menschenwürdigkeit des Einkommens anbelangt.

Rechte bei der Arbeit

Die Niedriglohnbeschäftigung ist vollständig in das Arbeitsrecht integriert; es gelten also die gleichen individualrechtlichen Regelungen wie für andere Beschäftigungen, und sie ist prinzipiell durch Tarifvertrag und betriebliche Mitbestimmung regulierbar. Wie die geringfügige Beschäftigung auch wird Niedriglohnbeschäftigung jedoch oft in Bereichen mit geringem gewerkschaftlichen Machtpotenzial bzw. geringer Mitbestimmungsdichte durch den Betriebsrat ausgeführt (Kalina/Weinkopf 2008: 8f.). Die Gewerkschaften stehen einer Beschäftigung im Niedriglohnbereich sehr skeptisch gegenüber, vor allem wenn es sich um Vollzeitstellen handelt, die zu einem derart niedrigen Einkommen führen. Die Gewerkschaften bemühen sich um einen Mindestlohn in Höhe von wenigstens 7,50 €, der nicht existenzsichernde Niedriglöhne möglichst verhindern soll.[8]

Existenzsichernde Beschäftigung

Die Niedriglohnbeschäftigung ist – gemessen an den oben geschilderten Bedarfsgrenzen des SGB II (1.231 € Bruttoverdienst für einen erwerbstätigen Single) – nicht existenzsichernd. Es gelten die obigen Ausführungen zur geringfügigen Beschäftigung. Da Niedriglohnbeschäftigung oft sogar in Vollzeit geleistet wird (2006: 14,3% – Kalina/Weinkopf 2008: 6), schließt sich eine Erweiterung der wöchentlichen Arbeitszeit zur Einkommenserhöhung vielfach aus. Der Anteil von Niedriglohnbeziehern an den Beziehern von ALG II als Aufstockungsleistung dürfte deshalb sehr hoch liegen. Das wird besonders auch für die unterhaltsberechtigten Angehörigen (Kinder) gelten, die vor allem in Alleinerziehendenhaushalten sehr häufig auf das Sozialgeld nach SGB II angewiesen sein werden.

Sozialschutz

Niedriglohnbeschäftigte sind sozialversicherungspflichtig (alle Sozialversicherungen), leisten jedoch einen über die Gleitzone zwischen 400,01 € und 800 € stetig ansteigenden Sozialversicherungsbeitrag (von 9% bis zum halben Gesamtsozialversicherungsbeitrag in Höhe von derzeit ca. 20%). Der Arbeitgeber zahlt grundsätzlich die Hälfte des Gesamtsozialversicherungsbeitrags. Die insgesamt

---

8   Auf der vom DGB getragenen Internetseite www.mindestlohn.de findet sich die Position seitens der Gewerkschaften.

abgesenkten Sozialversicherungsabgaben sollen Arbeit in diesem Einkommensbereich lohnend erscheinen lassen.

Im Falle der Rentenversicherung können die Beschäftigten auf die Entrich-
tung eines reduzierten Beitragssatzes verzichten und stattdessen einen vollen
hälftigen Beitragssatz zur Rentenversicherung entrichten. Dadurch entstehen
(meist geringfügig) höhere Rentenanwartschaften.

Insgesamt können die Sozialversicherungsbeiträge der im Niedriglohnbereich Beschäftigten bei den Einkommensersatzleistungen weder im Alter noch
bei Krankheit und Arbeitslosigkeit zu einem lebensunterhaltssichernden Einkommen führen. Es wird – wenn keine anderen Einkommensquellen wie private
Unterhaltssprüche und Vermögen vorrangig vorhanden sind – immer zu einem
ergänzenden Bezug von ALG II-Leistungen oder im Alter durch die Grundsicherung im Alter kommen.

3.3 Alleinselbstständigkeit

Die Selbstständigkeit hat in Deutschland in den vergangenen knapp 20 Jahren
nach einem vorangegangenen Rückgang wieder zugenommen. Derzeit sind rund
11% aller Erwerbspersonen selbstständig (Betzelt/Bleses 2010; Bleses 2008).
Die Alleinselbstständigkeit, also die Selbstständigkeit ohne Beschäftigte, hat sich
dabei dynamischer entwickelt als die Selbstständigkeit mit Beschäftigten und
besitzt mittlerweile einen größeren Anteil an der gesamten Selbstständigkeit
(1997 = 48,8%, 2007 = 55,1%). Die absolute Zahl der Alleinselbstständigen stieg
von gut 1,6 Mio. (1997) auf gut 2,1 Mio. (2007).

Hauptgrund für den Anstieg der Alleinselbstständigkeit dürften zum einen
Outsourcing-Prozesse sein, in denen Unternehmen Aufgabenbereiche auslagern
und statt von Beschäftigten von einzelnen Selbstständigen erledigen lassen. Für
sie müssen keine Sozialabgaben geleistet werden. Zum anderen hat das Aufkommen der so genannten Wissensökonomie (IT, Software, Kultur- und Medien-
industrie, Forschung und Wissenschaft) in hochqualifizierten Dienstleistungsbe-
reichen neue Möglichkeiten geschaffen, sich ohne großes Eigenkapital (meist
reicht ein PC mit Internetzugang) und ohne den Markzugang überwachende
Kammern selbstständig machen zu können. Die Alleinselbstständigen werden
hier meist als freie Mitarbeiter oder Freelancer bezeichnet (Bleses 2008).

Alleinselbstständige sind sehr grob in zwei Gruppen zu unterteilen: Einmal
jene, die sehr fest und „arbeitnehmerähnlich" mit einem Aufträge gebenden
Unternehmen zusammenarbeiten (im Medienbereich ‚feste' Freie genannt); und
dann jene, die mit ständig wechselnden Auftraggebern kooperieren (im Medienbereich ‚freie' Freie genannt). Die arbeits- und sozialrechtliche Position kann

sich zwischen diesen beiden Gruppen deutlich unterscheiden. Das wird im Folgenden zu berücksichtigen sein.

Rechte bei der Arbeit

Unter den Alleinselbstständigen sind nur den „arbeitnehmerähnlichen Personen" Ansprüche des Tarifrechts vorbehalten. Arbeitnehmerähnlich sind Alleinselbstständige nach § 12a TVG dann, wenn sie von einem Auftraggeber wirtschaftlich abhängig und einem Arbeitnehmer vergleichbar sozial schutzbedürftig sind. Das gilt, wenn sie im Rahmen von Werk- oder Dienstverträgen ohne Beschäftigte überwiegend für eine Person tätig sind oder ihnen von einer Person im Durchschnitt mehr als die Hälfte des Entgelts zusteht, das sie für ihre Erwerbstätigkeit insgesamt erhalten. Für arbeitnehmerähnliche Personen können nach § 12a TVG Tarifverträge durch Gewerkschaften abgeschlossen werden. Allerdings wird von § 12a TVG branchenübergreifend sehr wenig Gebrauch gemacht.

Auf der betrieblichen Ebene hat der Betriebsrat gegenüber dem Arbeitgeber nach § 80 Abs. 2 BetrVG ein Informationsrecht, das sich „auch auf die Beschäftigung von Personen, die nicht in einem Arbeitsverhältnis zum Arbeitgeber stehen", bezieht. Er kann etwa Einsicht in die Werk- und Dienstverträge nehmen, um z.B. zu kontrollieren, welche Entgelte in Werk- oder Dienstverträgen vereinbart sind, wo die Arbeit von Alleinselbstständigen genauso gut von (neuen) Beschäftigten ausgeübt werden könnte (vgl. Offermann/Schröder 2005: 103f.). Das Auskunftsrecht erstreckt sich jedoch nur auf Alleinselbstständige, die mehr als punktuell im Betrieb tätig sind (Düwell 2006: § 80 Rndr. 48.).

Der Betriebsrat hat zwar kein erzwingbares Recht, Betriebsvereinbarungen über die Belange Alleinselbstständiger abzuschließen, er kann aber freiwillige Betriebsvereinbarungen mit dem Arbeitgeber nach § 88 BetrVG abschließen (insbesondere zu den Bereichen: Arbeits- und Gesundheitsschutz, Urlaubsansprüche oder betriebliche Qualifikationsangebote (Offermann/Schröder 2005: 104). Der Betriebsrat kann auch prüfen, ob es sich bei der Tätigkeit von Alleinselbstständigen um eine *Scheinselbstständigkeit* handeln könnte, die eine Klage auf Einstellung des bzw. der Alleinselbstständigen ermöglicht (im Einzelnen siehe Bleses 2008: 114).

Insgesamt ist die Vertretung von Alleinselbstständigen durch Betriebsräte und Gewerkschaften bislang aber noch eine Ausnahme. Die Betriebsräte betrachten die Alleinselbstständigen oftmals als eine Konkurrenz der Beschäftigten, zumal sie faktisch nicht zum Betrieb gehören (Offermann/Schröder 2005). Vielfach dürfte auch nicht klar sein, dass sich die Alleinselbstständigen in einer schutzbedürftigen Position befinden.

Wenn keine kollektivrechtlichen Verträge nach § 12a TVG oder freiwillige
Betriebsvereinbarungen abgeschlossen werden, müssen die Bedingungen des
Auftrags individuell ausgehandelt werden. Ein sehr schwacher Schutz der Alleinselbstständigen ist dabei die Prüfung einer Sittenwidrigkeit des Vertrags
(§ 138 Abs. 1 BGB). Sie kann aber nur bei krassen Fällen einer fehlenden Ent-
sprechung von Leistung und Gegenleistung im Vertragsverhältnis wirksam werden (zur Sittenwidrigkeit beim Entgelt Rose 2006: 221ff.).

Die meisten Bereiche des Individualarbeitsrechts – insbesondere der Kündigungsschutz – bleiben den Alleinselbstständigen meist verschlossen. Nur die
arbeitnehmerähnlichen Personen besitzen einige wenige Rechte: einen Mindes-
turlaubsanspruch und einen Anspruch auf Bildungsurlaub (§ 2 Satz 2 BUrlG);
einen Anspruch auf Einbeziehung in den Arbeits- und Gesundheitsschutz (§ 2
Abs. 2 Nr. 3 ArbSchG) sowie einen Anspruch auf den Rechtsweg zur Arbeitsgerichtsbarkeit (§ 5 Abs. 1 Satz 2 ArbGG).

Existenzsichernde Beschäftigung

Da sich die Alleinselbstständigen in sehr verschiedenen Erwerbssituationen befinden (hochqualifiziert und sehr gefragt bis zu gering qualifiziert und leicht
austauschbar), kann keine allgemein gültige Aussage zur Einkommenssituation
vorgenommen werden. Die Einkünfte bei geringer Qualifikation dürften eher
niedrig und häufig nicht existenzsichernd sein. Aber auch bei hochqualifizierten
Alleinselbstständigen gibt es Hinweise auf (sehr) geringe und schwankende Einkommen (für die Kulturberufe: Betzelt/Gottschalk 2005: 279).

Sozialschutz

Alleinselbstständige unterliegen in der Regel keiner Sozialversicherungs*pflicht*,
auch nicht die arbeitnehmerähnlichen Personen nach § 12a TVG. Lediglich die
sog. arbeitnehmerähnlichen Selbstständigen sind nach § 2 SGB VI in die Ren-
tenversicherungspflicht einbezogen. Dabei handelt es sich nicht automatisch um
arbeitnehmerähnliche Personen. Es dürften allerdings viele arbeitnehmerähnliche
Personen davon betroffen sein. Denn als arbeitnehmerähnliche Selbstständige
definiert sind u.a. „Personen, die a) im Zusammenhang mit ihrer selbständigen
Tätigkeit regelmäßig keinen versicherungspflichtigen Arbeitnehmer beschäftigen
und b) auf Dauer und im Wesentlichen nur für einen Auftraggeber tätig sind; …"
(§ 2 Nr. 9 SGB VI).[9]

---

9   Nach § 2 Abs. 2 SGB VII sind außerdem Personen, die wie Beschäftigte in einem Betrieb tätig
     sind, bei der Unfallversicherung zu versichern.

Selbstständige können sich unter bestimmten Umständen in einigen Sozialversicherungen freiwillig versichern bzw. nach dem Wechsel vom Beschäftigtenstatus oder aus der Arbeitslosigkeit in die Selbstständigkeit weiterversichern. Allerdings ist der Sozialversicherungsbeitrag für die Alleinselbstständigen eine erhebliche finanzielle Belastung, die gerade zu Beginn der Selbstständigkeit oft gescheut wird oder gar nicht getragen werden kann. Die Arbeitslosen-, Kranken-, Pflege- und Rentenversicherung verlangen jedoch eine mehr oder weniger sofortige, später nicht mehr revidierbare Entscheidung über die freiwillige Versicherung bei Aufnahme der Selbstständigkeit. Viele Selbstständige bleiben deshalb auf Dauer ohne Sozialversicherungsschutz.

Seit dem 01.02.2006 (und zunächst befristet bis zum 31.12.2010, siehe § 28a Abs. 2 S. 4 SGB III) können sich einige Selbstständige freiwillig in der Arbeitslosenversicherung weiter versichern. Hierzu zählen nach § 28a Abs. 1 Nr. 2 SGB III Selbstständige mit einem Beschäftigungsumfang von mindestens 15 Stunden wöchentlich, die in den letzten 24 Monaten vor Aufnahme der selbstständigen Tätigkeit mindestens 12 Monate in einem Versicherungspflichtverhältnis nach dem SGB III (Arbeitslosenversicherung) als Beschäftigte oder sonstige Versicherungspflichtige gestanden oder eine Entgeltersatzleistung bezogen haben und innerhalb einer Ausschlussfrist von einem Monat nach Aufnahme der Tätigkeit den Antrag auf Weiterversicherung gestellt haben.

Selbstständige können auch in der gesetzlichen Rentenversicherung Mitglieder werden. Hierbei unterscheidet das Gesetz zwischen den bereits oben geschilderten Selbstständigen, die nach § 2 SGB VI als Pflichtversicherte angesehen werden, und den übrigen Selbstständigen, denen eine freiwillige Mitgliedschaft (§ 7 SGB VI) offen steht. Selbstständige müssen in der Rentenversicherung den vollen Beitragssatz aufbringen. Die Höhe des Beitrags bemisst sich nach dem Arbeitseinkommen in Höhe der Bezugsgröße. Die Bezugsgröße ist das durchschnittliche Arbeitsentgelt in der Rentenversicherung. Wer ein geringeres Einkommen als das der Bezugsgröße hat oder sich höher versichern möchte, kann auf Antrag aber auch einen Beitrag nach dem tatsächlichen Einkommen bezahlen. Beiträge sind höchstens bis zur Beitragsbemessungsgrenze zu zahlen (Schulze Buschoff 2006: 9f.).

Selbstständige können sich auch freiwillig in der gesetzlichen Krankenversicherung – und damit der gesetzlichen Pflegeversicherung – versichern. Sie müssen vor ihrer Selbstständigkeit aber in der gesetzlichen Krankenversicherung pflicht- oder familienversichertes Mitglied gewesen sein und eine bestimmte Vorversicherungszeit erfüllen (§ 9 Abs.1 Nr. 1 SGB V). Bei Selbstständigen wird zunächst einmal unterstellt, dass ihre Monatseinkommen über der oberen Beitragsbemessungsgrenze liegen. Bei Nachweis geringerer Verdienste kann niedriger eingestuft werden.

Für Selbstständige, die als Künstler und Publizisten tätig sind, gibt es seit 1. Januar 1983 die Künstlersozialkasse (nach Künstlersozialversicherungsgesetz – KSVG – vom 27. Juli 1981, BGBl. I S. 705). Sie deckt die Versicherungszweige der gesetzlichen Renten-, Kranken- und sozialen Pflegeversicherung, nicht aber der Arbeitslosenversicherung ab. Der Zugang zur Künstlersozialkasse ist zwar im Grundsatz für viele Medien- und Kulturschaffende eröffnet. Für Selbstständige in neueren, nicht etablierten Berufen, wie Webdesigner oder Eventmanager, ist es jedoch schwierig, die in § 1 KSVG geforderte Anerkennung zu erhalten (Betzelt 2004). In der Rentenversicherung ist die Höhe der Altersrenten der Künstlersozialkasse aufgrund der niedrigen und oft stark schwankenden Einkommen der einbezogenen Berufsgruppen (2006 im Schnitt 10.814€) meist gering und kann damit den Zweck der sozialen Absicherung nur eingeschränkt erfüllen.

Aufgrund des insgesamt schwierigen Zugangs zur Arbeitslosenversicherung wird für viele Alleinselbstständige das ALG II die einzige Absicherung bei Auftragsmangel sein. Auch im Alter wird die Grundsicherung regelmäßig den zu geringen Anspruch in der Rentenversicherung aufstocken müssen.

4   Fazit

Ich werde zunächst die Ergebnisse für die drei Erwerbsformen nach der obigen Systematik der Prüfkriterien vergleichend zusammen fassen und anschließend ein Gesamtresümee ziehen.

Hinsichtlich der *Rechte bei der Arbeit* und der Einbindung der Erwerbsformen in den *Sozialdialog* unterscheiden sich die drei Erwerbsformen deutlich. Während die formalrechtliche Situation der geringfügig Beschäftigten und der Niedriglohnbeschäftigten keine Benachteiligungen gegenüber ‚normalen' Erwerbsformen aufweist, werden die Alleinselbstständigen im Arbeitsrecht nur in Ausnahmefällen und auch dann nur punktuell berücksichtigt. Ganz allgemein muss die arbeitsrechtliche Position der Alleinselbstständigen daher als unbefriedigend und nicht den Kriterien der ILO entsprechend bezeichnet werden. Ihre arbeitsrechtliche Position kontrastiert dabei im hohen Maße zu ihrer oft vorhandenen Schutzbedürftigkeit, die sich – jedenfalls bei schlechter Marktposition – vielfach kaum von der der Beschäftigten unterscheidet. Stattdessen sind die Alleinselbstständigen ganz regelmäßig auf sich allein gestellt und den Marktkräften ausgeliefert. Viel könnte durch eine bessere Vertretung durch Gewerkschaften und Betriebsräte erreicht werden. Allerdings haben die Kollektivakteure die Alleinselbstständigen als mögliche Klientel, deren Berücksichtigung vielleicht auch im Interesse vieler Beschäftigter wäre (insbesondere hinsichtlich einer

Verminderung von Konkurrenzen zwischen Alleinselbstständigen und Beschäftigten) meist noch nicht erkannt.

Aber auch die formalrechtlich bessere Position der geringfügig Beschäftigten und der Niedriglohnbezieher sollte nicht darüber hinweg täuschen, dass ihre faktische Rechtsposition oft nicht besser ist: Ihre eigentlich vorhandenen Rechte können oft nicht umgesetzt werden. Das liegt aber allenfalls zum Teil daran, dass die Gewerkschaften diesen Erwerbsformen meist ablehnend gegenüber stehen und dass sie ihre Hauptklientel eher im Bereich der ‚Normalarbeiter' sehen. Tatsächlich sind die Bereiche, in denen diese Erwerbsformen vielfach zu finden sind, wenig durch die Kollektivakteure vertreten. Das Druckpotenzial der Arbeitgeber gegenüber den geringfügig Beschäftigten und Niedriglohnbeziehern ist aufgrund ihrer häufig leichten Austauschbarkeit sehr hoch.

Sehr stark ist die Menschenwürdigkeit der Arbeit allerdings bei der *Existenzsicherung* durch die verschiedenen Erwerbsformen in Frage gestellt. Die geringfügigen Beschäftigungen wie die Niedriglohnbeschäftigungen können in dieser Hinsicht als vollkommen unzureichend bezeichnet werden. Sie können allenfalls als Nebenbeschäftigungen wirklich zur Existenzsicherung beitragen. Schon der große Anteil der Frauen in diesen Erwerbsformen zeigt deutlich, dass es sich oft nur um Einkommen handeln wird, die das Haushaltseinkommen bzw. das Einkommen des ‚männlichen Normalarbeiters' ergänzen. Dadurch mag das Haushaltseinkommen zwar angehoben werden, es ändert aber nichts daran, dass eine eigenständige Existenzsicherung auf dieser Basis kaum möglich sein wird. Gerade Haushalte von Alleinstehenden und Alleinerziehenden können auf dieser Basis allein nicht menschenwürdig leben. Die mögliche Aufstockung der Einkommen durch das ALG II ist dabei zwar eine Notlösung, die vielfach überhaupt Arbeit in diesen Einkommensbereichen erst ermöglicht. Aber sie ist eher eine verdeckte Arbeitgebersubvention des Niedriglohnbereichs denn eine Maßnahme, um die Menschenwürdigkeit dieser Erwerbsformen selbst zu steigern.

Bei den Alleinselbstständigen fällt das Urteil nicht ganz so leicht; allerdings kann auch hier davon ausgegangen werden, dass es nur eine relativ kleine Schicht von gut Verdienenden gibt, die sich von einer großen Masse derer abhebt, die mehr schlecht als recht von ihren selbstständigen Einkünften leben können. Das Problem dürfte bei gering Qualifizierten besonders groß sein, ist aber auch bei den hoch Qualifizierten (s.o.) verbreitet.

Die *soziale Absicherung* der drei Erwerbsformen durch die Sozialversicherungen ist als ausgesprochen problematisch zu bezeichnen. Die Lohnersatzleistungen können bei den geringfügig Beschäftigten und bei Niedriglohnbeschäftigten nicht zur Lebensunterhaltssicherung führen. Die geringfügig Beschäftigten verfügen nicht einmal zwingend über einen Krankenversicherungsschutz. Die Alleinselbstständigen sind ebenfalls sehr schlecht in die Sozialversicherungen einbezogen. Entweder ist ihre Einbeziehung an rigide Voraussetzungen gebunden (sofortige Entscheidung bei Aufnahme einer selbstständigen Beschäftigung), oder sie beschränkt sich auf bestimmte Gruppen von Alleinselbstständigen (z.B. die Künstler).

Da die Sozialversicherungen selbst kaum Mindesteinkommensleistungen kennen, fragt sich sowieso, weshalb bei den geringen Ansprüchen infolge der niedrigen Beitragszahlungen überhaupt Beiträge abgeführt werden sollen. In einem Großteil der Fälle müssen die ergänzenden Fürsorgeleistungen (Grundsicherung für Arbeitssuchende und im Alter) beansprucht werden, die den Lebensunterhalt auch dann absichern müssten, wenn keine Sozialversicherungsansprüche erworben worden wären. Die Einrichtung der Grundsicherung für Arbeitssuchende sowie der Grundsicherung im Alter und bei Erwerbsunfähigkeit zeigt ja bereits, dass auch der Gesetzgeber bei den flexiblen Erwerbsformen nicht mit ausreichender Existenzsicherung durch die Sozialversicherungen rechnet. Damit wird zwar ein Sozialschutz aufgebaut, der die Existenz der flexiblen Erwerbsformen auch ohne (ausreichende) Sozialversicherungsansprüche sichert. Aber dennoch wurde damit eine Zwei-Klassen-Absicherung etabliert: eine gehobene Absicherung für ‚normal‘ Beschäftigte und eine pure Existenzsicherung (mit hohem Restriktionspotenzial) für alle nicht normal Beschäftigten.

Insgesamt ist festzuhalten, dass die geschilderten Erwerbsformen in verschiedener Hinsicht menschen*un*würdig sind. Damit dürften sie nicht allein stehen, vielmehr ist auch bei anderen flexiblen Erwerbsformen (insbesondere bei der Leiharbeit, s. Vogel [Hg.] 2004) mit einem mehr oder weniger großen Potenzial menschen*un*würdiger Bedingungen zu rechnen. Der Gesetzgeber tat sich – abgesehen von den Alleinselbstständigen – bislang in (formal-)arbeitsrechtlicher Hinsicht etwas leichter, die Position der flexiblen Erwerbsformen in den auch für Normalarbeitsverhältnisse geltenden Rechtsrahmen einzupassen. Für die Einkommenshöhen und die soziale Absicherung kann das nicht gesagt werden.

Was kann der Gesetzgeber tun, um die flexiblen Erwerbsformen wenigstens etwas menschenwürdiger zu gestalten? Zwei Instrumente bieten sich an: Erstens der Mindestlohn, zweitens eine Verbesserung der sozialpolitischen Absicherung. Der Mindestlohn würde die Niedriglohnbeschäftigung in weiten Teilen abschaffen und die Arbeitgeber in die Pflicht nehmen, menschenwürdige Entgelte zu bezahlen. Aus den höheren Entgelten würden selbst bei gegenwärtigem Leistungsrecht verbesserte Positionen in der Sozialversicherung und eine abnehmende Hilfebedürftigkeit resultieren. Allerdings werden die Sozialversicherungsansprüche auch für Beschäftigte auf Mindestlohnniveau ausgesprochen niedrig bleiben. Zudem profitieren vom Mindestlohn nur Beschäftigte, nicht aber auch Alleinselbstständige. Deshalb muss die Mindestlohnstrategie mit einer sozialpolitischen Verbesserung einhergehen, die sowohl Beschäftigten mit geringen Einkommen als auch den Alleinselbstständigen hilft. Hier wären an ein verbessertes Leistungsniveau für Personen mit geringen Einkommen, die Sozialversicherungspflicht auch für geringfügige Beschäftigungsverhältnisse sowie die verbesserte Einbeziehung Alleinselbstständiger in die Sozialversicherungen zu denken. Alternativ (oder gleichzeitig) müssten die Grundsicherungsniveaus angehoben werden, um das ALG II und die Grundsicherung im Alter und bei Erwerbsunfähigkeit zu tatsächlich wirksamen und menschenwürdigen Grundsicherungen umzugestalten. Zudem müssten die Bezugsbedingungen gerade beim ALG II weniger restriktiv gestaltet werden (zur Kritik siehe Betzelt/Bleses 2010). Für den Sozialversicherungsweg spräche, dass er Personen in flexiblen Erwerbsformen in den ‚Normalbereich' gesellschaftlicher Absicherung führen würde. Für den Grundsicherungsweg spräche, dass er leichter und wahrscheinlich schneller gangbar wäre.

Jedes Instrument würde natürlich Kosten für Arbeitgeber und die Steuer- wie Beitragszahler verursachen. Das ruft Widerstand aufgrund der volkswirtschaftlichen Belastungen hervor. Ob eine Absenkung der Menschenwürdigkeit der Arbeit gemäß der Strategie ‚Jede Arbeit ist besser als keine Arbeit' allerdings volkswirtschaftlich sinnvoller ist, sei dahingestellt. Gesellschaftspolitisch und in sozialstruktureller Hinsicht ist sie jedenfalls problematisch und führt dazu, dass sich menschen*un*würdige Arbeitsbedingungen auch hierzulande ausbreiten. Man wird sehen, wie lange das von den Betroffenen hingenommen wird und welche direkten und indirekten volkswirtschaftlichen Kosten dadurch langfristig verursacht werden.

5   Literatur

Betzelt, Sigrid (2004): Konzeptvorschlag zur sozialen Alterssicherung Selbstständiger. Gutachten im Auftrag des Projekts mediafon der Vereinten Dienstleistungsgewerkschaft (ver.di). Bremen: Zentrum für Sozialpolitik, Universität Bremen

Betzelt, Sigrid/Bleses, Peter (2010): Flexibilisierung der Arbeit und ihre sozialpolitische Bearbeitung. In: Unsichere Zeiten, Kongressband des 34. Kongresses der deutschen Gesellschaft für Soziologie, Jena 6.-10. Oktober 2008 (i.E.)

Betzelt, Sigrid/Gottschall, Karin (2005): Flexible Bindungen – prekäre Balancen. Ein neues Erwerbsmuster bei hochqualifizierten Alleindienstleistern. In: Kronauer/Linne (Hg.): Flexicurity. Die Suche nach Sicherheit in der Flexibilität. Berlin: edition sigma. 275-294

Bleses, Peter, 2008: Die Sozialintegration flexibler Erwerbsformen: Das Beispiel Alleinselbstständigkeit. In: Becke (Hg.): Soziale Nachhaltigkeit in flexiblen Arbeitsstrukturen. Problemfelder und arbeitspolitische Gestaltungsperspektiven. Wien; Zürich: LIT Verlag. 107-122

BMAS (Bundesministerium für Arbeit und Soziales), 2009: Geringfügig Beschäftigte und Beschäftigte in der Gleitzone. Referat Information, Publikation, Redaktion. Bonn (http://www.bmas.de/coremedia/generator/3636/property=pdf/a630__geringfuegige __beschaeftigung__433.pdf)

Brandl, Sebastian/Stelzl, Bernhard (2005): Internationale Arbeitsbeziehungen - Globalisierung als Chance für die deutschen Gewerkschaften? In: WSI-Mitteilungen, H. 2. 82-89

Bundesagentur für Arbeit (2009): Statistik der Bundesagentur für Arbeit. Beschäftigungsstatistik. Geringfügig entlohnte Beschäftigte in Deutschland – Zeitreihen ab Juni 1999 –. Nürnberg. Zeitreihe Juni 1999 bis Dezember 2008

Bundesagentur für Arbeit (2008): Arbeitsmarkt in Deutschland. Zeitreihen bis 2007. Analytikreport der Statistik (http://www.pub.arbeitsagentur.de/hst/services/statistik/0002 00/html/analytik/jahresrueckblick_2008.pdf)

DGB Bundesvorstand (2008): Atypische und prekäre Beschäftigung boomen. Arbeitsmarkt aktuell 2/2008 (März). Berlin: DGB Bundesvorstand

Dörre, Klaus (2006): Prekäre Arbeit und soziale Desintegration. In: Aus Politik und Zeitgeschichte 40-41. 4. Oktober. Bundeszentrale für politische Bildung. 7-14

Düwell, Franz Josef (2006): Betriebsverfassungsgesetz. Handkommentar. 2. Aufl. Baden-Baden: Nomos

Kalina, Thorsten/Weinkopf, Claudia (2008): Weitere Zunahme der Niedriglohnbeschäftigung: 2006 bereits rund 6,5 Millionen Beschäftigte betroffen. IAQ-Report 2008-01. Universität Duisburg-Essen (http://www.iaq.uni-due.de/iaq-report/2008/report2008-01.pdf)

Manning, Stephan/Mayer, Margit (Hg.) (2004): Praktiken informeller Ökonomie. Explorative Studien aus Berlin und nordamerikanischen Städten. Arbeitspapier Nr. 2 der Abteilung Politik des John-F.-Kennedy-Instituts der Freien Universität Berlin

Offermann, Jürgen/Schröder, Olaf (2005): Betriebsräte und Freelancer ... passt das zusammen? In: Arbeitsrecht im Betrieb (AiB). 102-104

Riisgaard, Lone (2005): International Framework Agreements: A New Model for Securing Workers Rights? In: Industrial Relations 44. No. 4. 707-737

Rose, Edgar (2006): Tarifautonomie: Perspektiven und Alternativen. Baden-Baden: Nomos

Schulze Buschoff, Karin (2006): Die soziale Sicherung von selbstständig Erwerbstätigen in Deutschland. wzb-paper SP I 2006-107. Wissenschaftszentrum Berlin für Sozialforschung

Steffen, Johannes (2009): Bedarfsdeckende Bruttoentgelte. Erforderliche Bruttoentgelthöhen zur Vermeidung von Hilfebedürftigkeit nach SGB II. Bremen. August (http://www.arbeitnehmerkammer.de/sozialpolitik/dukumente/2009-08-03%20bedar fsdeckende%20Bruttoentgelte.pdf)

Vogel, Berthold (Hg.) (2004): Leiharbeit. Neue sozialwissenschaftliche Befunde zu einer prekären Beschäftigungsform. Hamburg: VSA

III. Decent Work in der betrieblichen Lebenswelt

Psychische Belastungen in der deutschen IT-Branche – eine Herausforderung für "Decent Work"

Sandra Schmidt

1 Einleitung

IT-Arbeit[1] wurde anfänglich als besonders gesundheitsförderlich betrachtet: Mit dem Aufkommen der New Economy übernahm die IT-Branche eine Vorreiterrolle für eine flexiblere Arbeitsorganisation, die individuellen Bedürfnissen von Mitarbeitenden wie Führungskräften entgegen kommen sollte (z.B. in Bezug auf Arbeitsort und -zeiten). Durch abwechslungsreiche Aufgaben ergaben sich darüber hinaus mehr Entfaltungsmöglichkeiten für Beschäftigte und Selbstständige. Eine regelrechte Euphorie über eine neue Verbindung von Arbeit und Leben entfachte sich angesichts einer jungen Gründergeneration kleiner Start-up Unternehmen, die sich mit einer unorthodoxen Arbeitsorganisation am Markt behaupten konnten. Besonders nachdem die New Economy-Blase jedoch geplatzt und der Marktdruck gestiegen ist, zeigen sich auch die Kehrseiten dieser freieren Gestaltung, die ein hohes Maß an Selbstorganisation und Selbstverantwortung von den Mitarbeitenden einfordert und leicht zu einer Verdrängung des Privatlebens durch die Arbeit führen kann. Wichtige Erholungsfreiräume werden dabei minimiert. Ein bedeutendes Hindernis für die Auseinandersetzung mit dieser Problematik stellen vielfach anzutreffende betriebliche Hochleistungskulturen dar, die sich aus Wechselwirkungen zwischen Ökonomisierungs-Bestrebungen seitens der Unternehmen und leistungsorientierten Selbstbildern von Mitarbeitenden speisen.

In diesem Beitrag möchte ich zum einen beispielhaft anhand der Arbeitsbedingungen in der IT-Branche zeigen, dass psychische Belastungen als Thema von Decent Work auch in westlichen Industrienationen wie Deutschland eine

---

[1] IT-Arbeit findet unter sehr verschiedenen Bedingungen statt, z.B. bestehen große Unterschiede zwischen der Arbeit von IT-Abteilungen in Großunternehmen mit Schwerpunkten etwa in der Wartung von Systemen oder der Unterstützung von Mitarbeitenden im Umgang mit Hard- und Softwareproblemen und der Arbeit in IT-Unternehmen, deren inhaltlicher Schwerpunkt z.B. in der Softwareentwicklung oder dem Angebot von Internetdiensten liegt. Letztere sind meist kleine und mittelständisch geprägte Unternehmen, auf die ich mich in meinem Beitrag beziehen möchte.

Rolle spielen: Die damit einhergehenden gesundheitlichen Risiken können nicht „nur" zu Einschränkungen der Leistungsfähigkeit, sondern auch zu einem völligen Verlust der Arbeits- und damit der Beschäftigungsfähigkeit führen. Damit sind zunächst zwei der vier strategischen Felder für eine menschenwürdige Arbeit bzw. für Decent Work angesprochen, die in der Agenda der Internationalen Arbeitsorganisation (IAO/engl. ILO) festgelegt wurden: Beschäftigung und Sozialschutz (s. Beitrag von Eva Senghaas-Knobloch in diesem Band). Zum anderen möchte ich der Frage nachgehen, inwiefern dieser Herausforderung für Decent Work begegnet werden kann:

Die menschengerechte Gestaltung von Arbeit und damit auch die Prävention von psychischen Belastungen sind bereits seit 1996 Bestandteil des Arbeitsschutzgesetzes[2]. Doch noch immer bereiten komplexe Wechselwirkungen zwischen psychosozialen Belastungen und ihren gesundheitlichen Folgen dem auf monokausale und isolierbare Risikofaktoren ausgerichteten klassischen Arbeitsschutz große Schwierigkeiten (s. z.B. Ritter 2003: 77ff.). Das Konzept der Betrieblichen Gesundheitsförderung verspricht diesen komplexen Anforderungen gerecht zu werden: Zum Beispiel wird die Arbeitssituation anhand vielfältiger Arbeitsbedingungen umfänglicher analysiert. Darüber hinaus wird statt einer starren Regelleitung eine prozesshafte Vorgehensweise gewählt, die spezifische Gegebenheiten in Unternehmen in den Blick zu nehmen vermag.

Die IAO verweist bereits seit einigen Jahren auf den Handlungsbedarf hinsichtlich psychischer Belastungen in westlichen Industrienationen: Berichte zur Situation der psychischen Gesundheit und psychischer Belastungen am Arbeitsplatz wurden für Finnland, Deutschland, Polen, Großbritannien und die USA bereits im Jahr 2000 mit dem Hinweis auf gravierende wirtschaftliche wie gesellschaftliche Kosten erstellt (ILO 2000)[3]. In ihren Berichten zur psychischen Gesundheit am Arbeitsplatz stellt die IAO Bezüge zwischen psychischen Belastungen und verschiedenen Decent Work-Konzeptionen her. Mit dem Verweis auf ökonomische wie soziale Kosten, zielt sie auf solche Konzeptionen ab, welche die gesellschaftliche Ausgestaltung von Arbeits- und Beschäftigungsverhältnissen fokussieren. Darüber hinaus werden auch solche Decent Work Konzeptionen angesprochen, die einen arbeitswissenschaftlichen Zugang zur Arbeitsqualität mit dem Ziel einer persönlichkeits- und gesundheitsförderlichen Gestaltung

---

2   (s. z.B. Bundesministerium der Justiz) unter http://www.gesetze-im-internet.de/arbschg/BJNR
     124610996.html
3   Hohe Kosten entstehen für Arbeitgeber wie Krankenversicherer z.B. durch eine lange Dauer
     von Arbeitsunfähigkeiten bei Erkrankungen, die durch psychische Belastungen hervorgerufen
     werden können, wie psychische Erkrankungen, Muskel-/Skeletterkrankungen sowie Erkran-
     kungen des Herz-Kreislaufsystems. Sozialversicherungsleistungen, die für Rehabilitationsmaß-
     nahmen aufgewendet werden, verursachen hohe Kosten für die soziale Sicherung.

der konkreten Arbeitsbedingungen ins Auge fassen (vgl. Becke 2010 in diesem Band). Allerdings folgen die Autoren der bisherigen Auffassung der Arbeitswissenschaft, dass vor allem solche Arbeitsplätze psychische Überlastungen hervorrufen, die mit monotonen Arbeitsaufgaben einhergehen. Hochqualifizierte Arbeit und vielfältige Arbeitsanforderungen werden dagegen als weniger problematisch betrachtet (s. auch Ulich 2008), was hauptsächlich an niedrigen Krankenständen festgemacht wird (ILO 2000: 21). Neuere Forschungsergebnisse zeigen jedoch, dass die Vielfalt von Anforderungen ebenfalls zu Überlastungen führen kann (z.B. Becke 2007). Ein niedriger Krankenstand lässt zudem nicht immer auf gesunde Mitarbeitende schließen: Viele Menschen gehen inzwischen auch dann zur Arbeit, wenn sie krank sind und riskieren damit eine Verschlechterung ihres allgemeinen Gesundheitszustandes (zum Präsentismus-Phänomen siehe Marstedt 2009).

Auch im Bericht der IAO wird die Betriebliche Gesundheitsförderung (BGF) als geeigneter Ansatz für den Umgang mit psychischen Belastungen in Unternehmen empfohlen. Trotz geeigneter grundlegender Prinzipien und Vorgehensweisen ist diese jedoch noch nicht auf flexibel wie klein- und mittelständisch angelegte Arbeitsstrukturen ausgerichtet, wie sie in der IT-Branche und weiterer Branchen der so genannten Wissensökonomie vielfach anzutreffen sind. Die Bemühungen, die Ansätze des klassischen Arbeitsschutzes und der BGF zu einer umfassenden Prävention zusammenzuführen (Badura/Ritter/Scherf 1999: 16; Ulich/Wülser2005: 25), werden zudem nicht zuletzt deswegen erschwert, weil hierzu ein Umdenken im Managementverständnis erforderlich ist, das bei den relevanten Akteuren in Unternehmen auf einige Widerstände stößt (s. z.B. Ritter 2003: 91). In meinem Beitrag möchte ich die Bedingungen für eine konzeptionelle Weiterentwicklung der BGF und damit eines Ansatzes für Decent Work in flexiblen Arbeitsstrukturen der IT-Dienstleistungsbranche in Deutschland aufzeigen. Dazu werde ich zunächst einen Blick auf die Start-Up-Zeit der New Economy und das in dieser Zeit geprägte Bild von der Arbeit in der IT-Branche werfen. Die Arbeitsbedingungen und damit verbundene gesundheitliche Risiken sind vor diesem Hintergrund besser zu verstehen. Im Anschluss wird die fehlende kollektive Auseinandersetzung mit diesen Risiken fokussiert, die einerseits durch betriebliche Hochleistungskulturen bedingt wird, letztlich aber auch Spiegel breiterer gesellschaftlicher Diskurse ist. Die fehlende Auseinandersetzung stellt ein Hindernis für die BGF dar, das bei der konzeptionellen Weiterentwicklung der Betrieblichen Gesundheitsförderung berücksichtigt werden muss, wenn sie Aussicht auf eine erfolgreiche Umsetzung haben soll. Ein geeigneter Orientierungsrahmen, der dem Leistungsbezug wie auch gesundheitlichen Interessen gerecht werden kann, ist das Konzept der nachhaltigen Arbeitsqualität, auf das ich am Ende dieses Beitrags kurz eingehen werde.

2   Hintergrund: ‚Die Start-Up-Zeit' der New Economy und ihre Visionen von einer neuen Arbeitswelt

Die jungen Gründer/innen in der Anfangszeit der New Economy hatten kaum die Vernutzung ihrer Mitarbeitenden im Sinn, als sie ihre Start-Ups gründeten. Im Gegenteil hätten sie ihre Visionen einer neuen Arbeitskultur, die denen der früheren Alternativbewegung sehr ähnelten, sicherlich im Sinne von Decent Work bewertet[4]: Arbeit sollte der Selbstentfaltung durch Freiräume und Kreativität dienen und so den persönlichen Bedürfnissen von Mitarbeitenden entgegenkommen. Flexible Arbeitsstrukturen und der Einsatz der neuen Technologien sollten dies ermöglichen. Das Erwerbs- und das Privatleben sollten wieder mehr miteinander verbunden werden, um ein sinnvolles Ganzes zu ergeben: „[…][die] Netzeuphorie erzeugte eine einmalige Stimmung. Eine andere Arbeitswelt schien möglich." (Reppesgaard 2010). Der teilweise hohen Arbeitsdichte stand eine ebenso hohe Belohnung gegenüber: „Projekte machten Spaß, auch wenn dafür bis in die Nacht geschuftet wurde. Danach ging man zusammen feiern […]" (ebd.). Der Boom spülte dafür genug Geld in die Kassen. In Anbetracht des anfänglich massiven Fachkräftemangels wurden durchaus auch persönliche Wünsche berücksichtigt: „Die Kölner Antwerpes AG eröffnete wegen eines Mitarbeiters, der aus privaten Gründen unbedingt nach Berlin wollte, dort flugs eine Niederlassung. ‚Strategie folgt Personal', kommentiert der Vorstand lapidar" (Mattauch 2000: o. Seite). Arbeit sollte zudem egalitärer organisiert werden: „Ich habe nicht die Weisheit mit Löffeln gefressen, nur weil ich Chef bin. Es gibt so viele Trends und Entwicklungen, die kann gar kein Einzelner wahrnehmen. Um das Unternehmen weiterzuentwickeln, müssen alle selbstständig denken können, sonst sind die Kapazitäten schnell erschöpft" (Joachim Dierks von der Cyquest Internet AG in Kreuzer 2000: o. Seite). Größere Handlungsspielräume für Mitarbeitende erschienen umso leichter möglich, als oft Freunde eingestellt wurden.

Die Branche musste mit der Zeit jedoch einige Ernüchterungen erleben: Die Krise der New Economy setzte die Unternehmen einem größeren Marktdruck aus als zuvor. Aktienbeteiligungen zur Aufbesserung eines oft nicht besonders hohen Gehalts brachten Mitarbeitenden teilweise empfindliche Verluste ein (Handelsblatt vom 03.01.2001), luxuriöse Ausgleichsmaßnahmen, wie Feiern oder freie Verpflegung in Form von üppigen Buffets, fielen unter den Tisch, während sich die Belastungen besonders durch eine höhere Arbeitsdichte und

---

4   Das von Rick Levine, Christopher Locke, Doc Searls und David Weinberger 1999 veröffentlichte und von vielen führenden Vertretern der IT-Branche unterzeichnete „Cluetrain-Manifest" kann als Dokument dieser Visionen gewertet werden: Hier wird eine neue Unternehmenswelt herauf-beschworen, in der Hierarchien abgebaut werden, menschlich, authentisch und intelligent gearbeitet werden kann und muss (s. www.cluetrain.de).

allgemeine Verunsicherung tendenziell erhöhten. Mitarbeitende, die diese Belastungen nicht (er-)tragen konnten oder wollten, konnten die folgenden Jahre schlicht durch eine inzwischen ausreichende Zahl von Nachwuchskräften ersetzt werden.[5] Dadurch wurde die Branche im Grunde künstlich jung erhalten (s. unter 6).

Inzwischen macht sich ein neuer Fachkräftemangel bemerkbar. Weitere Gründe, wie hohe Reibungs- und Kompetenzverluste durch Personalfluktuation, weisen allein schon aus ökonomischer Sicht auf die Bedeutung eines Umdenkens im Hinblick auf die menschengerechte Gestaltung der IT-Arbeit. Einige der einstigen Gründer/inn/en entwickeln inzwischen eine Wahrnehmung für diesen Bedarf, da sie selbst älter werden, andere Interessen entwickeln und nicht mehr bereit sind, diese beständig hinter den Beruf zurück zu stellen. Um geeignete Ansatzpunkte für eine solche Veränderung entwickeln zu können, sollten die spezifischen Belastungen in der IT-Branche sowie Hindernisse für eine Auseinandersetzung mit dem Thema Gesundheit genau analysiert werden. Es folgt daher ein Überblick über Arbeitsbedingungen und deren gesundheitliche Bedeutung.

3 Belastungen in flexiblen Arbeitsstrukturen der IT-Branche

Seit ungefähr 20 Jahren haben flexible Arbeitsstrukturen Einzug in die Arbeitswelt gehalten, den Branchen IT, neue Medien sowie die Kultur- und Medienbranche wird hierbei jedoch eine Vorreiterrolle zugerechnet (Mayer-Ahuja 2005: 62; Bleses 2009). Der Begriff „flexible Arbeitsstrukturen" wird einerseits zur Abgrenzung von den als klassisch gewerteten standardisierten Formen der Arbeitsorganisation und -regulation gebraucht.[6] Andererseits bezeichnet er sich auf einen empirischen Tatbestand: Auch in anderen Branchen sind Aspekte von Flexibilität kaum mehr wegzudenken (Becke/Bleses/Schmidt 2010) Arbeitsorganisation und Personalkosten sollen flexibel gestaltet werden können, um Produktion und Budgets dynamisch an sich verändernde Märkte anpassen zu können. Auch für Mitarbeitende kann eine größere Flexibilität Vorteile mit sich bringen, wenn sie erlaubt, Berufs- und Privatleben besser miteinander zu vereinbaren. Im Folgenden werden die Charakteristika flexibler Arbeitsstrukturen in der IT-

---

5 Der Verbleib von älteren IT-Mitarbeitenden, die nicht in Führungspositionen gelangen konnten, ist unklar (Hien 2008: 7).

6 Flexible Arbeitsstrukturen unterscheiden sich vom so genannten Normalarbeitsverhältnis grundsätzlich durch eine flexiblere Gestaltung der Arbeitszeit, des Arbeitsortes sowie durch eine geringere Beschäftigungssicherheit und in ihrem Ergebnis variable Bestandteile im Arbeits- und Sozialkontrakt (z.B. ein flexibles Entgeltniveau) (siehe ausführlich Becke 2007: 4).

Branche kurz dargestellt, um dann im nächsten Schritt auf ihre gesundheitliche Bedeutung eingehen zu können[7].

Die Flexibilisierung bezieht sich sowohl auf die Ebene der Organisation als auch auf die Arbeit selbst. Auf der Ebene der Organisation sind flexible Entgeltanteile, Befristungen von Verträgen, Teilzeitverträge wie auch eine verstärkte Kooperation mit Unterauftragnehmern, häufig in Form von Alleinselbstständigen (Freelancern), zu nennen. Teilweise werden ganze Aufgabenbereiche ausgelagert, weil von Unternehmensseite hier keine Kompetenzen bei den Beschäftigten vorgehalten werden sollen. Teilweise werden Unterauftragnehmer aber auch eingesetzt, um Auftragsspitzen abzufedern. Die Arbeit selbst ist ebenfalls vielfach flexibel organisiert: Mit einer flexiblen Arbeitszeit- und Arbeitsortorganisation (z.B. durch Vertrauensarbeitszeit, Gleitzeitregelungen, Telearbeit) kann die Arbeit grundsätzlich an auftragsbedingte Schwankungen, aber durchaus auch an Interessen, Verpflichtungen und Bedürfnisse von Mitarbeitenden angepasst werden (z.B. Schlaf-Wach-Rhythmus oder die Fürsorge für Kinder/zu pflegende Angehörige). Ein zentrales Charakteristikum der IT-Arbeit ist jedoch die projektförmige Arbeit, die ihrerseits besonders vom Dienstleistungscharakter geprägt ist (Bleses 2009: 26ff.): Kunden beauftragen IT-Unternehmen z.B. mit der Entwicklung von Unternehmenssoftware, Internetauftritten oder auch deren Umgestaltung (Relaunches). Diese Arbeit kann kaum standardisiert werden: Das einzelne Produkt wird nach individuellen Kundenwünschen „maßgeschneidert". Mitarbeitende arbeiten dabei öfter auch längere Phasen vollständig beim Kunden.

Die Flexibilisierung der Organisation bringt viele Unsicherheiten mit sich, die belastend wirken können. Im Anschluss möchte ich jedoch besonders auf die gesundheitliche Bedeutung einer Flexibilisierung der Arbeit selbst eingehen.

4   Gesundheitliche Bedeutung der Charakteristika von IT-Arbeit[8]

Flexible Arbeitsstrukturen in der IT-Branche können gesundheitsförderlich wirken, wenn sie Beschäftigten und Freelancern Entfaltungspotenziale weitestgehend ohne Überforderung bieten und eine bessere Vereinbarkeit von beruflichen und allgemein der Privatsphäre zugeordneten Interessen und Verpflichtungen erlauben. Sie können aber auch vielfältige, hauptsächlich psychische, Belastungen erzeugen. Gerade diese Ambivalenz macht den besonderen Charakter von

---

7   Die Beschreibung der Arbeitsbedingungen in der IT-Branche ist einerseits der einschlägigen Literatur hierüber entnommen, andererseits beruht sie auf eigenen empirischen Untersuchungen aus dem BMBF-geförderten Projekt „Prävention in Unternehmen der Wissensökonomie" (PRÄWIN: www.praewin.de)
8   Hierzu ausführlich siehe Becke 2007; Becke/Bleses/Schmidt 2009.

IT-Arbeit wie auch der hochqualifizierten Arbeit in anderen Branchen mit flexiblen Arbeitsstrukturen aus.

4.1 Projektarbeit als herausragendes Charakteristikum flexibler Arbeitsorganisation

Projektarbeit[9] bringt vielfältige neue Arbeitsaufgaben mit sich, die die Arbeitszufriedenheit und Motivation erhalten und eine beständige Weiterqualifizierung quasi „en passant" bewirken können. Dies sind wichtige Faktoren für den Erhalt der Arbeitsfähigkeit wie der Gesundheit. Projektarbeit stellt aber gleichzeitig hohe Anforderungen an die Mitarbeitenden: Da individuelle Kundenwünsche die Entwicklung eines je neuartigen Produktes erfordern, muss der Auftrag zunächst in konkrete Aufgaben übersetzt und verschiedene für die Erledigung nötige Schritte abgeleitet werden (Latniak/Gerlmaier et al. 2005: 291). Dabei können Widersprüche z.B. zwischen Aufgabenanforderungen und Ausführungsbedingungen auftreten (Gerlmaier 2006). Diese kognitiven und organisatorischen Anforderungen können bei einem hohen Arbeitspensum belastend wirken. Werden mehrere Projekte parallel bearbeitet, ergeben sich neue, zusätzliche Aufgaben: Mitarbeitende müssen diese verschiedenen anfallenden Aufgaben selbst koordinieren und priorisieren. Sie müssen sich zudem beim Wechsel von einem Projekt in das andere jeweils wieder neu eindenken, es entstehen Reibungsverluste, die den Charakter von emergenten Belastungen annehmen können: Diese entstehen erst aus der Vielzahl zu koordinierender oder der Häufung bestimmter Arbeitsaufgaben, die für sich genommen keine Belastung darstellen. Z.B. kann die Arbeit in drei parallel verlaufenden Projekten jeweils reibungslos verlaufen, der Koordinationsaufwand jedoch zu Belastungen führen (Schmidt 2009: 55).

Die Aufgaben müssen zudem innerhalb von Teams verschiedener Fachrichtungen koordiniert und die Kooperation mit Freelancern organisiert werden. Von Projekt zu Projekt müssen sich Mitarbeitende auf wechselnde Teams und Teamleitungen und deren Arbeitsweisen einstellen. Mitarbeitende verschiedener Professionen haben oft jeweils eigene Arbeitsweisen wie Qualitätsstandards entwickelt und setzen verschiedene Prioritäten, was die Zusammenarbeit enorm erschweren kann (Becke et al. 2010a). Die Kooperation mit Freelancern und mit mobil Beschäftigten kann Arbeitsabläufe ebenfalls erschweren, wenn vieles

---

9 Projektarbeit lässt sich als zeitlich begrenzte ergebnisorientierte Arbeit an einer in der beabsichtigten Form neuen und komplexen Aufgabe beschreiben, die meist die Zusammenarbeit verschiedener Professionen erfordert. Dabei muss die konkrete Umsetzung zunächst erarbeitet werden, was bedeutet, dass der benötigte Ressourcenaufwand nicht genau eingeschätzt werden kann (s. Bleses 2009: 26).

gesondert abgesprochen werden muss, was in eingespielten Teams unausgesprochen als selbstverständlich gilt. Dies kann zu Reibungen führen, besonders, wenn wiederum die Auftragserledigung mit Zeitdruck verbunden ist. Die zur Produktentwicklung nötige Rückkopplung mit dem Kunden kann besonders dann problematisch werden (Latniak/Gerlmaier 2006: 5), wenn dieser nachträglich Wünsche anbringt, die im Zeit- und Budgetplan aber nicht zusätzlich berechnet werden. Abstimmungserfordernisse im Team und mit Kunden verlangen Mitarbeitenden ein professionelles Kooperationsverhalten ab. Die dazu notwendige Kontrolle von spontanen Emotionen stellt eine Belastung dar, die typisch für Dienstleistungstätigkeiten ist, aber auch in der Teamarbeit zum Tragen kommt (s. Senghaas-Knobloch 2008: 54). Vielschichtige Aufgaben und teambezogene Dienstleistungsarbeit stellen insgesamt hohe Selbstorganisations- und Selbstregulationsanforderungen an Mitarbeitende. Solche Anforderungen erzeugen eine intensive innere Beteiligung bei Mitarbeitenden und können bei hohem Arbeitspensum und Zeitdruck Gefühle inneren Ausbrennens begünstigen (ebd.; vgl. Leppin 2007: 103).

4.2 Neue Managementstrategien, flexible Arbeits- und Arbeitszeitorganisation

Neuere Managementstrategien wirken in die gleiche Richtung: Mit der Dezentralisierung von Managementaufgaben wurden in den vergangenen Jahren nicht nur in der IT-Branche Prozesse in Gang gesetzt, die der stetigen Effizienzsteigerung dienen. [10] Sie veranlasst Mitarbeitende dazu, selbst möglichst unternehmerisch zu denken und verschiebt damit einen großen Teil des ökonomischen Verantwortungsdrucks auf die Mitarbeitenden (Lehndorff/Voss-Dahm 2006; Becke 2008a: 30ff.; Glißmann 2003). Subjektive Leistungen wie Selbststeuerung und Selbstverantwortung von Mitarbeitenden können gezielt zur Selbstkontrolle Hochqualifizierter genutzt, die Kontrolle durch das Management kann reduziert werden (Böhle 2008: 87ff.). Zielvereinbarungen zwischen Mitarbeitenden und Vorgesetzten tragen z.B. dazu bei, dass sich persönliche und ökonomische Ziele vermengen. Die Eigenlogiken der projektförmig organisierten Arbeit legen darüber hinaus eine eher aufgabenorientierte als zeitorientierte Arbeitsweise nahe. Sich dabei innerlich abzugrenzen wird schwieriger, die Arbeit mehr und mehr zur eigenen Sache der Mitarbeitenden, die unter diesen Umständen Probleme der Projektorganisation oft persönlich, z.B. durch Mehrarbeit, zu kompensieren ver-

---

10 Z.B. erhalten verschiedene Abteilungen durch die Schaffung so genannter „interner Märkte" je eigene Budgetverantwortung und werden in Auftraggeber-Auftragnehmer-Verhältnisse zueinander gesetzt (Becke 2008a: 30ff.).

suchen, um anstehende Projektaufgaben termingerecht zu erledigen. Die Grenze zur Selbstausbeutung wird dabei leicht überschritten (Kumbruck 2008). Vertrauensarbeitszeit verstärkt diesen Effekt noch: Ein wichtiger Maßstab für den Leistungskompromiss zwischen Arbeitgeber und Arbeitnehmer, die Kontrolle der Arbeitszeit, entfällt zugunsten einer ergebnisbezogenen Leistungskontrolle (Klein-Schneider 2007: 101f.). Zählen nur die Arbeitsergebnisse, werden Ansprüche leicht in die Höhe geschraubt.

Die Möglichkeit, auch von zu Hause aus arbeiten zu können, verführt noch mehr dazu, eigentlich organisatorisch angelegte Probleme individuell zu kompensieren, zumal die soziale Kontrolle überlanger Arbeitszeiten zwischen Kolleg/inn/en wie durch Vorgesetzte entfällt. Noch deutlicher kann sich dieses Problem bei Freelancern abzeichnen: Wenn Wohnung und Büro grundsätzlich in Eins fallen, wird die Abgrenzung von Arbeits- und Freizeit noch schwieriger, zudem erzeugt die Sorge um weitere Aufträge noch mehr Druck, termingerecht zu arbeiten.

4.3 Umwertung von Anerkennungsmaßstäben als Folge flexibilisierter Arbeitsstrukturen

Die Reorganisation der Arbeit, die mit der Einführung flexibler Arbeitsstrukturen einhergeht, führt neben den beschriebenen teils neuen, teils bekannten Belastungsformen zu einer Redefinition von Arbeits- und Qualitätsstandards sowie einer Umwertung von Anerkennungsmaßstäben (Becke 2007: 57). Die reine Ergebnisorientierung verdrängt die Würdigung des Aufwandes (Voswinkel 2000: 42). Anerkennung wird in diesem Rahmen eher solchen Mitarbeitenden zukommen, die mit möglichst geringem Ressourceneinsatz ein möglichst gutes, vor allem aber ein aktuell verlangtes Produkt erstellen bzw. eine Dienstleistung anbieten können und damit zur Gewinnerzielung des Unternehmens beitragen. Langfristigere Entwicklungen oder Grundlagenarbeit erhalten im Gegenzug weniger Anerkennung. Messen Mitarbeitende ihrer Tätigkeit einen höheren Wert zu als ihre Vorgesetzten, kann es zu einem Reziprozitätsungleichgewicht kommen, das massive Enttäuschungsgefühle bei Mitarbeitenden auslösen kann (Becke 2008a). Besonders tiefgehende oder permanente Enttäuschungen sind psychisch belastend und können zu einer regelrechten Gratifikationskrise führen, die mit gravierenden gesundheitlichen Risiken verbunden ist (s. unten).

4.4 Qualifikatorische Hintergründe von Mitarbeitenden als Basis für den Umgang mit Belastungen

Die unternehmensseitige Erwartung an den Leistungseinsatz trifft nicht selten auf fruchtbaren Boden: In den professionellen Selbstbildern von Mitarbeitenden ist ebenfalls ein deutlicher Leistungsbezug zu beobachten. In der IT-Branche sehen sich Mitarbeitende oft in der Rolle von innovationsorientierten Problemlösern. Damit verbundene Selbstansprüche werden durch die beschriebenen Managementstrategien weiter verstärkt (Becke 2008: 37). In dieser Hinsicht kann man von Hochleistungskulturen in der IT-Branche sprechen (siehe hierzu ausführlich Becke 2009a): Die Logik von Marktmechanismen findet über die Wechselwirkungen zwischen unternehmensseitigen Erwartungen und den eigenen professionellen Selbstbildern der Mitarbeitenden ihren Weg bis ins Individuum hinein: Diese identifizieren sich teils soweit mit ihrer Arbeit, dass ihnen die Wahrnehmung für ihre eigenen emotionalen und existenziellen Bedürfnisse abhandenkommen kann (Kumbruck 2008: 188). Das Selbstbild des Problemlösers/der Problemlöserin ist gesundheitswissenschaftlich besonders interessant, da hiermit eine hohe Selbstwirksamkeitserwartung einhergehen sollte, die eigentlich als gesundheitlicher Schutz betrachtet wird (siehe z.B. Wieland/Hammes 2009: 179). Unter der besonderen Bedingungskonstellation flexibler Arbeitsstrukturen kann dieses Selbstbild aber die Auseinandersetzung mit erlebten Belastungen be- oder sogar verhindern.

Nun fallen in der IT-Arbeit nicht nur Aufgaben an, die eine hohe Qualifikation erfordern. Teilweise psychisch hochbelastende Aufgaben werden von eher gering qualifizierten Mitarbeitenden erledigt, die zudem wenig Anerkennung für ihre Arbeit erfahren. Psychische Belastungen werden durch fehlende Anerkennung noch verstärkt (Behrens 2009). Mangels Alternativen und aus Angst vor dem Verlust ihres Arbeitsplatzes, sehen sich viele Mitarbeitende jedoch gezwungen, diese Belastungen schlicht zu ertragen (solche Aufgaben werden nicht selten an Länder mit geringem Lohnniveau, wie Indien, Malaysia oder Vietnam, outgesourct).[11]

---

11 So beschrieb eine Mitarbeitende aus einem Fallstudien-Betrieb die hochgradige Monotonie und starke psychische Belastung ihrer Tätigkeit: Ihre Aufgabe war es, täglich mehrere tausend auf der Unternehmensplattform eingestellte Bilder und Filme von privaten Teilnehmern nach FSK-Kriterien zu prüfen. Diese Beiträge waren oft von Gewalt und/oder pornografischen Inhalten geprägt, die Mitarbeitende klagte über Albträume und generelle Schlafstörungen.

5   Zwischenfazit

Bisherige Studien zeigen, dass die Arbeit in der IT-Branche durch vielfältige, meist psychische Belastungen geprägt ist. Besonders unter Zeitdruck können wichtige Ressourcen nicht mehr genutzt werden, sondern schlagen geradezu in ihr Gegenteil, in Belastungen um: Die flexible Arbeitszeitorganisation führt dann nicht mehr zur besseren Vereinbarkeit von Beruf und Privatleben, sondern dazu, dass ein Großteil der Frei- und damit auch der Erholungszeit für die Erledigung von Arbeitsaufgaben aufgewendet wird. Leistungsansprüche bei den Mitarbeitenden verstärken dieses Problem. Gerade die innere Beteiligung, Motivation und Arbeitsbegeisterung, eigentlich wichtige Ressourcen, können hier zum Verhängnis werden: Die Grenze zu Arbeitssucht und Selbstausbeutung ist fließend (Kumbruck 2008); die Wechselwirkungen zwischen flexiblen Arbeitsstrukturen, neuen Managementstrategien und innerer Beteiligung kann zu einem regelrechten Authentizitätsverlust führen (Senghaas-Knobloch 2001: 182).[12]

6   Gesundheitliche Risiken als Folge psychischer Belastungen

Noch sind die gesundheitlichen Folgen dieser Belastungen nicht offensichtlich: Die Krankenstände in der Branche fallen sogar besonders niedrig aus. Dies ist aber keineswegs als Entwarnung zu werten. Zum einen hat sich die Branche, wie bereits angemerkt, jahrelang künstlich jung erhalten (s. unter 2.) Zum anderen zeigen inzwischen vorliegende Studien z.b., dass etwa ein Drittel von Mitarbeitenden Vorstufen von Burnout aufweisen, eine Erkrankung, die durch arbeitsbezogene psychische Fehlbelastungen hervorgerufen wird (Latniak 2008). Psychische Fehlbelastungen sind zudem mit einer Reihe weiterer Risiken verbunden:
Längere Phasen ausgedehnter Arbeitszeit wie auch Stresserlebens können zunächst psychosomatische Begleiterscheinungen wie z.b. chronische Müdigkeit, Nervosität und Magenbeschwerden mit sich bringen, die wiederum ein erhöhtes Unfallrisiko nach sich ziehen (Nachreiner et al. 2006).[13] Muskel-/Skeletterkrankungen sind weitere typische Folgen von psychischen Belastungen. Rückenschmerzen stehen in nachweisbarem Zusammenhang mit psychosozialen Risikofaktoren wie einer geringen Arbeitsplatzzufriedenheit, sozialen Konflikten

---

12   Die Wahrnehmung körperlicher und psychischer Überlastungszustände geht dabei verloren und kann zur Existenzbedrohung, z.b. durch körperliche oder psychische Erkrankungen, führen (Kropf 2005: 193f.).

13   Zwar ist die direkte Unfallgefahr am Arbeitsplatz in der IT-Branche vergleichsweise gering, dennoch steigt auch für Mitarbeitende dieser Branche das Risiko, durch Erschöpfungszustände auf dem Arbeitsweg zu verunfallen.

und Stress am Arbeitsplatz, einer als gering empfundenen subjektiven Kontrolle über den Arbeitsablauf oder einem hohen Arbeitstempo. Siegrist (1996) zeigt den besonderen Einfluss von beruflichen Gratifikationskrisen auf Herz-Kreislauf-Risiken auf. Eine allgemeine Verschlechterung der Immunabwehr kann weitere vielfältige Erkrankungen nach sich ziehen (Rigotti/Mohr 2008: 45).

Der Zusammenhang zwischen psychischen Erkrankungen und arbeitsbedingten psychischen Fehlbelastungen ist bislang wenig untersucht, die Ursache-Wirkungsbeziehungen sind komplex (Satzer 2008: 32). Neben Burnout sind hier besonders Depressionen und Neurosen zu nennen (Kuhn 2007: 38). In den letzten Jahren haben psychische Erkrankungen laut der bundesweiten Arbeitsunfähigkeitsstatistik drastisch an Bedeutung gewonnen (Ulich 2008: 8). In der Telekommunikationsbranche lässt sich ebenfalls eine tendenzielle Zunahme psychisch bedingter Arbeitsunfähigkeitstage beobachten (BKK Bundesverband 2008: 74).

Alle genannten Erkrankungen können zur massiven Leistungsminderung bis hin zum völligen Verlust der Arbeitsfähigkeit führen.

7   Hindernisse für die Betriebliche Gesundheitsförderung als Ansatz zur Verbesserung der Arbeitsbedingungen in der IT-Branche

Die Gesundheitsförderung nimmt das Verhältnis zwischen Umweltbedingungen und Individuum in den Blick. Sie fußt auf einem Ansatz der Weltgesundheitsorganisation, der 1986 in Ottawa formuliert wurde (WHO 1986). Die Ottawa-Charta basiert dabei auf einem Gesundheitsbegriff, der über die Verhütung unmittelbarer physikalisch-toxischer Gefahren weit hinausgeht: Verschiedene Lebenswelten (so genannte Settings) sollen Bedingungen bieten, die den in ihnen lebenden Menschen zu körperlichem und psychischem Wohlbefinden verhelfen und sie zu einem gesundheitsförderlichem Verhalten befähigen. Der Betrieb bietet als gut umrissenes Setting in der Arbeitswelt einen recht klaren Rahmen. Die Betriebliche Gesundheitsförderung (BGF) als Handlungskonzept konnte daher sehr gut ausgearbeitet werden: Unter Beteiligung der Mitarbeitenden wird dabei nach betriebsspezifischen Lösungen zur Vermeidung von Belastungen und zur Stärkung von Ressourcen und Zufriedenheit gesucht, die z.B. in der Arbeitsorganisation, der Kommunikation oder im Führungsverhalten liegen (z.B. Badura/Ritter/Scherf 1999: 35f.).

Angesichts flexibler Arbeitsstrukturen und der besonderen Voraussetzungen in der IT-Arbeit stößt das zunächst auf die produzierende Großindustrie entwickelte Konzept der BGF jedoch an seine Grenzen. Die BGF verfügt über Strukturen und Instrumente, die sich angesichts von kleinen und mittleren Unternehmen mit flexiblen Arbeitsstrukturen als zu aufwendig erweisen und deren Reaktionszeiten zu lang sind. Die BGF muss daher konzeptionell angepasst werden (siehe ausführlich Schmidt 2009). Insbesondere müssen Lösungen gefunden werden, die der Dynamik von Ressourcen und Belastungen gerecht werden können.

Eine Voraussetzung hierfür ist allerdings eine Arbeitskultur, die eine Auseinandersetzung über Belastungen ermöglicht. Die beschriebenen Hochleistungskulturen in der IT-Branche können sich daher als ein bedeutendes Hindernis für die BGF erweisen: Die betriebsöffentliche Thematisierung von Belastungen stellt nicht nur einen Widerspruch zur Unternehmenskultur dar, sondern auch zu den beschriebenen professionellen Selbstbildern. Psychische Belastungen werden folglich im Rahmen der eigenen Professionalisierung betrachtet und normalisiert, ein gewisser Stresspegel gehört dann eben ‚zum Job' und man muss lernen, damit umzugehen. Überlastungsgefühle werden so zum persönlichen Problem, psychische Belastungen werden „privatisiert" (Kreft/Meyer/Uske 2010). Zudem werden psychische *Belastungen* von vielen Mitarbeitenden und Führungskräften mit psychischen *Erkrankungen* verwechselt (Satzer 2008: 32). Überlastungsgefühle können vor diesem Hintergrund leicht als Anzeichen einer unterdurchschnittlichen Leistungsfähigkeit interpretiert werden: Wer sich derartige Gefühle eingesteht, läuft Gefahr, vor sich selbst das Gesicht zu verlieren (Kreft/Meyer/Uske 2010). Das Risiko eines solchen Stigmas kann zur regelrechten Tabuisierung psychischer Belastungen führen (Becke 2009a).

Neben der Normalisierung von psychischen Belastungen tragen weitere Aspekte der Arbeitskultur, aber auch breiterer gesellschaftlicher Diskurse dazu bei, dass eine offene Auseinandersetzung darüber verhindert wird. Diese Aspekte möchte ich nachfolgend kurz beschreiben.

7.1 Individuelle Verantwortung als Botschaft öffentlicher Diskurse zur gesundheitlichen Sicherung

Hochleistungsbezogene Unternehmenskulturen und professionelle Selbstbilder von Mitarbeitenden können ihrerseits als Kondensation breiterer gesellschaftlicher Diskurse im Betrieb interpretiert werden, die Leistung als Orientierungsperspektive für viele Lebensbereiche beschwören (z.B. via Mediendebatten zu Wirtschaft, Sport und Schulbildung, etwa durch das Pisa Ranking). Kreft/Meyer/Uske (2010) sprechen hier von einem „normalistischen Leistungsdiskurs". Die Privatisierung von psychischen Belastungen bedeutet in der Konsequenz vor allem, dass damit verbundene Risiken von den Individuen allein getragen werden müssen, eine gemeinschaftliche oder öffentliche Auseinandersetzung mit diesem

Problem findet nicht mehr statt. Diese Verschiebung gesellschaftlich angelegter Risiken der Arbeitswelt auf das einzelne Individuum spiegelt einen weiteren öffentlichen Diskurs wider, der seit einigen Jahren im Zusammenhang mit Fragen zur gesundheitlichen Sicherung zu beobachten ist: Unter dem beschönigendem Etikett von Eigenverantwortlichkeit[14] wird in marktwirtschaftlich geprägten Gesellschaften nunmehr das Menschenbild des Homo oeconomicus als ideales Individuum propagiert. Dieses kann, so die Vorstellung, vollständig rationale Entscheidungen treffen, die seine Interessen im Sinne einer eigennützigen Gewinn- und Nutzenmaximierung verwirklichen (z.B. bei der Wahl von Zusatzversicherungen etwa zum Zahnersatz aber auch in Fragen des persönlichen Lebensstils und damit auch Risikoverhaltens). Damit stellt es einen souveränen und verantwortungsbewussten Konsument/inn/en-Typ schlechthin dar (Schmidt 2008: 32). Allerdings: „Ignoriert wird der Einfluss von gesellschaftspolitischen, sozioökonomischen und kulturellen Bedingungen, die die strukturelle Lebenslage und den individuellen Lebensstil manifest mitgestalten und den Möglichkeiten zu eigenverantwortlichem Handeln solide Grenzen setzen." (ebd.: 34). Psychosoziokulturell geprägte Voraussetzungen wie auch schlicht Pech geraten aus dem Blick.

7.2 Stilles Ertragen von Belastungen in der arbeitenden Bevölkerung wie in der IT-Branche

Mit der Forderung nach mehr Eigenverantwortung, einem allgemein propagierten Leistungsethos wie der Tabuisierung psychischer Belastungen korrespondieren Anzeichen für ein in gesundheitlicher Hinsicht alarmierendes Verhalten nicht nur in der IT-Branche, sondern auch in der arbeitenden Bevölkerung insgesamt[15]: Ein stilles Ertragen scheint sich inzwischen als verbreiteter und vor allem vereinzelter Umgang mit Belastungen etabliert zu haben. Zum einen gehen viele Deutsche auch dann zur Arbeit, wenn sie eigentlich krank sind (Bertelsmann Stiftung Pressemitteilungen 09.09.2009)[16]. Dieses als Präsentismus bezeichnete

---

14 Man denke beispielsweise an Kürzungen im Leistungskatalog der gesetzlichen Krankenversicherung der letzten Jahre, die nun privat zu zahlen sind oder auch an Überlegungen, Malussysteme einzuführen, die z.B. Übergewichtige und Raucher mit entsprechenden Nachteilen abstrafen soll. Solche Beschneidungen der Solidargemeinschaft gehen immer wieder mit der Forderung nach mehr Eigenverantwortung einher (Schmidt-Semisch 2009: 5).

15 Nicht zuletzt aus diesen Gründen geht auch Arbeitslosigkeit mit hohen psychischen Belastungen einher (z.B. Berth et al 2008), was hier aber nicht Thema ist.

16 [Nach einer Studie der Bertelsmann Stiftung (s. Bertelsmann Stiftung Pressemeldungen)] „... sind insgesamt 71 Prozent der Erwerbstätigen im Alter von 18-79 Jahren in den vergangenen zwölf Monaten mindestens einmal zur Arbeit gegangen, obwohl sie sich richtig krank gefühlt

Verhalten bringt Risiken für die Gesundheit mit sich. Werden Krankheiten nicht auskuriert sondern verschleppt, können sie einen chronischen Status bekommen oder gar schwerwiegendere Erkrankungen nach sich ziehen (Voermanns 2007), die dann zu Langzeit-Arbeitsunfähigkeiten führen (Marstedt 2009). Deshalb sind die niedrigen Krankenstände der letzten Jahre nicht grundsätzlich als Erfolgssignal gesünderer Belegschaften zu interpretieren sondern können auch ein Warnsignal sein (z.b. DAK Gesundheitsreport 2009).

Zudem scheint die Einnahme von Psycho- und Neuropharmaka zur Verbesserung von kognitiven Fähigkeiten und des psychischen Wohlbefindens ohne medizinische Notwendigkeit (so genanntes Doping am Arbeitsplatz) in Deutschland zwar noch kein verbreitetes Phänomen zu sein. Dennoch gibt es Hinweise darauf, dass ein nennenswerter Teil entsprechender Wirkstoffe ohne Dokumentation von Erkrankungen verschrieben wird (hier handelt es sich sozusagen um verordnetes Doping). Zudem könnte Medikamentengebrauch als offenbar gesellschaftlich akzeptiertes Verhalten bei Schmerzen, Unwohlsein, Leistungsdruck, Stress usw. einer solchen Verbreitung Vorschub leisten (DAK Gesundheitsreport 2009: 106f.).

In der IT-Branche spitzen sich diese Gefährdungspotenziale angesichts von Hochleistungskulturen, die sich aus dem Wechselspiel zwischen interner Vermarktlichung als Managementstrategie und professionellen Selbstbildern der Mitarbeitenden ergeben, deutlich zu. Diese Branche scheint auch in Bezug auf die beschriebenen Vereinzelungs-Phänomene als Zeichen vermeintlich möglicher vollständiger Eigenverantwortlichkeit eine Vorreiterrolle zu spielen, was sich besonders an den Einstellungen zu einer kollektiven Interessenvertretung ablesen lässt:

7.3 Selbstvertretungsansprüche als Hindernis für eine gemeinsame Auseinandersetzung mit strukturell angelegten gesundheitlichen Belastungen

In gesundheitsförderlicher Hinsicht gravierend ist, dass Formen einer kollektiven Interessenvertretung, die eine betriebs- oder auch branchenbezogene öffentliche Auseinandersetzung mit den beschriebenen Problematiken voranbringen könnte, in IT-Dienstleistungsunternehmen allenfalls schwach ausgebildet sind (Becke

---

haben. Knapp die Hälfte (46%) gibt an, dass dies bei ihnen sogar zweimal oder öfter der Fall war. Gegen den Rat ihres Arztes der Arbeit nachgegangen sind in den letzten 12 Monaten 30 Prozent der Befragten mindestens einmal, etwa die Hälfte davon sogar mehrmals." (Marstedt 2009).

2007: 69)[17]. Darüber hinaus halten sich Betriebsräte beim Thema psychische Belastungen auffällig zurück, was die hohe Sensibilität dieses Themas unterstreicht (Lenhardt 2001: 32). Das Fehlen einer kollektiven Interessenvertretung leistet einer Vereinzelung hinsichtlich der Bewältigung arbeitsbezogener Belastungen Vorschub, ist aber gleichzeitig durch die Mitarbeitenden selbst mitverursacht: Nicht nur viele Selbstständige sondern auch hoch qualifizierte Beschäftigte der Branche stehen ihrerseits einer kollektiven Vertretung ihrer Interessen skeptisch gegenüber (Abel/Bleses 2005: 262f.). Viele haben daher den Anspruch, ihre professionellen Interessen und Belange Vorgesetzten und anderen Unternehmensvertretern gegenüber selbst zu vertreten. Mit solchen Selbstvertretungsansprüchen wird jedoch ignoriert, dass Belastungen zu einem Gutteil strukturellen Bedingungen geschuldet sind. Die vereinzelte Bewältigung (z.B. in Form des Erlernens von Entspannungstechniken) verbleibt daher im Bereich der Kompensation, die die eigenen Ressourcen auf lange Sicht erschöpft, wenn die Ursachen fortwährender Überlastungen nicht bearbeitet werden. Wirkliche (strukturell angelegte) Veränderungen können dadurch sogar noch verhindert werden.

7.4 Zwischen-Fazit: Die Betriebliche Gesundheitsförderung muss leistungsbezogene Arbeitskulturen berücksichtigen

Normalisierung und Tabuisierung psychischer Belastungen sowie ein weitgehendes Fehlen kollektiver Interessenvertretungen entziehen einer jeglichen betrieblichen Gesundheitsförderung den Boden, denn sie beruht auf einer möglichst offenen Auseinandersetzung mit Belastungen. Ein Teufelskreis ist entstanden: Leistungsethos, Selbstvertretungsansprüche und flexible Arbeitsstrukturen führen zur Vereinzelung im Umgang mit Belastungen. Eine kollektive Interessenvertretung wird nicht unterstützt, die ihrerseits jedoch eine wichtige Rolle für die betriebsöffentliche Auseinandersetzung mit Belastungen darstellen kann. Erschwerend hinzu kommt, dass auch Betriebsräte bislang die Tabuisierung psychischer Belastungen anscheinend nicht überwinden können, da sie sich bei diesem Thema bislang zurückhalten.

Diesen Herausforderungen der letzten Jahre ist die BGF bislang nicht gewachsen: Georg (2008: 233) attestiert einen Rückzug auf „schlichte ergonomische Formen der Arbeitsgestaltung mit lediglich additiven subjekt-(verhaltens-)

---

17 Betriebsräte haben zudem oft kein Interesse, die Belange freier Mitarbeitender zu vertreten, da sie diese als Konkurrenz oder sogar als Bedrohung für die Festangestellten betrachten (Offermann/Schröder 2005).

bezogenen Präventionsprogrammen" angesichts durch Individualisierung schwieriger zu erfassender Verhältnisse in flexiblen Arbeitsstrukturen. So zeichnet auch die BGF einen vereinzelten und eher auf Kompensation als auf Veränderung ausgerichteten Umgang mit psychischen Belastungen nach.

Deshalb gilt es, diese unheilvollen Kreise zu unterbrechen und nach einer Rahmung für neue Formen der betrieblichen Gesundheitsförderung zu suchen, die in der Lage sind, Leistungsansprüche und einen verantwortungsvollen Umgang mit psychischen Belastungen miteinander zu vereinbaren.

8 Nachhaltige Arbeitsqualität als Orientierungsrahmen für eine betriebliche Gesundheitsförderung in der IT-Branche

Einen solchen Ansatz stellt das Konzept nachhaltiger Arbeitsqualität dar. Ausgangspunkt dabei ist, dass die Ergebnisqualität eines Produkts oder einer Dienstleistung von der Qualität der Arbeitsprozesse abhängt, unter denen es erstellt wurde. Damit sind auch die Arbeitsbedingungen ausschlaggebend für die Produktqualität. Eine gute Prozessqualität „[...] wird realisiert, wenn die Arbeitsprozesse selbst gesundheitsförderlich gestaltet werden, d.h. Beschäftigte ihre gesundheitlichen wie qualifikatorischen Ressourcen reproduzieren und weiterentwickeln und damit zugleich ihre Leistungsfähigkeit als Voraussetzung für Produktivität und Innovativität erhalten können. Eine gute Prozessqualität trägt wesentlich dazu bei, Arbeitsprozesse unternehmensintern wie unternehmensübergreifend effektiv zu koordinieren und auftretende Probleme bei der kooperativen Erstellung von IT-Dienstleistungen situationsangemessen zu klären." (ausführlicher dazu s. Becke 2009b: 12ff.). Erst wenn gesundheitliche und qualifikatorische Ressourcen der Mitarbeitenden nachhaltig gesichert werden, ist auch die Qualität des Produktes bzw. der Dienstleistung langfristig gewährleistet. Unter diesem Blickwinkel gelangt die Prozessqualität und damit auch die Gesundheit in das Interesse von Arbeitgeber wie Arbeitnehmer. Flexibilität kann und sollte ebenfalls aus dieser Nachhaltigkeits-Perspektive gedeutet werden: Struktur und Verankerung sind dabei nicht als Barrieren sondern als Voraussetzungen für Flexibilität zu betrachten (Latniak 2008: 128). Erst angemessene Strukturen geben einem Unternehmen die nötige Elastizität, sich verändernden Umwelten anzupassen ohne dabei die Unternehmensbasis zu zerstören: Sie müssen so gestaltet sein, dass Mitarbeitende die Möglichkeit haben, auftretende Belastungen zeitnah thematisieren und bearbeiten zu können. Flexibilitätsanforderungen dagegen hauptsächlich auf die Schultern der Mitarbeitenden zu legen, kann letztlich „zu einem massiven Verschleiß der Humanressourcen beitragen." (Latniak 2008: 130).

Ein solcher Verschleiß kann nicht im Interesse von IT-Unternehmen liegen. Dies war sicherlich so auch nie beabsichtigt. Die anfängliche Begeisterung angesichts vielfältiger Möglichkeiten durch neue Technologien und neue Märkte trug aber ihren Teil dazu bei, dass die Vision einer selbstbestimmteren Arbeitswelt umschlug in eine übermäßige Ausweitung der Arbeitszeit und damit in die Beschneidung des Privatlebens wie wichtiger Erholungszeit.

Die Auseinandersetzung mit nachhaltiger Arbeitsqualität kann die ursprünglichen Visionen der ‚Start-up-Zeit' aufgreifen und die Bedeutung eines sorgsamen Umgangs mit den Ressourcen von Mitarbeitenden für den Erhalt von Kreativität und Innovationsfähigkeit verdeutlichen. Gesundheit als Thema kann dabei eine Perspektive für die Auseinandersetzung mit Belastungen bieten. Nachhaltige Arbeitsqualität kann damit außerdem als Konzept zur Operationalisierung von Decent Work hinsichtlich konkreter Arbeitsbedingungen fungieren (vgl. Kumbruck 2010 und Becke 2010 in diesem Band). Für die praktische Umsetzung kann die BGF als Konzept genutzt werden, wenn sie entsprechend weiterentwickelt wird. Um sie den Anforderungen von IT-Unternehmen mit flexiblen Arbeitsstrukturen anzupassen, sind folgende Aspekte zu berücksichtigen (s. ausführlich hierzu Schmidt 2009a sowie Evers et al 2009):

- Der in Hochleistungskulturen zu beobachtenden Tabuisierung von Belastungen muss dadurch entgegengearbeitet werden, dass besonders auf die Schaffung einer ausreichenden Vertrauensbasis geachtet wird. Mitarbeitende müssen über Belastungen sprechen können, ohne befürchten zu müssen, dass sie als nicht leistungsfähig stigmatisiert werden. Besonders geschützte Dialogräume können ein erstes Angebot darstellen, vertrauensbasiert Belastungen zu thematisieren (z.B. können anonyme Möglichkeiten der Überlastungsanzeige die Basis für Gruppendiskussionen sein, die zunächst unter Ausschluss von Vorgesetzten stattfinden) (Schmidt 2010; Becke et al. 2010b).
- Ist eine ausreichende Vertrauensbasis geschaffen, sollte Arbeit stärker als Aushandlungsprozess gestaltet werden, so dass Mitarbeitende Mitsprachemöglichkeiten wie Verhandlungsspielräume über die Arbeits- und Ablaufgestaltung erhalten (Latniak 2008: 136). So kann diese entsprechend der Ressourcen und Belastungen von Mitarbeitenden dynamisch angepasst werden. Mitarbeitende sollten dazu alltagstaugliche strukturelle Reflexions- und Regulationsmöglichkeiten an die Hand bekommen, um Überlastungen deuten und begegnen zu können (vgl. Senghaas-Knobloch 2008: 58). Hierzu sind Regelungen notwendig, die eher allgemeine Verfahrensweisen als spezifische, auf den Einzelfall abgestimmte Maßnahmen abbilden, wie z.B.

Möglichkeiten, Überlastungen anzuzeigen und Foren für die Lösung von Konflikten zu installieren.

▪ Des Weiteren sollte das Thema Gesundheit fester Bestandteil der Regel-kommunikation im Unternehmen werden und Einzug in bestehende Instru-mente und Strukturen halten (z.B. in Mitarbeitergesprächen aber auch in Projekt-/Teamgesprächen) (Latniak 2008 und Becke/Bleses/Schmidt 2009). Ressourcen und Belastungen bei der Arbeit können so aus verschiedenen Perspektiven und auf verschiedenen Ebenen der Organisation (etwa Pro-jektebene oder Ebene der Unternehmensstrukturen) beleuchtet werden.

Unter dem Blickwinkel einer nachhaltigen Arbeitsqualität können die Themen Arbeit, Leistung, Sicherung von Unternehmensinteressen und Erhalt der Ge-sundheit von Mitarbeitenden neu interpretiert und diskutiert werden. Es bleibt zu hoffen, dass mehr Unternehmen die Dringlichkeit eines Umdenkens erkennen und eine langfristigere Perspektive statt kurzfristiger Verwertungsinteressen entwickeln.

9 Fazit

Die IAO hat bereits vor 10 Jahren darauf hingewiesen, dass psychische Gesund-heit und psychische Belastungen am Arbeitsplatz bedeutsame wirtschaftliche wie soziale Kosten nach sich ziehen (ILO 2009: ii). Es zeigt sich zunehmend, dass auch hochqualifizierte Arbeit in der deutschen IT-Branche gesundheitliche Risi-ken mit sich bringt, deren Folgen durchaus existenzielle Bedeutung annehmen können. Mit gesundheitlichen Folgen psychischer Fehlbelastungen verbundene Einbußen für die Lebensqualität Betroffener werfen direkt die Frage nach der Gestaltung menschenwürdiger Arbeit/Decent Work auch in westlichen Indus-trienationen und bei hochqualifizierter Arbeit auf.

Dabei sind besonders Hochleistungskulturen ein Problem, in denen gesell-schaftlich ohnehin mit Stigma belegte psychische Belastungen besonders tabui-siert werden. Hintergrund hierfür können einerseits unternehmerische Interessen sein, die sich auf eine vermeintliche ständige Effizienzsteigerung richten. Ande-rerseits können professionelle Selbstbilder verhindern, dass Mitarbeitende sich derartige Belastungen eingestehen. Vereinzelte Kompensationsbemühungen als Folge hiervon, wie auch von breiteren gesellschaftlichen Diskursen, führen auf lange Sicht nicht „nur" zur Verausgabung von Mitarbeitenden, sondern auch dazu, dass eine (betriebs-)öffentliche Auseinandersetzung über diese Probleme verhindert wird.

Einen Ausweg kann die Bemühung um eine nachhaltige Arbeitsqualität als Orientierungsrahmen darstellen, die sowohl die unternehmensseitigen Interessen wie auch die Interessen von Mitarbeitenden einbezieht. Die Flexibilität eines Unternehmens bleibt demnach nur dann auf lange Sicht marktfähig, wenn wichtige Ressourcen der Mitarbeitenden, wie Kreativität, Motivation und Leistungsfähigkeit dauerhaft erhalten bleiben. Die Auseinandersetzung mit dem Thema Gesundheit ist hierfür ein guter Ansatzpunkt, da es einen Anlass und eine Wahrnehmungshilfe bietet, die Aufmerksamkeit auf die Arbeitsbedingungen zu richten. Die betriebliche Gesundheitsförderung bietet zudem Strukturen und Instrumente, mit denen man eine solche Aufmerksamkeit verankern kann. Diese müssen allerdings konzeptionell an die Bedingungen flexibler Arbeitsstrukturen in der IT-Arbeit angepasst werden.

Verpassen Unternehmen die Gelegenheit, ihre Strukturen im Sinne eines langfristigen Erhalts der Gesundheit von Mitarbeitenden zu gestalten, setzen sie sich einem zweifachen Risiko aus: Einerseits besteht die Gefahr, dass ältere Mitarbeitende, die wichtige Wissensträger sind, entweder abwandern oder gesundheitliche Beeinträchtigen erleiden. Zweitens machen sich solche Unternehmen nicht als Arbeitgeber für junge Nachwuchskräfte attraktiv, die angesichts des zu erwarteten und teils auch schon eingetretenen Fachkräftemangels wieder größere Wahlmöglichkeiten bezüglich ihrer Arbeitgeber haben werden (Evers/ Hafkesbrink/Krause 2010). Es bleibt zu hoffen, dass die IT-Branche auch hier wieder eine Vorreiterrolle übernehmen kann und eine breitere öffentliche Diskussion um gute menschenwürdige Arbeit auch in anderen Branchen der Wissensökonomie vorantreiben wird.

10   Literatur

Abel, Jörg/Bleses, Peter (2005): Eine Variante unter vielen? Zur Gegenwart der dualen Struktur der Interessenvertretung. In: WSI-Mitteilungen, H. 5. 259-264

Badura, Bernhard/Schellschmidt, Henner/Vetter, Christian (Hrsg.) (2007): Fehlzeiten-Report 2006. Chronische Krankheiten. Heidelberg: Springer Medizin Verlag

Badura, Bernhard/Ritter, Wolfgang/Scherf, Michael (1999): Betriebliches Gesundheitsmanagement – ein Leitfaden für die Praxis. Berlin: edition sigma

Becke, Guido (2010): ‚Decent Work' durch den Europäischen Sozialdialog – eine trügerische Hoffnung, in diesem Band (i.E.)

Becke, Guido/Bleses, Peter/Schmidt, Sandra (2010): Betriebliche Gesundheitsförderung in flexiblen Arbeitsstrukturen der Wissensökonomie. Das ‚Huckepack-Verfahren' als pragmatische Antwort auf neue Herausforderungen. In: Bamberg, Eva/Ducki, Antje/Metz, Anna-Marie (Hrsg.): Handbuch Betriebliche Gesundheitsförderung. Arbeits- und organisationspsychologische Methoden und Konzepte. Göttingen: Verlag für Angewandte Psychologie, 2. überarb. Auflage (i.E.)

Becke, Guido/Behrens, Miriam/Bleses, Peter/Schmidt, Sandra (2010a): Schattenseiten betrieblicher Hochleistungskulturen: Gefährdung der Innovationsfähigkeit von IT-Service-Unternehmen. In: Becke, Guido/Klatt, Rüdiger/Schmidt, Burkhard/Stieler-Lorenz, Brigitte/Uske, Hans (Hrsg.): Innovation durch Prävention. Gesundheitsförderliche Gestaltung von Wissensarbeit. Bremerhaven: NW Verlag (i.E.)

Becke, Guido/Behrens, Miriam/Bleses, Peter/Schmidt, Sandra (2010b): Vertrauensbasierte Dialogräume als Basis für präventionsorientiertes Organisationslernen in kleinen und mittleren Unternehmen der Wissensökonomie. In: Becke, Guido/Klatt, Rüdiger/Schmidt, Burkhard/Stieler-Lorenz, Brigitte/Uske, Hans (Hrsg.): Innovation durch Prävention. Gesundheitsförderliche Gestaltung von Wissensarbeit. Bremerhaven: NW Verlag (i.E.)

Becke, Guido/Bleses, Peter/Schmidt, Sandra (2009): Nachhaltige Arbeitsqualität: Eine Perspektive für die Gesundheitsförderung in der Wissensökonomie. artec paper Nr. 158. Universität Bremen. 83-106: http://www.artec.uni-bremen.de/files/papers/paper_158.pdf (Stand: 27.08.2009)

Becke, Guido (2009a): Betriebliche Leistungskulturen in der Wissensökonomie: Ein Grundproblem nachhaltiger Arbeitsqualität. In: Becke, Guido et al. (2009): 83-106

Becke, Guido (2009b): Zur Einführung: Das Konzept nachhaltiger Arbeitsqualität – Grundlage für eine gesundheitsförderliche Gestaltung der Erwerbsarbeit in der Wissensökonomie. In: Becke, Guido et al. (2009): 9-23

Becke, Guido (Hrsg.) (2008): Soziale Nachhaltigkeit in flexiblen Arbeitsstrukturen. Problemfelder und arbeitspolitische Gestaltungsperspektiven. Berlin: LIT Verlag

Becke, Guido (2008a): Soziale Erwartungsstrukturen in Unternehmen. Zur psychosozialen Dynamik von Gegenseitigkeit im Organisationswandel. Berlin: edition sigma

Becke, Guido (2008b): Soziale Nachhaltigkeit in flexiblen Arbeitsstrukturen – Zur Einführung. In: Becke, Guido (2008): 5-24

Becke, Guido (2007): Gesundheitsförderung in flexiblen Arbeitsstrukturen der ‚digitalen Wirtschaft' – Problemfelder und Gestaltungsperspektiven bei abhängiger und allein-selbstständiger Erwerbsarbeit. artec-paper Nr. 142. Universität Bremen: http://www.artec.uni-bremen.de/files/papers/paper_142.pdf (Stand: 27.08.2009)

Behrens, Miriam (2009): Der psychologische Vertrag: Arbeit – Erwartungen – Anerkennung. Eine betriebliche Fallstudie zu Erwartungen von Beschäftigten in reziproken Austauschbeziehungen. artec paper Nr. 163. Universität Bremen: http://www.artec.uni-bremen.de/files/papers/paper_163.pdf

Berth, Hendrik/Balck, Friedrich/Albani, Cornelia/Förster, Peter/Brähler, Elmar/Stöbel-Richter, Yve (2008): Psychische Gesundheit und Arbeitslosigkeit. In: Berufsverband Deutscher Psychologinnen und Psychologen: Psychische Gesundheit am Arbeitsplatz in Deutschland. 21-26: http://www.bdp-verband.org/aktuell/2008/bericht/BDP-Bericht-2008_Gesundheit-am-Arbeitsplatz.pdf

Bleses, Peter (2009): Die besonderen Charakteristika der Wissensarbeit: Auswirkungen, Beanspruchungen und Ressourcen. In: Becke, Guido et al. (2009): 25-39

Bertelsmann Stiftung Pressemitteilungen: http://www.bertelsmann-stiftung.de/cps/rde/xchg/SID-8DB4A059-DD9B6C3A/bst/hs.xsl/publikationen_97676.htm

Berufsverband Deutscher Psychologinnen und Psychologen (Hrsg.) (2008): Psychische Gesundheit am Arbeitsplatz in Deutschland: 16-19

BKK Bundesverband (2008): BKK Gesundheitsreport 2008: Seelische Krankheiten prägen das Krankheitsgeschehen. Essen: BKK Bundesverband

Böhle, Fritz (2008): Ambivalenzen und Widersprüche der „Subjektivierung von Arbeit"
als Grundlagen einer nachhaltigen Arbeitspolitik. In: Guido Becke (Hrsg.): Soziale
Nachhaltigkeit in flexiblen Arbeitsstrukturen. Problemfelder und arbeitspolitische
Gestaltungsperspektiven. Berlin: LIT Verlag. 87-103

DAK (2009) Gesundheitsreport 2009. Hamburg: DAK Forschung

Evers, Janina/Hafkesbrink, Joachim/Krause, Michael (2010): Prävention als Strategie für
ein Employer Branding in der Wissensökonomie. In: Becke, Guido/Klatt, Rüdi-
ger/Schmidt, Burkhard/Stieler-Lorenz, Brigitte/Uske, Hans (Hrsg.): Innovation
durch Prävention. Gesundheitsförderliche Gestaltung von Wissensarbeit. Bremerhaven: NW Verlag (i.E.)

Evers, Janina/Hafkesbrink, Joachim/Krause, Michael/Schmidt, Sandra (2009): Instrumente für eine nachhaltige Arbeitsqualität in der Wissensökonomie: Bestandsaufnahme
und Bewertung. artec-paper Nr. 159: http://www.artec.uni-bremen.de/files/papers/
paper_159.pdf

Georg, Arno (2008): Subjektivierung in der arbeitsbezogenen Prävention: Arbeits- und
Gesundheitsforschung in einem Boot? In: Becke, Guido (Hrsg.): Soziale Nachhaltigkeit in flexiblen Arbeitsstrukturen. Problemfelder und arbeitspolitische Gestaltungsperspektiven. Berlin: LIT Verlag. 233-250

Gerlmaier, Anja (2006): Nachhaltige Arbeitsgestaltung in der Wissensökonomie? Zum
Verhältnis von Belastungen und Autonomie in neuen Arbeitsfeldern. In: Lehndorff,
Steffen (2006): 71-98

Gesellschaft für Arbeitswissenschaft (Hrsg.) (2006): Innovationen für Arbeit und Organisation. 52. Kongress der Gesellschaft für Arbeitswissenschaft. Stuttgart. 20.-22.
März 2006. Dortmund

Glißmann, Wilfried (2003): Der neue Zugriff auf das ganze Individuum. Wie kann ich
mein Interesse behaupten? In: Moldaschl, Manfred/Voß, Günter (2003): 255-274

Handelsblatt (ohne Verfasser) (2001): Firmen suchen Alternativen zu wertlosen Aktien-
optionen. In: Ausgabe vom 03.01.2001: http://www.handelsblatt.com/archiv/firmen-
suchen-alternativen-zu-wertlosen-aktienoptionen;366385

International Labour Organization (2000): Mental Health in the Workplace. Situation
Analysis Germany. International Labour Office Geneva

Klein-Schneider, H. (2007): Flexible Arbeitszeit − Vertrauensarbeitszeit. Betriebs- und
Dienstvereinbarungen. Frankfurt/M.: Bund Verlag

Kotthoff, Hermann (1997): Führungskräfte im Wandel der Firmenkultur. Quasi-
Unternehmer oder Arbeitnehmer? Berlin: edition sigma

Kreft, Ursula/Meyer, Elisabeth/Uske, Hans (2010): Darf man als IT-Spezialist psychisch
krank werden? Wirtschaftspsychologie Heft 2 2010 (i.E.)

Kuhn, Karl (2007): Arbeitsbedingte Einflüsse bei der Entstehung chronischer Krankheiten. In: Badura, Bernhard et al. (2007): 25-43

Kumbruck, Christel (2010): Menschenwürdige Gestaltung von Pflege als Interaktionsarbeit, in diesem Band (i.E.)

Kumbruck, Christel (2008): Neue Belastungen für Wissensarbeiter – durch Internalisierung von Flexibilitätserfordernissen in Kooperations- und Innovationsprozessen. In: Becke, Guido (2008): 185-196

Kreuzer, Rainer (2000): „Wahlverwandte". In: brandeins 10/2000: http//www. brandeins.de/archiv/magazin/schoen-ist-gut/artikel/wahlverwandte.html

Kropf, Julia (2005): Flexibilisierung – Subjektivierung – Anerkennung. Auswirkungen von Flexibilisierungsmaßnahmen auf die Anerkennungsbeziehungen in Unternehmen. München: Biblion Verlag

Latniak, Erich (2008): Soziale Nachhaltigkeit und Arbeitsqualität in flexiblen Strukturen – Ansatzpunkte und Restriktionen der Arbeitsgestaltung. In: Becke, Guido (Hrsg.): Soziale Nachhaltigkeit in flexiblen Arbeitsstrukturen. Problemfelder und arbeitspolitische Gestaltungsperspektiven. Berlin: LIT Verlag. 123-140

Latniak, Erich/Gerlmaier, Anja (2006): Zwischen Innovation und alltäglichem Kleinkrieg. Zur Belastungssituation von IT-Beschäftigten. IAT-Report. Nr. 4. Gelsenkirchen: Institut Arbeit und Technik

Latniak, Erich/Gerlmaier, Anja/Voss-Dahm, Dorothea/Brödner, Peter (2005): Projektarbeit und Nachhaltigkeit – Intensität als Preis für mehr Autonomie? In: Moldaschl, Manfred (2005): 281-314

Lenhardt, Uwe (2001): Erweiterter Problembezug des betrieblichen Arbeits- und Gesundheitsschutzes? Zusammenfassung zu Themenblock 1. In: Ders. (Hrsg.): Herausforderungen und Ansätze einer modernen Arbeitsschutz- und Gesundheitsförderungspraxis im Betrieb: Neue Aufgaben – neue Partner – neue Wege? Workshopdokumentation, WZB-Paper P01-208. Berlin: Wissenschaftszentrum Berlin. 28-37

Lehndorff, Steffen (Hrsg.) (2006): Das Politische in der Arbeitspolitik. Ansatzpunkte für eine nachhaltige Arbeits- und Arbeitszeitgestaltung. Berlin: edition sigma

Lehndorff, Steffen/Voss-Dahm, Dorothea (2006): Kunden, Kennziffern und Konkurrenz. Markt und Organisation in der Dienstleistungsarbeit. In: Lehndorff, Steffen (2006): 127-153

Leppin, Anja (2007): Burnout: Konzept, Verbreitung, Ursachen und Prävention. In: Badura, Bernhard et al. (2007): 99-109

Marstedt, Gerd (2009): Trotz Krankheit zur Arbeit: „Präsentismus" ist oft Ursache späterer Langzeit-Arbeitsunfähigkeit. Forum Gesundheitspolitik: http://www.forumgesundheitspolitik.de/artikel/artikel.pl?artikel=1642

Mattauch, Christiane (2000): „Wie aus Nomaden Siedler werden". In: brandeins 05/2000: http://www.brandeins.de/archiv/magazin/die-neuen-nomaden/artikel/wie-aus-nomaden-siedler-werden.html

Mayer-Ahuja, Nicole/Wolf, Harald (Hrsg.) (2005): Entfesselte Arbeit – neue Bindungen. Grenzen der Entgrenzung in der Medien- und Kulturindustrie. Berlin: edition sigma

Micheli De, Marco (2006): Nachhaltige und wirksame Mitarbeitermotivierung. Zürich: Praxium-Verlag

Moldaschl, Manfred/Voß, Gerd Günter (Hrsg.) (2003): Subjektivierung von Arbeit. München: Rainer Hampp Verlag

Mozygemba, Kati/Mümken, Sarah/Krause, Ulla/Zündel, Matthias/Rehm, Marion/Höfling-Engels, Nicole/Lüdecke, Daniel/Qurban, Bahar (Hrsg.) (2008): Nutzerorientierung – Ein Fremdwort in der Gesundheitssicherung? Bern: Hans Huber Verlag

Nachreiner, Friedhelm/Jansen, Daniela/Schommann, Carsten (2006): Arbeitszeit und Gesundheitsrisiken – ein Überblick. In: Gesellschaft für Arbeitswissenschaft (2006): 187-192

Reppesgaard, Lars (2010): Wild Economy. Durchstarter, die unsere Gesellschaft verändern. Hamburg: Murman Verlag (i.E.)

Rigotti, Thomas/Mohr, Gisela (2008): Moderne Feinde der Gesundheit im Arbeitsleben: Empfehlungen für ein nachhaltiges betriebliches Gesundheitsmanagement. In: Vorstand des Berufsverbandes deutscher Psychologinnen und Psychologen (2008): 45-50

Ritter, Wolfgang (2003): Betriebliches Gesundheitsmanagement „erlernen" durch Leitfäden? Organisationstheoretische und betriebspraktische Anforderungsdimensionen an Verfahrenswege im betrieblichen Gesundheitsmanagement. Bremerhaven: NW Verlag

Satzer, Rolf (2008): Zur ganzheitlichen Gefährdungsbeurteilung gehören psychische Belastungen. In: Gute Arbeit 3/2008: 32-33

Schmidt, Sandra (2010): Gesundheit und Gesundheitsförderung in der Wissensökonomie: Probleme bei flexiblen Arbeitsstrukturen und unsicheren Verträgen. In: Soeffner, Hans-Georg (Hrsg.): Unsichere Zeiten: Herausforderungen gesellschaftlicher Transformationen. Verhandlungen des 34. Kongresses der Deutschen Gesellschaft für Soziologie in Jena. Wiesbaden: VS Verlag (i.E.)

Schmidt, Sandra (2009): Ansätze für die betriebliche Gesundheitsförderung in flexiblen Arbeitsstrukturen: Eine konzeptionelle Bestandsaufnahme. In: Becke, Guido et al. (2009): 41-66

Schmidt-Semisch, Henning (2009): Selber schuld! Zur Ambivalenz von Gesundheitsförderung und Prävention. In: impulse, 3. Quartal Sept. 2009. 4-5

Senghaas-Knobloch, Eva (2010): „Decent Work" – eine weltweite Agenda für Forschung und Politik, in diesem Band (i.E.)

Senghaas-Knobloch, Eva (2008): Wohin driftet die Arbeitswelt? Wiesbaden: VS Verlag

Senghaas-Knobloch, Eva (2001): Neue Organisationskonzepte und das Problem entgrenzter Arbeit. Zum Konzept der Arbeitsrolle als Schutzmantel. In: Senghaas-Knobloch, Eva (2001): 171-196

Senghaas-Knobloch, Eva (2001): Macht, Kooperation und Subjektivität in betrieblichen Veränderungsprozessen. Münster: LIT Verlag

Siegrist, Johannes (1996): Soziale Krisen und Gesundheit. Göttingen: Hogrefe

Stark, Holger (2000): Bertram Pachaly: Müsli und Aktien für alle. In: Der Tagesspiegel 26.12.2000: http://www.tagesspiegel.de/berlin/art270,2229298

Ulich, Eberhard (2008): Psychische Gesundheit am Arbeitsplatz. In: Vorstand des Berufsverbandes deutscher Psychologinnen und Psychologen (2008): 8-15

Ulich, Eberhard/Wülser, Marc (2005): Gesundheitsmanagement in Unternehmen. Arbeitspsychologische Perspektiven. Wiesbaden: Gabler

Voermanns, Sabine (2007): Maßnahmen der Betrieblichen Gesundheitsförderung zur Erhaltung der Gesundheit und Leistungsfähigkeit bei älteren Mitarbeitenden. Vortrag auf der Jahrestagung der BAuA 2007: http://www.baua.de/nn_11598/de/Publikationen/Fachbeitraege/pdf/Jahrestagung-2007-5.pdf (Stand 27.08.2009)

Voswinkel, Stephan (2000): Die Anerkennung der Arbeit im Wandel. Zwischen Würdi-
    gung und Bewunderung. In: Holtgrewe, Ursula/Voswinkel, Stephan/Wagner, Ga-
    briele (Hrsg.): Anerkennung und Arbeit. Konstanz: UVK. 39-61

World Health Organization (1986): Ottawa-Charta zur Gesundheitsförderung:
    http://www.euro.who.int/AboutWHO/Policy/20010827_2?language=German

Wieland, Rainer/Hammes, Mike (2009): Gesundheitskompetenz als personale Ressource.
    In: Mozygemba, Kati et al. (2009): 177-190

"Decent Work" durch Organisationslernen im Arbeits- und Gesundheitsschutz. Ansätze und Problemfelder.

Joachim Larisch, Wolfgang Ritter und Rainer Müller

> *„The workplace is the most important environment for most people's health, whether it is a home, office, factory or forest" (Kjellström et al. 2007: 14).*

1 Einleitung

Weltweit wird von 2,3 Millionen arbeitsbedingten Todesfällen jährlich ausgegangen, von denen knapp 2 Millionen auf Erkrankungen zurückzuführen sind. Für Europa wird die Zahl der jährlichen arbeitsbedingten Todesfälle mit 167.000 geschätzt, von denen etwa 160.000 auf Erkrankungen zurückzuführen sind, wobei auf eine erhebliche Unterschätzung hingewiesen wird (Takala et al. 2009). Die Internationale Arbeitsorganisation (ILO) schätzt die mit Arbeitsunfällen und arbeitsbedingten Erkrankungen verbundenen volkswirtschaftlichen Kosten auf 4 Prozent des Bruttosozialprodukts, wobei auch wegen der auf betrieblicher Ebene dominierenden Ausrichtung der Präventionstätigkeit auf die Vermeidung von Arbeitsunfällen eine erhebliche Unterschätzung der arbeitsbedingten Erkrankungen vorzuliegen scheint (Hämäläinen et al. 2009; Kang 2009). Sicherheit und Gesundheit bei der Arbeit im Sinne einer Förderung der gesundheitlichen Potentiale der Beschäftigten sowie der Sicherung ihrer psychischen und physischen Integrität ist daher ein zentraler Bestandteil für das von der ILO entwickelte Konzept „Decent Work", welches durch regulative Eingriffe auf eine Balance zwischen der (betriebswirtschaftlich) dominierenden ökonomischen Rationalität und der Forderung nach einer menschenwürdigen Gestaltung der Arbeitsprozesse setzt (vgl. Senghaas-Knobloch 2008).

Allerdings erscheint gerade im Hinblick auf die arbeitsbedingten Erkrankungen die Wirksamkeit externer regulatorischer Eingriffe als begrenzt, da es sich um multifaktoriell verursachte Krankheiten handelt, die in der Regel auf eine erhebliche Expositionsdauer zurückzuführen sind (vgl. Müller 2001). Gleiches gilt für die Komplexität psychischer Belastungen und Beanspruchungen (vgl. Oppolzer 2009). Wenn die Entwicklung der gesundheitlichen Potentiale der

Beschäftigten und die Sicherung ihrer psychischen und physischen Integrität
zentrale Bestandteile einer menschenwürdigen Arbeitsgestaltung sind, diese aber
– wenn überhaupt – regulatorischen Eingriffen nur begrenzt zugänglich ist, dann
stellt sich die Frage, ob sich nicht aus der ökonomischen und organisatorischen
betrieblichen Entwicklung selbst heraus Ansatzpunkte für die Entwicklung einer
gesundheitsförderlichen betrieblichen Organisation ergeben. Solche Ansatzpunkte könnten aus dem erheblichen Anpassungsdruck resultieren, welchem die Unternehmen ausgesetzt sind und dem sie mit Konzepten wie der „lernenden Organisation" begegnen, in denen Wissenspotentiale der Beschäftigten zur Steuerung
der Organisation genutzt und die Arbeitsfähigkeit der Beschäftigten erhalten und
ausgeweitet werden (vgl. Willke 1998; Senge 1999; Argyris/Schön 1999;
Schreyögg/Noss 1995). Die Thematisierung von Sicherheit und Gesundheit der
Beschäftigten wäre in diesem Sinne Bestandteil von organisationalem Lernen.
Zugleich aber könnte das Organisationslernen als Konzept zur Implementierung
eines systematischen Gesundheitshandelns begriffen werden, mithin als Element
einer gesundheitlichen Ausrichtung der Unternehmung. Sicherheit und Gesundheit der Beschäftigten wären in diesem Sinne im Rahmen eines betrieblichen
Gesundheitsmanagements (BGM) Bestandteil einer menschengerechten Arbeitsgestaltung, deren Dynamik sich aus den betrieblichen Erfordernissen speist und
die nicht überwiegend auf externe staatliche Regulierung angewiesen ist.

Im Folgenden sollen die sich aus den veränderten Produktionsbedingungen
ergebenden Anforderungen an Organisationen und das betriebliche Gesundheitsmanagement dargestellt und Ansätze zu einer sich auf lernende Organisationen beziehenden gesundheitlichen Theorie der Unternehmung zur Entwicklung
menschengerechter Arbeitsprozesse diskutiert werden. Dabei soll für das Hand-
lungsfeld BGM gezeigt werden, dass neben den maßgeblichen transnationalen
wie nationalen Regelungen für Sicherheit und Gesundheit die Organisation (bzw.
das Unternehmen oder Netzwerk) selber eine entscheidende Rolle und Verantwortung bei der Umsetzung von Gesundheitsstrategien hat. Hier scheinen jedoch
aufgrund der Anforderungen an Unternehmen und deren betrieblicher Gesundheitspolitik flexible „lernende" Vorgehensweisen sinnvoll, die als gesundheitliche Theorie der Unternehmung auch „Decent Work" als Teil des betrieblichen
Handelns berücksichtigen.

2   Neue Anforderungen an Organisationen sowie an das Gesundheitsmanagement

Neben einem steigenden Arbeitstempo, veränderten Arbeitsabläufen und -struk-
turen, bilden Qualifikation und zunehmend auch veränderte soziale Kompeten-

zen wachsende Anforderungen an die Beschäftigten in der Arbeitswelt. Vielfach wird diese Verdichtung zu einem veränderten Stressgeschehen führen, das psychische Belastungen und Beanspruchungen zu einem verstärkten Problem in Arbeitsprozessen werden lassen kann (vgl. Isic/Dormannn/Zapf 1999: 203).[1]

Das zunehmende Durchschnittsalter von Belegschaften wird in zukünftigen Arbeitsprozessen eine wichtige Rolle spielen. Zum einen sind ihre Qualifikation und ihr Fachwissen in neuen und komplexen Arbeitsprozessen von Bedeutung. Zum anderen können sich aus diesem veränderten Belegschaftsbild auch neue Belastungs- und Beanspruchungssituationen für die Mitarbeiter ergeben, deren Verhütung für den "reibungslosen" Dienstleistungs- und Produktionsprozess ökonomisch wichtig erscheinen (Marstedt/Müller 1998).

Dabei stellen die Krankenstandszahlen lediglich „die Spitze des Eisberges" dar. Die weitaus größeren und für den reibungslosen Arbeitsablauf gefährlicheren Probleme verbergen sich „unter der Oberfläche" in Form von Unzufriedenheit, innerer Kündigung oder permanent belastenden Stressoren. Sie führen in der Regel nicht zu einem unmittelbaren Ausfall durch Krankheit, sondern können zu gestörten Arbeitsabläufen sowie mangelnder Qualität und Quantität des Outputs in Unternehmen beitragen. Faktoren, die für Unternehmen, die sich im Wettbewerb behaupten müssen und dabei auf hohe Qualität, Quantität und Terminbonität angewiesen sind, zur Existenzfrage werden können. In welchem Zusammenhang daher Arbeit, Gesundheit und die veränderten Anforderungen an die Arbeitswelt stehen, wird im folgenden Kapitel als Hintergrund für eine gesundheitsförderliche Unternehmenspolitik beschrieben.

2.1 Erwerbsarbeit und Gesundheit

Die stärkere Akzentuierung von Gesundheit in Theoremen von Unternehmen hat die Kategorien Arbeit und Gesundheit in ihrem Wechselverhältnis vor dem Hintergrund historischer Erfahrungen in den Blick zu nehmen und das Soziale in diesem Verhältnis neu zu entdecken und zu gestalten. In dieser Sicht sind Produktivitätsverständnisse einer weiterhin kapitalistischen sozialstaatlich/sozialpolitisch gerahmten Wirtschaftsordnung zu reflektieren. Erwerbsarbeit und Gesundheit stehen fundamental in einem Wechselverhältnis. Individuelle und kollektive Wohlfahrt basiert auf Ausbildung und Pflege des Arbeitsvermögens als Teil des Humanvermögens (Kaufmann 2009). Gesundheit ist somit als individuelles, öffentliches und betriebliches produktives Potential zu verstehen und prak-

---

[1] Ein kurzer Überblick zu deutschen Studien über die psychosozialen Einflüsse der Arbeitsbedingungen auf den Gesundheitsstatus der Beschäftigten findet sich in Peter 2007: 163ff.

tisch werden zu lassen. Gesundheit wurde in dieser dreifachen Perspektive in den letzten 150 Jahren zum Gegenstand sozialer und politischer Auseinandersetzungen um die soziale Sicherung der (Erwerbs-)Bevölkerung. Für öffentliche Güter gilt, dass sie nicht als Waren über Marktprozesse zu realisieren sind, sondern der öffentlichen Bereitstellung und des gesamtwirtschaftlichen Denkens und Handelns bedürfen. Dieser Doppelaspekt, nämlich ein personales und zugleich öffentliches Gut zu sein, macht die Grundauffassung von Public Health aus. Öffentliche Gesundheit kommt implizit in allen gesellschaftlichen Teilbereichen vor, sei es Bildung, Erwerbsarbeit, Familie, Verkehr, Ernährung oder städtisches Leben. Zu Bedenken ist weiterhin, dass Gesundheit in dieser doppelten Perspektive von Macht und Herrschaft von Interessen und Konflikten durchdrungen ist und deshalb politischen Gestaltungs- und Entscheidungsprozessen unterliegt. Die politische Durchsetzung von „Public Health in Private Company", also die Feststellung von öffentlicher sozialstaatlicher Verantwortung im privatwirtschaftlichen Betrieb, ist die Geschichte des Arbeitsschutzes und im modernen Verständnis der betrieblichen Gesundheitsförderung und des betrieblichen Gesundheitsmanagements vorhanden. Der Doppelaspekt von Gesundheit wirft die Frage auf, wie denn dieses Gut in privaten Unternehmensregimen auch in der aktuellen Entwicklung der Europäisierung bzw. Globalisierung als Arbeitsfähigkeit genutzt und sogar vernutzt werden darf. Selbstverständlich gilt die Frage auch für staatlich getragene betriebliche Organisationen wie z.B. Verwaltungen oder Schulen. Gesundheit als Befähigung der Person in ihren psychosozialen und leiblichen Dimensionen zur Lösung gesellschaftlicher Aufgaben in verschiedenen sozialen Rollen und Positionen im Laufe des Lebens kann nicht auf die Leistungsfähigkeit in Arbeitstätigkeiten reduziert werden, sondern hat die Daseins- und Sozialkompetenz zur Teilhabe an allen Feldern des gesellschaftlichen Lebens wie Familie, Elternschaft, zivilgesellschaftliches und politisches Engagement zu beachten.

Arbeit – hier als Erwerbsarbeit verstanden – und Gesundheit wird über eine leibzentrierte Subjektivität erfahren und praktiziert. Zu den alltagsweltlichen Erfahrungen gehört, dass individuelles leibliches Selbstgefühl als Basis der Identität mit seinen Mustern von innerer und sozialer Kohärenz durch gesundheitliche Krisen und/oder instrumentalisierende risikohafte Arbeitsformen gefährdet werden kann und wird. In den politischen Auseinandersetzungen um das gute Leben wurde Gesundheit als emanzipatorisches Konzept entfaltet. Gesundheit wird als Fähigkeit zur gesellschaftlichen Teilhabe im Lebensverlauf in den je konkreten lebens- und arbeitsweltlichen Situationen verstanden. Thematisiert wurde dies in der Auseinandersetzung um Erwerbsarbeit und Bürgerstatus, wie also in der industriegesellschaftlichen und kapitalistischen Evolution die Produktivkräfte einerseits und die Bürgerrechte andererseits ausgestaltet wurden (Müller-Jentsch

2008). Allerdings ist daran zu erinnern, dass auch in der Ausbildung der bürgerlichen Gesellschaft der Begriff der Arbeit von Anbeginn zwiespältig war. Er
bezeichnete auf der einen Seite Ausbeutung, Unterdrückung und Entwürdigung,
gleichzeitig aber auch das Gegenteil. Arbeit wurde nämlich auf der anderen Seite
als ein Medium zur Selbstbefreiung verstanden. Arbeit, als bürgerliche Ideologie
konzipiert, wurde verabsolutiert und zur einzigen Quelle gesellschaftlichen
Reichtums und zum Allheilmittel sowohl der gesellschaftlichen Leiden wie auch
der Leiden an der Gesellschaft erklärt (Negt 2001: 425). Negt betont die Kultur-
bedeutung der Erwerbsarbeit wie anderer Formen unbezahlter Arbeit sei es
Hausarbeit, Sorgearbeit oder ehrenamtliche Arbeit. Den Zusammenhang von
Arbeit und menschlicher Würde zu thematisieren, wie es Negt tut, wirft die Frage nach einer Neudefinition des Begriffes Arbeit als gesellschaftliche Schlüssel-
kategorie auf. Denn der Arbeitsbegriff berührt alle Institutionen, Organisationsprinzipien, Beziehungsstrukturen und Wertorientierungen. Zu fragen ist nach der
subjektiven und objektiven Bedeutung der Arbeit und wie sich die Würde der
Arbeit bestimmen und messen lässt. Hier sind Vergewisserungen in der philoso-
phischen und theologischen Debatte notwendig zur Begründung von Menschenwürde und Lebensschutz auch in der fremdbestimmten Arbeit. Die menschliche
Würde ist nach Kant die Nicht-Verrechenbarkeit des Menschen. Was „über allen
Preis erhaben ist, mithin kein Äquivalent verstattet, das hat Würde" (Kant 1983
[1785]: 68). Im deutschen Grundgesetz von 1949 heißt es im Artikel 1 Abs. 1:
„Die Würde des Menschen ist unantastbar. Sie zu achten und zu schützen ist
Verpflichtung aller staatlichen Gewalt." Die Verknüpfung von Menschenrechten
und menschlicher Würde ist nach dem zweiten Weltkrieg zu einer weltweiten
Position geworden (Menke/Pollman 2007). Im theologischen Kontext misst sich
die Würde der Arbeit an der Person des Arbeitenden. Als personales Wesen
besitzt der arbeitende Mensch Würde. „Die Subjektivität verleiht der Arbeit die
ihr eigene Würde, die es verbietet, sie als bloße Ware oder als unpersönlichen
Bestandteil des Produktionsprozesses zu betrachten" (Johannes Paul II 2006
[1981]). Die Verantwortung für die Beachtung von Menschenrecht und Menschenwürde hat der Staat, aber ebenso der Personenkreis, der im Unternehmen
bzw. Betrieb verantwortlich handelt.

2.2 Veränderungen des Produktionsmodells: reaktiver Produktivismus

Sicherheit und Gesundheit der Beschäftigten sind Bestandteil sich ändernder
Arbeitsbeziehungen und reflektieren in vielfältig gebrochener Weise die lokalen,
regionalen, nationalen und internationalen ökonomischen und sozialen Struktur-
brüche. Seit etwa 1980 haben sich die Arbeitsbeziehungen in den Industrielän-

dern erheblich verändert. An die Stelle hierarchisch organisierter, extrem zerleg-
ter Arbeitsprozesse als Basis der industriellen Massenorganisation wurden diffe-
renzierte, qualitätsorientierte Produktionsmodelle eingeführt, mit denen flexibler
auf geänderte Kundenanforderungen reagiert und eine höhere Flexibilität der
Arbeitsverhältnisse erreicht werden kann. Die Differenzierung der industriellen
Produktion führt zur Aufsplitterung unternehmensinterner Produktionsprozesse
und zur globalen Optimierung der Produktions- und Lieferverflechtungen. Teile
der Wertschöpfungskette werden aus den Unternehmen ausgegliedert, so dass
unternehmensübergreifende Produktionsnetzwerke entstehen, in denen Rentabili-
tätssteigerungen durch Größenvorteile erreicht werden können. Zugleich können
durch die Auslagerung von Fertigungsbereichen Wachstumsmärkte besser be-
dient werden, wobei nicht unbedingt die Arbeitskosten das hauptsächliche Motiv
dieser Internationalisierungsstrategien darstellen (vgl. Köppen 1999: 85f.).

Dieser nicht einheitlich verlaufende Prozess[2] führt zu veränderten Belastungen und Beanspruchungen der Beschäftigten, die durch die Ausübung unterschiedlicher Tätigkeiten diverse Qualifikationen benötigen und bei großer interner Organisationsfreiheit zugleich strikten zeitlichen, qualitativen und Ressourcen minimierenden Anforderungen unterliegen (vgl. Larisch 2009: 154). Die
Unternehmen verfolgen zwei komplementäre Ziele: Sicherstellung einer maxi-
malen Reaktionsbereitschaft bezogen auf Nachfrageänderungen und Optimierung des Produktionsprozesses unter Nutzung aller Produktionsfaktoren, also
insbesondere auch des menschlichen Arbeitsvermögens. Die Nutzung der Kom-
munikations- und Informationstechnologien erlaubt es, in kurzer Zeit Anpassun-
gen vorzunehmen, was aber eine reaktive Organisation voraussetzt. Askenazy
spricht daher von einem veränderten Produktionsmodell: dem reaktiven Pro-
duktivismus (vgl. Askenazy 2004: 13f.).

Auf einen ersten, flüchtigen Blick scheint dieser Prozess nur Gewinner zu
kennen: Die Unternehmen verbessern ihr wirtschaftliches Ergebnis, die Konsumenten erhalten bessere Angebote und für die Beschäftigten ergeben sich an-
spruchsvollere Tätigkeiten, die mit einem höheren Standard in Bezug auf Sicherheit und Gesundheitsschutz verbunden sind. Ein differenzierter Blick auf die
Arbeitsbeziehungen in unterschiedlichen Branchen und Betriebsgrößen zeigt
allerdings, dass zwischen den verschiedenen Branchen und auch innerhalb iden-
tischer Wirtschaftszweige ganz unterschiedliche Entwicklungen anzutreffen sind,
und dies gilt sowohl innerhalb der EU als auch auf nationaler Ebene.

---

2   Vgl. hierzu Schweiger (2009), der allerdings den gesundheitlichen Auswirkungen für die
    Beschäftigten keine Aufmerksamkeit zu schenken scheint.

2.3 Veränderungen der Arbeitsbeziehungen, Belastungen und Beanspruchungen

Für die EU liegen seit 1991 Erhebungen zu den Arbeitsbedingungen in den Mitgliedstaaten vor, die allerdings für nationale Auswertungen keine zureichende statistische Basis darstellen (vgl. Larisch 2009: 155ff.).[3] Die fünf Mitgliedstaaten Deutschland, Großbritannien, Frankreich, Italien und Spanien beeinflussen mit mehr als 50 Prozent der Beschäftigten zudem die Ergebnisse der Erhebungen in besonderem Maße. Trotz dieser Einschränkungen kann festgestellt werden, dass in der Wahrnehmung der Beschäftigten die Arbeitsintensität in den 15 untersuchten EU-Mitgliedstaaten deutlich zugenommen hat. „One of the clearest trends since the first European Working Conditions Survey was carried out 15 years ago is a rise in the levels of perceived work intensity. This rise, already evident in 2000, is confirmed by national working conditions surveys in most Member States. In almost all countries in the former EU15, there has been a clear and consistent increase in the levels of perceived work intensity over the last 15 years" (European Foundation 2007: 58f.). Allerdings ist ein statistischer Zusammenhang zwischen den wahrgenommenen Auswirkungen der Arbeitstätigkeit auf den Gesundheitsstatus der Beschäftigten und den berichteten Arbeitsunfähigkeiten nicht herzustellen, und die Unterschiede zwischen den Mitgliedstaaten sind erheblich (vgl. Larisch 2009: 159f.).

Der Einfluss organisationaler Bedingungen auf die Intensivierung der Arbeit und die damit verbundenen gesundheitlichen Risiken der Beschäftigten wurde auf der Basis der dritten Erhebung über die Arbeitsbedingungen in der EU im Jahr 2000 untersucht (Boisard et al. 2002). Es wurden fünf organisationale Kriterien für die Intensivierung der Arbeit unterschieden: maschinen- oder produktbezogene Zwänge, quantitative Produktionszwänge (Stückzahlen etc.), hierarchische Kontrolle durch Vorgesetzte, horizontale Zwänge durch Arbeitskollegen und nachfragebedingte Restriktionen durch Kunden. Diese Kriterien können idealtypisch „marktförmig" oder „industriell" organisierten Unternehmen zugeordnet werden. Für den Zeitraum zwischen 1995 und 2000 hat sich danach die kundenorientierte Flexibilisierung deutlich erhöht, und etwa zwei Drittel der Beschäftigten werden in ihrem Arbeitsablauf stark von Nachfragebedingungen bestimmt. Die Restriktionen wirken sowohl in den industriell organisierten Bereichen, die zunehmend Dienstleistungselemente integrieren, als auch im Dienstleistungsbereich, der zunehmend Elemente einer industriellen Standardisierung übernimmt (vgl. Boisard et al. 2002: 69). In der Wahrnehmung der Beschäftigten erhöht sich das Krankheitsrisiko deutlich durch die Anwesenheit des Kunden, die zu Unterbrechungen des Arbeitsablaufs führt. Diese Arbeitsunterbrechungen

---

3   Vgl. zu den Restriktionen der Erhebungen im Einzelnen European Foundation 2007: 97.

stellen eine besondere Form der Arbeitsintensivierung dar, und trotz der je nach Lebensalter unterschiedlichen Belastungsempfindung gilt für alle Altersstufen, dass nach dem subjektiven Eindruck die Tätigkeit nicht bis zum 60. Lebensjahr ausgeführt werden kann (Boisard et al. 2002: 70f.)

Die Flexibilisierung von Arbeitsverträgen im privaten, gewerblichen Bereich sowie im öffentlichen Dienst ist ebenfalls eine wichtige Einflussgröße für die Qualität der Arbeit, da die Erhöhung des Arbeitsdrucks durch das Ausweichen in Teilzeitarbeitsverträge anscheinend teilweise kompensiert werden kann (vgl. Larisch 2009: 166). Allerdings gilt es insoweit zu differenzieren, da Teilzeitarbeit überwiegend von Frauen ausgeübt wird, branchenspezifisch stark variiert und Belastungen und Beanspruchungen durch Mehrfachtätigkeit und Familienarbeit in der Regel nicht (zureichend) erfasst werden. In der EU-25 ist zwischen 1998 und 2005 ein Anstieg der befristeten Arbeitsverträge von 12,1 auf 14,2 Prozent festzustellen, wovon insbesondere jüngere Beschäftigte unter 30 Jahren betroffen sind, von denen fast 31 Prozent 2005 in befristeten Arbeitsverträgen tätig waren (Eyraud/Vaughan-Whitehead 2007: 4). Mit 46 Prozent weisen die Niederlande im Jahr 2005 einen außerordentlich hohen Anteil an Teilzeitarbeit aus, aber auch im Vereinigten Königreich, Schweden, Deutschland, Österreich, Dänemark und Belgien liegt der Anteil der Teilzeitarbeit bei über 20 Prozent (ebd.: 6).

Die gesundheitlichen Auswirkungen für die Beschäftigten durch Schichtarbeit, flexible Arbeitzeit-Arrangements, Nachtarbeit, Arbeit an Wochenenden sowie durch die betriebliche Reorganisation im produzierenden Gewerbe und im Dienstleistungssektor sind auf europäischer Ebene kaum statistisch abschätzbar, da die wirtschaftlichen Gegebenheiten, die Arbeitsbeziehungen und die unterschiedlichen nationalen sozialpolitischen Ansätze in der EU spezifische Untersuchungen erfordern (vgl. Amuedo-Dorantes 2002; Benach et al. 2002). Es wird aber aus den verfügbaren Daten erkennbar, dass selbst in den vergleichsweise gut regulierten Mitgliedstaaten der EU die Entwicklung menschengerechter und gesundheitsförderlicher Arbeitsprozesse durch externe Interventionen begrenzt zu sein scheint und endogene Ansätze zur Entwicklung von gesundheitsförderlichen Unternehmen („Healthy Companies") erforderlich sind.

3   Ökonomische Begründungen für Gesundheitsmaßnahmen: Auf der Suche nach einer gesundheitlichen Theorie der Unternehmung?

Die ökonomische Analyse betriebsbezogener Gesundheitsaktivitäten kann sich auf unterschiedliche Ebenen beziehen und die Beschäftigten, die Unternehmen oder die gesamtgesellschaftlichen Auswirkungen in den Blick nehmen. Bezogen auf die organisationale Implementierung von „Decent Work" ist die einzelwirtschaftliche Ebene von Interesse, da der Frage nachzugehen ist, ob und in welchem Umfang ökonomische Begründungen hierfür herangezogen werden können.

Die sicherheits- und gesundheitsbezogenen Aktivitäten von Unternehmen werden zunächst von den rechtlichen Erfordernissen, sodann von finanziellen Erwägungen und zuletzt von ethischen oder moralischen Begründungen geprägt, wobei die finanziellen Aspekte überwiegend in einer Kosten-Nutzen-Analyse bestehen (vgl. Verbeek et al. 2009). Das Berichtswesen der Unternehmen kann in der Regel keine detaillierten Angaben zum Gesundheitszustand der Beschäftigten bereitstellen. Außerdem entzieht sich die Komplexität multifaktorieller Einflüsse auf den Gesundheitsstand der Beschäftigten der Abbildung in finanzwirtschaftlichen Kennzahlen, welche für die Steuerung der Unternehmen herangezogen werden. Daher reduzieren sich diesbezügliche Ansätze weitgehend auf Interventionen zur Verminderung des Krankenstands der Beschäftigten. Ein darüber hinausgehender Ansatz bewertet Aufwendungen für Sicherheit und Gesundheitsschutz der Beschäftigten als Bestandteil der betrieblichen Personalwirtschaft (Human Resource Management (HRM)) und geht davon aus, dass durch ein strategisches Arbeitsschutzmanagement die Wettbewerbsfähigkeit und Profitabilität des Unternehmens gesteigert werden kann, indem die individuellen und kollektiven Potenziale der Beschäftigten gefördert werden. Hierbei wird zwar an etablierte betriebliche Berichtssysteme wie das Konzept der „Balanced Scorecard" angeknüpft und mit einem erheblichen Aufwand versucht nachzuweisen, dass gesundheitsförderliche Interventionen finanzielle Zielsetzungen der Unternehmen befördern können. Dennoch bestehen nicht nur erhebliche praktische Probleme im Hinblick auf die verfügbaren Unternehmensdaten, sondern es existiert auch kein theoretisches Modell über den Zusammenhang zwischen betrieblicher gesundheitsförderlicher Intervention und Unternehmenserfolg (vgl. Köper et al. 2009).[4]

Es scheint daher notwendig zu sein, einen Begriff der Unternehmung zu entwickeln, der den spezifischen Anforderungen für die Implementierung des Themas „Gesundheit" gerecht wird. Soweit erkennbar, wird diese Aufgabe explizit lediglich in den neueren Arbeiten von Badura formuliert, der über das Sozialkapital einen Zugang zur betrieblichen Rationalität sucht (Badura 2007;

---

4   Da aus der Sicht der einzelnen Unternehmung die Struktur der nationalen sozialen Sicherungssysteme bezüglich der finanziellen Auswirkungen von arbeitsbedingten Erkrankungen eine erhebliche Rolle spielt, werden zum Beispiel die Kosten für die medizinische Heilbehandlung auf betrieblicher Ebene in Deutschland nicht erfasst, können aber in den USA sehr bedeutsam sein (vgl. Goetzel/Ozminkowski 2008). Daher sind international vergleichende Studien nur begrenzt aussagekräftig.

Badura et al. 2008: 18ff.). Für eine Studie mit fünf Unternehmen, auf deren Ergebnisse hier nicht näher eingegangen werden kann, wurde ein Unternehmens-
modell entwickelt und das Sozialkapital in Netzwerkkapital, Führungskapital
sowie Überzeugungs- und Wertekapital untergliedert. Auffällig ist, dass hinsichtlich des Unternehmensmodells jeglicher differenzierter Bezug zu innerbetriebli-
chen Strukturen und externen (ökonomischen) Beziehungen fehlt und jegliche
Auseinandersetzung mit der betriebswirtschaftlichen Rationalität unterbleibt. Die
Thematisierung der sozialen Struktur der ökonomischen Beziehungen wird insoweit technokratisch verkürzt, als die Unternehmung nicht als „Feld" im Sinne
Bourdieus begriffen wird. Hier ist neben dem sozialen Kapital auch das finanzielle, kulturelle und das symbolische Kapital zu unterscheiden und ferner neben
den Konzepten des „Kapitals" und des „Feldes" auch das Konzept des „Habitus"
und des „Interesses" zu beachten (vgl. Bourdieu 2000; Smelser/Swedberg 2005:
18; Larisch 2009: 124ff.).[5]

Die Charakterisierung von Wirtschaftsunternehmen als „Geldmaschinen
und Produktionsgemeinschaften" (Badura 2010: 70), die zwischen Shareholder-
Value-Orientierung und Mitarbeiterbezug oszillieren, verkennt die durch Macht
und Mikropolitik bestimmten sozialen Prozesse und Strukturen, welche die Un-
ternehmenspolitiken bestimmen und die Gegenstand einer zu entwickelnden
gesundheitlichen Theorie der Unternehmung wären.[6] Als zentrale Elemente einer
zu entwickelnden gesundheitlichen Theorie der Unternehmung zeichnen sich
daher ab:

- das Innenleben der Unternehmen als konfliktträchtige Interessenskonstella-
  tion unterschiedlicher Akteure (vgl. Maurer 2010: 215),
- die Analyse der für den Interessensausgleich unabdingbaren betrieblichen
  Aushandlungsprozesse (vgl. Mikl-Horke 2008: 133ff.) in Bezug auf die im
  Rahmen des Beschäftigungsverhältnisses erforderliche Transformation von
  Arbeitskraft in konkrete Arbeit nach den Regeln der betrieblichen Arbeitsorganisation (vgl. Hirsch-Kreinsen 2008: 273ff.),
- sowie deren Gesundheitswirkung für die Beschäftigten.

Auf diesem Weg erscheint es als wenig sinnvoll, produzierende Unternehmen
der Fleischverarbeitung, des Maschinenbaus und des medizinischen Bedarfs

---

5 Vgl. zur sozialen Genese wirtschaftlichen Handelns und dessen Einbettung in die sozialen
  Machtverhältnisse auch Fley 2008: 173ff.
6 Minssen (2008) verweist auf die soziale betriebliche Ordnung als zentralen Untersuchungsge-
  genstand der Soziologie und unterstellt, dass die Betriebswirtschaftslehre diese Ordnung als
  gegeben voraussetzt. Auf diese nicht unproblematische Differenzierung kann hier nicht näher
  eingegangen werden. Vgl. zum Forschungsstand auch Maurer 2008.

untereinander zu vergleichen und dazu noch ein Unternehmen aus dem Finanzdienstleistungsbereich heranzuziehen, wobei die Beschäftigtenzahl zwischen 90 und knapp 1.900 variiert, eine Standortschließung zu verzeichnen ist und Familienunternehmen mit Nichtfamilienunternehmen vermischt werden. [7] Vielmehr sollte ausgehend von dem Konzept der „lernenden Organisation" untersucht werden, wie gesundheitsförderliches Handeln in Unternehmen systematisch implementiert werden kann.

Eine zentrale Anforderung an Unternehmen als „Lernende Organisation" ist die Einsicht, dass in den Funktionen, Strukturen und Prozessen ihrer Organisation Personen als soziale Subjekte mit je eigenen biografisch geprägten Wahrnehmungen, normativen Deutungen, Erwartungen und Bereitschaften im sozialen „Feld" Betrieb mit individuellen Interessen arbeiten.

4 Betriebliches Gesundheitsmanagement und lernende Organisationen

Eine „gesundheitsförderliche Organisation" ist nicht eine Organisation, in der alles perfekt nach gesetzlichen Bestimmungen gestaltet ist, sondern ein Unternehmen in dem der Prozess der betrieblichen Gesundheitsförderung institutionalisiert und systematisiert wird (vgl. Botzet 1997). Unternehmen und deren Akteure spielen dabei eine entscheidende Rolle, indem sie als System Bedürfnisse und Notwendigkeiten hinsichtlich eines BGM zunächst analysieren. Mit diesem Wissen können dann Maßnahmen geplant, durchgeführt und später auch kritisch auf ihre Wirkung sowie ihren Erfolg hin bewertet werden. So werden Erfahrungen für die zukünftige betriebliche Gesundheitspolitik gewonnen (vgl. Badura/Ritter/Scherf 1999; Ritter 2003). Dieser Prozess kann als „Lernen" bezeichnet werden. Entscheidend ist, dass nicht nur *einzelne Experten oder Beschäftigte lernen*, sondern vielmehr davon ausgegangen werden kann, dass die *Organisation als Ganzes lernt* und dieses Wissen bspw. über Belastungen, Beanspruchungen, deren Lösungsmöglichkeiten sowie Sicherheit unabhängig von einzelnen Individuen generieren und vermehren kann (vgl. Ritter 2003).

Welche Strukturen und Prozesse sowie Ansätze hierfür in Frage kommen, soll zunächst aus *organisationstheoretischer Sicht* im nachfolgenden Abschnitt erläutert und am Beispiel des Bielefelder Leitfadens für das betriebliche Gesundheitsmanagement analysiert werden.

---

7   So aber Badura et al. 2008: 44. Ebenso wenig sinnvoll erscheint die Formulierung allgemeingültiger Leitlinien zum Gesundheitsmanagement, die in Anlehnung an medizinische Therapieleitlinien mit 50 Qualitätskriterien und 80 Prüfpunkten Evidenzbasierung suggeriert, unter den betriebsspezifischen Voraussetzungen aber weder branchen- noch größenspezifische Kriterien erfasst (vgl. Walter 2007: 193ff.).

4.1 Voraussetzungen für eine „lernende Organisation" im BGM

In einer „lernenden Organisation" lernen zunächst die einzelnen Akteure. Die individuelle Wissensbasis, die durch wechselseitige Abstimmungsprozesse zwischen den Individuen implizites Wissen aus den Erfahrungen einzelner Personen bildet, ist dabei die Ausgangsvoraussetzung für den Aufbau einer Organisationswissensbasis und der Möglichkeit aus ihr erneut zu lernen (vgl. Probst/Büchel 1994). Soll die Leistungsfähigkeit bzw. das Lernvermögen in Organisationen gesteigert werden, so ist die Transformation von implizitem Wissen zu explizitem Wissen eine wichtige Grundlage (Geißler 1998: 196). Das Lernen in Organisationen vollzieht sich dabei in impliziten und expliziten Kommunikationsakten der Information, Diskussion sowie des Gebrauchs und der Gabe von Produkten und Dienstleistungen (ebd. 198). Bei der Interdependenz zwischen implizitem und explizitem Lernen spielen Gruppen eine wichtige Rolle, da sie als Lerneinheit in Organisationen wichtige Entscheidungen planen und treffen sowie individuelle Entscheidungen umsetzen (vgl. Willke 1998: 50; Senge 1999: 15).

Aber erst ein Systemdenken, das als konzeptuelles Rahmenwerk in der Kommunikation von Individuen einen „roten Faden" hinsichtlich gemeinsamer Muster und Strukturen bildet und von individuellen Personen losgelöst ist, schafft die Einbindung individueller Lernprozesse in organisationale Lernprozesse. Organisationales Lernen erfolgt demnach über interne/externe Umweltinteraktionen von Individuen und im Wechselspiel von Individuum/Organisation durch einen kollektiven Bezugsrahmen auf die existierenden organisationalen Handlungstheorien. Die dabei mögliche Veränderung der organisationalen Wissensbasis kann zu einer Systemanpassung bzw. zu erhöhter Problemlösungsfähigkeit beitragen (Duncan/Weiss 1979; Senge 1999: 16; Argyris/Schön 1999: 36).

Das abgespeicherte Wissen in Organisationen kann somit als Gesamtheit aller Endprodukte von individuellem und Gruppenlernen angesehen werden. Bisher wird Wissen als wichtiger Produktionsfaktor neben Arbeit, Betriebsmittel und Werkstoffe wenig wahrgenommen. Die Gestaltung, Steuerung und Institutionalisierung von Wissen, m.a.W. das Wissensmanagement in Organisationen, steckt bislang noch in den Kinderschuhen. Doch gerade bei Gesundheit und Wohlbefinden der Beschäftigten als einem Faktor für wirtschaftlich-strategisches Handeln, kommt dem Wissen hinsichtlich

- Zusammenhang von Arbeit, Gesundheit und Wohlbefinden,
- Etablierung, Erhalt aber auch möglicher Hemmnisse von neuen BGM-Strategien in Organisationen sowie
- Kernstrukturen und -prozesse im BGM

eine große Bedeutung zu. Dabei kann aus organisationstheoretischer Sicht das implizite Wissen verschiedener Akteure wie Führungskräfte, Mitarbeiter vor Ort, Experten des Arbeits- und Gesundheitsschutzes sowie externe Sachverständige in eine gemeinsame Wissensbasis als Lernergebnis überführt werden (vgl. Lenhardt/Rosenbrock 1998).

Die Schaffung und das Management einer gemeinsamen Wissensbasis hinsichtlich Gesundheit und Arbeit, von der alle Akteure aus operieren können, sind ohne dafür geschaffene Organisationsstrukturen und -prozesse nur schwer möglich. Die formalisierte Zusammenführung dieser verschiedenen Expertisen über Arbeitskreise, Gesundheitszirkel oder Netzwerke auf Innungs- oder Verbandsebene bietet die Möglichkeit des Erfahrungsaustauschs und ermöglicht durch dieses Zusammenführen – auch aus theoretischer Sicht – die Generierung neuen Wissens. Um eine solche Strategie zu realisieren, bedarf es der Schaffung einer Infrastruktur des Wissens, die einen problemlosen Austausch einmal gemachter Lernerfahrungen ermöglicht (Grossmann/Scala 1994).

Nur durch die Schaffung und Pflege von Kommunikationsstrukturen zur Wissensverbreitung kann es dem BGM gelingen, als System zu lernen. Dabei sind materielle Ressourcen wie Bibliotheken, Datenbanken, elektronische Expertensysteme, Visualisierungsmaßnahmen aber auch institutionalisierte Fort- und Weiterbildungsmaßnahmen für die Qualifikation der betroffenen Akteure sinnvoll. Hieraus lassen sich nun folgende *Strukturdeterminanten* für ein organisationales Lernen im BGM ableiten:

- Schaffung einer gemeinsamen und von allen Organisationsmitgliedern akzeptierten Handlungstheorie für das Thema BGM (z.B. Leitbild, Unternehmenskultur),
- Aufbau und Systematisierung interner und externer interdisziplinärer Vernetzung von Akteuren über Hierarchieebenen (z.B. Arbeitskreise, Fachausschüsse, Gesundheitszirkel),
- Etablierung und Pflege von Ressourcen für die Dokumentation des organisationsweiten Dialogs zum Thema BGM (z.B. Foren wie Zeitungen, Datenbanken, Expertensysteme),
- Angebote an Qualifikation für Organisationsmitglieder zur Kompetenzförderung im BGM,
- Rückkopplung von Lernerfolgen und -problemen auf die Handlungstheorie und die Qualifikationsmaßnahmen der Organisationsmitglieder hinsichtlich zukünftiger Lernstrategien,
- Einrichtung personeller Zuständigkeiten für die Koordination und das Management des organisationalen Lernens im BGM, um so zu einem Aus-

tausch von Wissen und damit zur Etablierung bzw. Systematisierung einer organisationalen Wissensbasis im BGM beizutragen (vgl. Ritter 2003).

Von Bedeutung für die organisationale Wissensbasis sind auch die dabei verwendeten Lernprozesse. In Anlehnung an Argyris/Schön werden hier die Ansätze von Organisationslernen übernommen, da sie bislang aus Sicht von Organisationswissenschaftlern zu den elaborierten Ansätzen gerechnet werden (vgl. Brentel 1999). Dabei unterscheidet man drei Formen:

- Das einfache Lernen (*Single-Loop-Learning*), in dessen Prozess sich Organisationen durch kurzfristige Verhaltensänderungen an veränderte Umweltbedingungen bzw. Anforderungen anpassen. Die handlungsleitenden Annahmen, Regeln, Werte, Normen und Strategien werden durch diese Reaktion nicht berührt.
- Komplexer stellt sich das *Double-Loop-Learning* dar, in dessen Folge auch die Annahmen, Regeln, Werte etc. in Organisationen den veränderten Umweltanforderungen und -bedingungen angepasst werden (Gröne 1999).
- Beim *Deutero-Learning* schließlich werden die Lernprozesse selbst reflektiert. Besondere Bedeutung kommt dabei der Erfolgsbewertung zu, durch die aus Strukturen und Prozessen im BGM, „lernende Systeme" werden, d.h. Systeme, die sich durch ein Feedback regelmäßig über Angemessenheit, Effektivität und Effizienz der ergriffenen Maßnahmen und dem Lernprozess selber informieren (Gröne 1999).

4.2   Anforderungen aus der Betriebspraxis an Konzepte der lernenden Organisation

Insgesamt ist Skepsis gegenüber rein organisations- und lerntheoretischen Anforderungsdimensionen angebracht, demzufolge rein organisationsextern generierte Verfahrensvorschläge eine Veränderung der Organisationsstrukturen bzw. -prozesse zu einer lernenden Organisation bewirken könnten. Die oben skizzierten Aspekte zur Entwicklung und Implementation des Deutero-Learning mögen notwendige, jedoch keine hinreichenden Voraussetzungen sein, um die Bedingungen eines erfolgreichen, reflexiven BGM-Lernens innerhalb von Organisationen zu erklären. Doch welche Bedingungen und Anforderungen können überhaupt als Voraussetzungen für ein nachhaltiges betriebliches Gesundheitsmanagement aus unterschiedlicher betriebspraktischer Sicht an einen Ansatz der „lernenden Organisation" für das BGM gestellt werden? Zur Beantwortung dieser

Frage ist zunächst auf die spezifischen betrieblichen Bedingungen für die The-matisierung von „Gesundheit" einzugehen. Die Integration des Gesundheitsmanagements in marktökonomisch ausge-richteten Organisationen folgt dem von der WHO entwickelten Setting-Ansatz, der die betrieblichen organisationalen Strukturen ausdrücklich einschließt und damit weit über die traditionelle „Gesundheitserziehung" hinausgeht, indem neben den individuellen Bedingungen auch die sozialen, kulturellen, politischen und ökonomischen Umwelten einbezogen werden (vgl. Hanson 2007: 227f.). „The setting-based approach to health promotion is considered a counterforce to the individualistic methods of health promotion, and it applies mostly to organ-izational sociology or psychology-based theories and methods of health promo-tion. ... Avoiding work-related diseases and accidents is not the only major con-cern in workplaces. Since the workplace is one of the few places in which the adult population can be reached as individuals in a systematic manner, it has great potential as a major site for effectively targeting adults with health promo-tion activities consistently over time" (Hämäläinen 2006: 30). Allerdings sind auf der Ebene der Unternehmung sehr heterogene Ansätze in der betrieblichen Gesundheitsförderung festzustellen, die von der (individuellen) verhaltensbezo-genen Prävention bis hin zur Organisationsentwicklung reichen (vgl. Hämäläinen 2006: 50) und bezüglich der Evidenzbasierung erhebliche Probleme aufweisen (vgl. Larisch 2009: 193f.; Pfaff 2001).[8]

5 Fazit – Die Stärkung von Decent work durch reflexiv lernende Organisationen im betrieblichen Alltag?

Der Verfahrensvorschlag, eine allgemeingültige Lernstrategie im BGM für alle Organisationsansprüche zu schaffen, scheint kaum handhabbar. Ein zukünftiges „lernendes BGM-System" wird verstärkt auf die Probleme und Anforderungen einzelner Branchen und Dienstleistungsbereiche eingehen müssen. Neue Produk-tions- und Verwaltungsverfahren schaffen vielfältige und höchst unterschiedliche Belastungen und Beanspruchungen, die genauere und spezifischere Diagnose-, Interventions- und Evaluationsinstrumente nötig machen werden. Demnach kön-nen nur Systeme Erfolg haben, die durch einzelne Module die größen- und bran-

---

8   Die Dokumentation der deutschen Krankenkassen über die Maßnahmen zur betrieblichen Gesundheitsförderung weist für 2006 etwa 2.400 Aktivitäten aus. Zwischen 2001 und 2006 wurden nur in etwa 30 Prozent der Fälle Gesundheitszirkel durchgeführt. Die Maßnahmen sind nur zu einem geringen Teil ausschließlich verhältnisorientiert, konzentrieren sich vorwiegend auf das verarbeitende Gewerbe mit mehr als 100 Beschäftigten und vernachlässigen weibliche Beschäftigte, Ältere und Jugendliche (vgl. Larisch 2009: 87ff.).

chenspezifischen Probleme sowie mögliche, darauf abgestimmte Lösungsansätze einschließen. Dieser Modulcharakter hätte sicherlich auch für Kleinbetriebe einen höheren Identifikations- sowie Akzeptanzeffekt und könnte damit auch die Eintrittsschwelle für eine Nutzung von Leitfäden in diesen Organisationen heruntersetzen.

Die Kleinbetriebe haben bei dem Thema „Betriebliche Gesundheitsförderung", und auch bei der Anwendung des Leitfadens, einen besonderen Charakter. Über 50 Prozent der Erwerbstätigen sind in Kleinbetrieben beschäftigt. Eine solch große Zahl von Beschäftigten ist somit eine wichtige Zielgruppe von Gesundheitsmanagement am Arbeitsplatz und damit auch von Lernstrategien im BGM. Dennoch ist Gesundheit in den meisten Kleinbetrieben eher ein Randthema, das aufgrund fehlender personeller und finanzieller Ressourcen und oft auch aus fehlendem Wissen nicht wahrgenommen wird. Hier sollte ein BGM-Ansatz nicht noch mehr Vorschriften, Normen oder Handlungsanweisungen anführen. Er sollte vielmehr den Verantwortlichen in den kleineren Betrieben Anregungen für das Thema Gesundheit, aber auch für gezielte Maßnahmen und Instrumente skizzieren. Bei der Umsetzung einzelner Elemente und Kriterien können hier sicherlich explizit zu benennende außerbetriebliche Akteure wie Krankenkassen wichtige Hilfestellungen geben. Dabei wäre es dann Aufgabe der externen Gesundheitsförderungsexperten, den betreuten Betrieben Tipps und Hilfen bei der konkreten Umsetzung aufzuzeigen. Der Initiator und zentrale Akteur von Gesundheitsförderung und damit auch der Adressat des Leitfadens in Kleinbetrieben bleibt dennoch der Eigentümer (vgl. Pröll 2000).

Die Entscheidung über die Akzeptanz und Nutzung eines solchen „Lernsystems" wird von den Anwendern getroffen. Der Ansatz sollte – letztlich auch im Sinne des reflexiven Lernens – so flexibel sein, diese Anforderungen einzubeziehen. Erst zukünftige Implementationsuntersuchungen werden aufzeigen können, ob und wie reflexives organisationales Lernen von der betrieblichen Praxis angenommen wird. Unseres Erachtens wird die Akzeptanz des komplexen und reflexiven Organisationslernens dabei in erster Linie nicht von – wie auch immer gestalteten und eingängigen – Leitfäden allein abhängen. Hier kann auf Friedbergs (1995) Kritik an „klassischen Organisationsmodellen" verwiesen werden, die Akteuren in Organisationen individuelle, z.T. auch irrationale Strategien mit erheblichen Konfliktpotentialen unterstellt. Mögliche interne und notwendige Lernprozesse können hier beispielsweise durch externe Rollenzuweisungen an einzelne Akteure oder externe Rahmenbedingungen (z.B. wirtschaftliche Krisen) scheitern, seien sie durch interne Leitbilder oder Strategievorgaben in der Organisation auch noch so nachhaltig vorgegeben. Hierauf werden auch verbesserte Verfahrensvorschläge oder nationale wie transnationale Regelungen nur schwerlich Einfluss haben. Im Falle des Handlungsfeldes BGM kann es durchaus sinnvoll sein, Strategien sowie Vorgehensweisen (auch im Lernen) flexibel zu halten, diese ggf. in der Organisation zu verbessern und das Konzept einer „lernenden Organisation" in eine gesundheitliche Theorie der Unternehmung einzubeziehen, welche „Decent Work" als endogenen Bestandteil betrieblichen Alltagshandelns integriert.

6 Literatur

Amuedo-Dorantes, C. (2002): Work Safety in the Context of Temporary Employment: The Spanish Experience. Industrial and Labor Relations Review. Vol. 55 (2). 262-285

Argyris, Ch./Schön, D. (1999): Die lernende Organisation. Grundlagen, Methode, Praxis. Stuttgart: Klett-Cotta

Askenazy, P. (2004): Les désordres du travail. Enquête sur le nouveau productivisme. Paris: Éditions du Seuil

Badura, B. (2007): Grundlagen präventiver Sozialpolitik: Das Sozialkapital von Organisationen. In: Kirch/Badura/Pfaff (Hg.): Prävention und Versorgungsforschung. Ausgewählte Beiträge des 2. Nationalen Präventionskongresses und 6. Deutschen Kongresses für Versorgungsforschung. Dresden. 24. bis 27. Oktober 2007. Heidelberg: Springer Medizin Verlag. 3-34

Badura, B. (2010): Sozialwissenschaftliche Grundlagen. In: Badura/Hehlmann/Walter (Hg.): Betriebliche Gesundheitspolitik. 2., vollständig überarbeitete Auflage. Berlin, Heidelberg: Springer. 61-76

Badura, B./Greiner, W./Rixgens, P./Behr, M./Ueberle, M. (2008): Sozialkapital: Grundlagen von Gesundheit und Unternehmenserfolg. Berlin, Heidelberg: Springer

Badura, B./Münch, E./Ritter, W. (1997): Partnerschaftliche Unternehmenskultur und betriebliche Gesundheitspolitik. Gütersloh: Verlag Bertelsmann-Stiftung

Badura, B./Ritter, W./Scherf, M. (1999): Betriebliches Gesundheitsmanagement – ein Leitfaden für die Praxis. Forschung aus der Hans Böckler Stiftung. Band 17. Berlin: edition sigma

Benach, J./Gimeno, D./Benavides, F. G. (2002): Types of employment and health in the European Union. Luxembourg: Office for Official Publications of the European Communities

Boisard, P./Cartron, D./Gollac, M./Valeyre, A. (2002): Temps et travail: l'intensité du travail. Luxembourg: Office des publications officielles des Communautés européennes

Botzet, M. u.a. (1997): Forschung zur Entwicklung eines Konzepts der über- und zwischenbetrieblichen Zusammenarbeit im Arbeits- und Gesundheitsschutz. 1. Zwischenbericht über das Vorhaben. Saarbrücken: ISO, Eigendruck

Bourdieu, P. (2000): Les structures sociales de l'économie. Paris: Éditions du Seuil

Brentel, H. (1998): Mikropolitik und organisationales Lernen. (Wie) Können strategische Akteure Lernen? Unveröffentlichtes Manuskript für die Antrittsvorlesung als Privatdozent am Fachbereich Gesellschaftswissenschaften der J.W. Goethe-Universität Frankfurt. Frankfurt a.m.

Duncan, R./Weiss, A. (1979): Organizational Learning: Implications for Organizational Design. In: Staw, B. (Ed.). Research in Organizational Behavior. An Annual Series of Analytical Essays and Critical Reviews, Vol. 1. Greenwich/Connecticut. JAI Press. 15-123

European Foundation for the Improvement of Living and Working Conditions (2007): Fourth European Working Conditions Survey. Luxembourg: Office for Official Publications of the European Communities

Eyraud, F./Vaughan-Whitehead, D. (2007): Employment and working conditions in the enlarged EU: Innovations and new risks. In: Eyraud/Vaughan-Whitehead (Hg.): The evolving world of work in the enlarged EU. Progress and vulnerability. Geneva: International Labour Office. 1-52

Fley, B. (2008): Wirtschaft und wirtschaftliches Handeln als Ökonomie der Praxis. In: Maurer (Hg.): Handbuch der Wirtschaftssoziologie. Wiesbaden: VS Verlag. 161-184

Friedberg, E. (1995): Ordnung und Macht. Dynamiken organisierten Handelns. Frankfurt, New York: Campus

Geißler, H. (1998): Umrisse einer Grundlagentheorie des Organisationslernens. In: Geißler/Lehnhoff/Petersen (Hg.): Organisationslernen im interdisziplinären Dialog. Band 5 System und Organisation. Weinheim: Dt. Studien-Verlag. 163-223

Goetzel, R./Ozminkowski, R. (2008): The Health and Cost Benefits of Work Site Health-Promotion Programs. Annual Review of Public Health, Vol. 29. No. 1. 303-323

Gröne, O. (1999): Das Krankenhaus als lernende Organisation? Möglichkeiten und Grenzen einer patientenorientierten Organisationsgestaltung. Diplomarbeit an der Universität Bielefeld, Fakultät für Soziologie. Bielefeld

Grossmann, R./Scala, K. (1994): Gesundheit durch Projekte fördern. Ein Projekt zur Gesundheitsförderung durch Organisationsentwicklung und Projektmanagement. Weinheim: Juventa-Verlag

Hämäläinen, P./Leena Saarela, K./Takala, J. (2009): Global trend according to estimated number of occupational accidents and fatal work-related diseases at region and country level. Journal of Safety Research, Vol. 40 (2). 125-139

Hämäläinen, R.-M. (2006): Workplace Health Promotion in Europe – the role of national health policies and strategies. Finnish Institute of Occupational Health. http://www.ttl.fi/NR/rdonlyres/704361A6-ED27-4D2F-B822-F6401E79CE45/0/WH PinEurope.pdf; Zugriff 16.10.2007

Hanson, A. (2007): Workplace Health Promotion. A salutogenetic approach. Bloomington: AuthorHouse

Hirsch-Kreinsen, H. (2008): Lohnarbeit. In: Maurer (Hg.): Handbuch der Wirtschaftssoziologie. Wiesbaden: VS Verlag. 268-290

Isic, A./Dormann, Ch./Zapf, D. (1999): Belastungen und Ressourcen an Call Center-Arbeitsplätzen. Zeitschrift für Arbeitswissenschaften. 53. (25. NF) Jg., Heft 3. 202-208

Johannes Paul II (2006 [1981]): Enzyklika Laborem exercens 1981. Päpstlicher Rat für Gerechtigkeit und Frieden. Kompendium der Soziallehre der Kirche. Freiburg im Breisgau: Herder Verlag. 207- 217

Kang, S. (2009): Seoul Declaration on Safety and Health at Work. Industrial Health, Vol. 47 (1). 1-3

Kant, I. (1983 [1785]): Grundlegung zur Metaphysik der Sitten. In: Kant: Schriften zur Ethik und Religionsphilosophie. Band 6. Darmstadt: Wiss. Buchgesellschaft

Kaufmann F.-X. (2009): Humanvermögen: Eine neue Kategorie der Sozialstaatstheorie. In: Obinger/Rieger (Hg.): Wohlfahrtsstaatlichkeit in entwickelten Demokratien. Frankfurt/New York: Campus. 95-117

Kjellström, T./Håkansta, C./Hogstedt, C. (2007): Globalisation and public health - overview and a Swedish perspective. Scandinavian Journal of Public Health, Vol 35 (5). 2-68.

Köper, B./Möller, K./Zwetsloot, G. (2009): The occupational safety and health scorecard - a business case example for strategic management. Scandinavian Journal of Work, Environment & Health, Vol. 35. No. 6. 413-420

Köppen, M. (1999): Internationalisierung von Unternehmen. Neue Wettbewerbsmuster und staatliche Regulierungsformen im Umbruch. In: von Bülow/Hein/ Köster/Krüger/Litz/Ossorio-Capella/Schüler (Hg.): Globalisierung und Wirtschaftspolitik. Marburg: Metropolis. 77-106

Larisch, J. (2009): Arbeitsschutz und ökonomische Rationalität. Ansätze und Grenzen einer "Verbetrieblichung" von Sicherheit und Gesundheitsschutz. Berlin: edition sigma

Lenhardt, U./Rosenbrock, R. (1998): Gesundheitsförderung als betriebliches Lernfeld: Voraussetzungen – Akteure - Verläufe. In: Albach/Dierkes (Hg.): Organisationslernen – institutionelle und kulturelle Dimension (2. Auflage). Berlin: Wissenschaftliches Zentrum Berlin für Sozialforschung

Marstedt, G./Müller, R. (1998): Ein kranker Stand? Fehlzeiten und Integration älterer Arbeitnehmer im Vergleich Öffentlicher Dienst – Privatwirtschaft. Berlin: edition sigma

Maurer, A. (2008): Das moderne Unternehmen: Theoretische Herausforderungen und Perspektiven für die Soziologie. In: Maurer/Schimank (Hg.): Die Gesellschaft der Unternehmen – Die Unternehmen der Gesellschaft. Wiesbaden: VS-Verlag. 17-39

Maurer, A. (2010): Die Institutionen der Wirtschaft. Soziologische Erklärungen wirtschaftlicher Sachverhalte. In: Beckert/Deutschmann (Hg.): Wirtschaftssoziologie. Kölner Zeitschrift für Soziologie und Sozialpsychologie. Sonderheft 49/2009. 208-218

Menke, C./Pollman, A. (2007): Philosophie der Menschenrechte. Hamburg: Junius Verlag

Mikl-Horke, G. (2008): Sozialwissenschaftliche Perspektiven der Wirtschaft. München: Oldenbourg

Minssen, H. (2008): Unternehmen. In: Maurer (Hg.): Handbuch der Wirtschaftssoziologie. Wiesbaden: VS Verlag. 247-267

Müller, R. (2001): Arbeitsbedingte Gesundheitsgefahren und arbeitsbedingte Erkrankungen als Aufgaben des Arbeitsschutzes. Bremerhaven: Wirtschaftsverlag NW

Müller-Jentsch, W. (2008): Arbeit und Bürgerstatus. Studien zur sozialen und industriellen Demokratie. Wiesbaden: Verlag für Sozialwissenschaften

Negt, O. (2001): Arbeit und menschliche Würde. Göttingen: Steidl Verlag

Oppolzer, A. (2010): Psychische Belastungsrisiken aus Sicht der Arbeitswissenschaft und Ansätze für die Prävention. In: Badura/Schröder/Klose/Macco (Hg.): Fehlzeiten-Report 2009. Berlin/Heidelberg: Springer. 13-22

Peter, R. (2007): Germany. In: Lundberg/Hemmingsson/Hogstedt (Hg.): Work and Social Inequalities in Health in Europe. Bruxelles u.a.: Peter Lang. 139-180

Pfaff, H. (2001): Evaluation und Qualitätssicherung des betrieblichen Gesundheitsmanagements. In: Pfaff/Slesina (Hg.): Effektive betriebliche Gesundheitsförderung. Weinheim und München: Juventa. 27-49

Probst, G./Büchel, B. (1994): Organisationales Lernen. Wettbewerbsvorteil der Zukunft. Wiesbaden: Gabler

Pröll, U. (2000): Gesundheitsschutz im Kleinbetrieb – Präventive Strategie und praktische Ansätze am Beispiel des Handwerks. In: Badura/Litsch/Vetter (Hg.): Fehlzeiten-Report 2000. Zukünftige Arbeitswelten: Gesundheitsschutz und Gesundheitsmanagement. Berlin, Heidelberg: Springer. 102-113

Ritter, W. (2003): Betriebliches Gesundheitsmanagement „erlernen" durch Leitfäden? Bremerhaven: Wirtschaftsverlag NW

Schreyögg, G./Noss, Ch. (1995): Organisatorischer Wandel: Von der Organisationsentwicklung zur lernenden Organisation. Die Betriebswirtschaft (DBW). 55. Jg, Heft 2. 169-185

Schweiger, G. (2009): Arbeit im Strukturwandel. In: Böhler/Neumaier/Schweiger/Sedmak (Hg.): Menschenwürdiges Arbeiten. Wiesbaden: VS Verlag. 39-71

Senge, P. (1999) Die fünfte Disziplin. Stuttgart: Klett-Cotta

Senghaas-Kobloch, E. (2008): „Decent Work" – eine weltweite Agenda für Forschung und Politik. In: Nagler (Hg.): Menschenwürdige Arbeit/Decent Work: eine Herausforderung in Zeiten der Globalisierung. Dokumentation des am 18. April 2008 im Gästehaus der Universität Bremen durchgeführten Symposiums aus Anlass der Entpflichtung von Eva Senghaas-Knobloch. artec-paper Nr. 154: artec | Forschungszentrum Nachhaltigkeit (Eigendruck). 5-17. http://www.artec.uni-bremen.de/files/papers/paper_154.pdf. Zugriff: 1.2.2010

Smelser, N. J./Swedberg, R. (2005): Introducing Economic Sociology. In: Smelser/Swedberg (Hg.): The Handbook of Economic Sociology. 2. Aufl. Princeton N.J.: Pricenton University Press. 3-25

Takala, J./Urrutia, M.,/ämäläinen, P./Saarela, K.L./Zabala, I. (2009): The global and European work environment–numbers, trends, and strategies. Scandinavian journal of work, environment & health. Suppl. Vol. 7. 15-23.

Verbeek, J./Pulliainen, M./Kankaanpää, E. (2009): A systematic review of occupational safety and health business cases. Scandinavian journal of work, Environment & Health. Vol. 35, No. 6. 403-412

Walter, U. (2007): Qualitätsentwicklung durch Standardisierung – am Beispiel des Betrieblichen Gesundheitsmanagements. Diss. Bielefeld. http://bieson.ub.uni-bielefeld.de/volltexte/2007/1124/pdf/Dissertation_Uta_Walter.pdf; Zugriff 26.3.2008

Willke, H. (1998): Systemisches Wissensmanagement. Stuttgart: Lucius und Lucius

IV. Decent Work im Feld
Care/Fürsorgliche Praxis

Menschenwürdige Gestaltung von Pflege als Interaktionsarbeit

Christel Kumbruck

Laut Pflegethermometer 2007 sind im Zeitraum von 1995 bis 2007 circa 50 000 Pflegestellen trotz steigender Anzahl Pflegebedürftiger abgebaut worden. Dies hat Folgen für die Bedürftigen: thematisiert werden Mängel in der elementaren Versorgung mit Blick auf körperliche Bedürftigkeit – die ausreichende Zufuhr von Flüssigkeit oder die ausreichende Hilfe beim Wechsel der Körperhaltung, um Wundliegen zu verhindern, sind beispielsweise nicht immer gewährleistet. Aber auch mit Blick auf seelische Bedürfnisse werden Defizite sichtbar: „Wenn zum Reden keine Zeit mehr bleibt" (FAZ 13.10.2007), so oder ähnlich lauten Überschriften von Berichten aus der Praxis. Wir haben uns mit der Frage befasst, ob und wie sich ein christliches Ethos der Nächstenliebe auch unter heutigen Rahmenbedingungen in der Pflegepraxis diakonischer Einrichtungen entfalten lässt. Die Befunde unserer Untersuchung zum Ethos fürsorglicher Praxis[1] weisen daraufhin, dass das in Zeitungsberichten und in der Studie zu den Sozialen Menschenrechten älterer Personen in Pflege (Aichele & Schneider 2006) identifizierte Qualitätsproblem im Kern mit der Anwendung der herrschenden Zeitökonomie auf die Pflegesituation zusammenhängt, die deren Eigenzeiten widerspricht und damit das Umsetzen eines Ethos fürsorglicher Praxis erschwert. Denn die Natur menschlicher Wachstumsprozesse, menschlicher Heilungsprozesse und ganz besonders der langsamen Prozesse abnehmender Lebenskraft am Ende des Lebens, kann im Rahmen von Effizienzkalkülen für aufgewendete Zeit zur Pflege kaum berücksichtigt werden.

Die Situation der Pflegebedürftigen korrespondiert mit problematischen Arbeitsbedingungen in der Pflege und daraus resultierenden Folgen wie hohen

---

1 Der Beitrag beruht auf den Befunden des von der Hanns-Lilje-Stiftung geförderten empirischen Projektes „Die Bedeutung der Geschlechterverhältnisse für die Neu-Definition des Ethos fürsorglicher Praxis – in der Pflege" (siehe: Kumbruck, Rumpf & Senghaas-Knobloch 2010; siehe auch: Kumbruck 2009; Rinderspacher 2009). Für die hermeneutische Auswertung standen insgesamt 65 Interviews (narrative sowie Experten-Einzel- und Gruppengespräche) und für die heuristische Auswertung 10 Protokolle (teilnehmende Beobachtung) mit Schwestern und Pflegekräften aus diakonischen Pflegeeinrichtungen (Krankenhäuser, Altenpflegeheimen, Hospize, ambulante Pflegestationen) zur Verfügung.

Krankenständen[2] und mangelnder Arbeitszufriedenheit von Pflegekräften.[3] Insbesondere der hohe Anteil psychischer Krankheiten[4] verweist auf die im Vergleich zu industriellen Tätigkeiten besonderen Arbeitsbedingungen in der Pflege, die im Kontext der Diskussion um Decent Work bisher noch nicht ins Blickfeld gerückt sind.[5]

So handelt es sich um eine personennahe Dienstleistungstätigkeit, die neben der klassischerweise berücksichtigten Arbeitsgeber-Arbeitnehmer-Beziehung immer auch die Beziehung zu den Pflegebedürftigen einbezieht. Die Ausgestaltung der Beziehung zwischen Pflegekraft und Pflegebedürftigen ist eine wesentliche Aufgabe der Pflegetätigkeit und hierin liegen besondere qualifikatorische und emotionale Herausforderungen, die unter dem Begriff Interaktionsarbeit gefasst werden.[6] Diese besonderen Herausforderungen werden in Einrichtungen nicht wahrgenommen, finden keinen Niederschlag in den Stellenbeschreibungen und demzufolge werden sowohl die personennahen Dienstleistungstätigkeiten als auch die Dienstleister in den Einrichtungen und der öffentlichen Meinung zu wenig wertgeschätzt.[7] Ein wesentlicher Grund für die mangelnde Wertschätzung liegt auch darin, dass Pflege traditionell im häuslichen, informellen Kontext durchgeführt wurde und bis heute als typische Frauenarbeit gilt. Eine weitere Erschwernis, die Arbeitsbedingungen von Pflegekräften im Rahmen von nationalen und europäischen Aushandlungsprozessen von Arbeitgebern und -nehmern an in der Industrie gültigen Arbeitsbewertungen und -bedingungen anzupassen, liegt in der kirchlichen Trägerschaft des größten Teils von Pflegeeinrichtungen in Deutschland. Hiermit verbunden ist bis heute ein eigenes Arbeits- und Tarif-

---

2   Pflegekräfte haben gegenüber anderen Berufsgruppen (durchschnittlich 11,8 AU-Tage) eine überdurchschnittlich hohe Anzahl Krankheitstage, nämlich 16,7 AU-Tage pro Versicherungsjahr in der Krankenpflege, 19,6 AU-Tage in der Altenpflege. Dabei sind insbesondere Pflegehilfskräfte, auch gegenüber examinierten Pflegekräften, stärker betroffen (siehe BGW 2007).

3   50% der Altenpflegekräfte beenden nach einer Untersuchung der GEK Gmünder Ersatzkasse (Behrens u.a. 2009) ihre Tätigkeit nach dreieinhalb Jahren (nach Beginn der Erstbeschäftigung). Nach der NEXT-Studie gaben knapp 9 Prozent der Befragten an „mehrmals wöchentlich oder häufiger" über einen Berufsausstieg nachzudenken, weitere 10 % taten dies „mehrfach monatlich" (Hasselhorn u.a. 2005: 138 ff.).

4   Der Anteil psychischer Krankheiten bei Pflegekräften ist besonders auffallend, nämlich bei Altenpflegerinnen einen 12 % höheren Anteil gegenüber dem Vergleichswert der berufstätigen Bevölkerung; sie haben zudem 44 % mehr psychosomatische Erkrankungen als der Durchschnitt der Vergleichsbevölkerung; siehe BGW 2007). Ebenso verlässt ein erhöhter Anteil das Berufsfeld vorzeitig, insbesondere infolge von Burnout.

5   Siehe Senghaas-Knobloch 2010, in diesem Band.

6   Böhle & Glaser 2006; Hacker 2009.

7   Wertschätzendes Führungsverhalten hat sich als der einzige hoch signifikante Faktor zum Erhalt und sogar zur Steigerung der Arbeitsfähigkeit von Mitarbeitern zwischen dem 51. und 62. Lebensjahr erwiesen (Richenhagen 2007); mangelnde Wertschätzung trägt als Stressfaktor wesentlich zum Burnout-Syndrom bei (Semmer, Jacobshagen, Meier & Elfering 2007).

recht der Kirchen, das ohne Einbezug von Gewerkschaften festgelegt wurde und wird.

1   Die Ambivalenz des Liebesdienstes – Pflege als Frauenberuf

Im 19. Jahrhundert waren Frauen gemäß einer traditionellen geschlechtsspezifischen Arbeitsteilung für alle Tätigkeiten, die mit der Reproduktion im häuslichen Umfeld zu tun hatten, zuständig. Dazu gehörten auch die Pflegetätigkeiten für bedürftige Familienmitglieder, also Kinder, Alte und Kranke. Mit der aufkommenden Industrialisierung und Pauperisierung wurde Pflege durch Dritte notwendig. Hierfür fühlten sich die Kirchen zuständig. Die katholische Kirche hat die Pflegegenossenschaft der „Barmherzigen Schwestern" aufgebaut; auf evangelischer Seite entstand die Mutterhausdiakonie durch Pastor Theodor Fliedner, ein Ort für allein stehende hilfsbereite junge Frauen, der patriarchal strukturiert war. Pflege ist zunächst nicht als Erwerbszweig konzipiert worden, sondern als „Dienst am Nächsten" (Rieder 1999). Auch mit der Entstehung freier Schwesternschaften änderte sich zunächst nichts an den Rahmenbedingungen, nämlich für die Schwestern Kost- und Logiszwang auf dem Krankenhausgelände, Zölibat, keine Arbeitszeitregelungen. Die Abschaffung der Arbeitszeitordnung von 1924 (60-Stunden-Woche und zusätzliche Bereitschaftsdienste, d.h. faktisch 70-80 Std.) scheiterte immer wieder am Widerstand der Mutterhäuser und der Wohlfahrtsverbände. Sie wurde erst 1994 endgültig außer Kraft gesetzt (Kreutzer 2004: 185). Der Widerstand wurde damit begründet, *„dass ein schematisches Verständnis von Arbeitszeitgestaltung dem beziehungsorientierten Aspekt pflegerischer Arbeit tendenziell entgegensteht"* (zit. in Kreutzer 2004: 184). Der dahinter liegende Gedanke: Die Schwestern sollten ihr Leben dem Dienst am Kranken weihen; insbesondere der geteilte Dienst ermöglichte, dass die Schwestern immer verfügbar waren. Ein sogenanntes Privatleben mit eigener Familie war nicht vorgesehen.

Inzwischen ist Pflege ein normaler Frauenberuf; der Anteil männlicher Pflegekräfte beträgt circa 8 %. Was bedeutet die Verberuflichung für das Ethos fürsorglicher Praxis? Wie steht es um die Sorge, dass dadurch der beziehungsorientierte Aspekt der Pflege zu kurz käme?

2   Zweckrationalität versus Fürsorgerationalität

Mit der regulären Verberuflichung in der Dienstleistungsgesellschaft ist auch die Pflegetätigkeit zugleich in den gesellschaftlichen Marktzusammenhang eingepasst worden, in dem es um Kosten und Preise, auch um Qualität, aber nicht um Geschenke und Liebesdienst geht. „Der moderne Prozess der allmählichen Vergesellschaftung auch früher im Haushalt ausgeführter Tätigkeiten basiert zum einen auf *beruflicher Arbeitsteiligkeit*, zum anderen auf der *Entmischung* und immer feineren Zergliederung bisher zusammengehöriger Tätigkeiten. Entmischte Tätigkeiten können zweckrational organisiert, standardisiert, teilmechanisiert und kommerzialisiert und unter bestimmten Umständen auch verstofflicht werden." (Senghaas-Knobloch 2007: 77) Dieser Trend ist im Dienstleistungsgewerbe angekommen, und eben auch in der Pflege.

Aber „alle betrieblichen Bemühungen, den Zeitaufwand und die Kosten für Pflege durch Entmischung der Tätigkeiten, durch Technisierung und Standardisierung zu verringern, [stoßen] an Grenzen der conditio humana, der Humanität und menschenrechtlich verankerten Menschenwürde. Aus der Sicht der Pflegebedürftigen kann es nicht um gesparte Zeit gehen, denn die Zeit, in der ein Mensch gepflegt wird, ist seine Lebenszeit. Jede Handlung an sich erleben pflegebedürftige Menschen als eine Situation, in der zu ihnen Kontakt aufgenommen wird, ob selbst gewollt oder nicht. Je bedürftiger und abhängiger die Gepflegten sind, um so stärker bekommen die Handlungen der Pflegenden eine starke Bedeutung als soziale Interaktion, in der es auch um das Erleben von *Zuwendung und Abhängigkeit,* von *Selbstbestimmung und Fremdbestimmung,* von *Nähe und Distanz,* von *Macht und Ohnmacht und von geschützter Intimität und verletzten Intimitätsgrenzen* geht. Für die Beachtung dieser Mehrdimensionalität ist in der skandinavischen Forschung der Begriff der *Fürsorgerationalität* entwickelt worden, mit dem die Angemessenheit *vermischten Tuns* in einer Auffassung von Zeit, die *etwas zulässt, möglicherweise etwas gedeihen lässt,* gefasst werden soll." (ebd. 78f.)[8]

Der beziehungsorientierte Aspekt von Pflege kommt wirklich zu kurz[9], aber nicht, weil beruflich pflegende Frauen nicht auf ein Privatleben verzichten wollen, sondern weil die Pflegetätigkeit zunehmend ökonomischen Prinzipien unterworfen wurde und die dabei waltende Zweckrationalität systematisch zur Ausblendung dieses wesentlichen Aspektes von Pflege führte. In den empirischen Studien zum Ethos fürsorglicher Praxis wurde die Unvereinbarkeit der Prinzipien der Humanität und der Zweckrationalität sehr deutlich.[10] Viele Pflegekräfte fühlen sich dadurch zerrissen zwischen ihrem Bedürfnis, Pflegebedürftigen Zuwendung angedeihen zu lassen, und den faktischen Restriktionen angesichts enger Zeitvorgaben in den Einrichtungen.

8   Zum Konzept der Fürsorgerationalität siehe Wærness 2000.
9   Siehe hierzu Kumbruck 2009a.
10   Siehe hierzu Kumbruck 2009; Kumbruck, Rumpf & Senghaas-Knobloch 2010.

3 Pflege enthält viele unsichtbare Tätigkeitselemente

Was fällt den zweckrationalen Vorgaben zum Opfer? Es sind unsichtbare Tätigkeitselemente, Elemente also, die aus unterschiedlichsten Gründen nicht wahrgenommen oder gering geschätzt werden. Pflege als zunächst der familiären Arbeit und dann dem Dienst am Nächsten entlehnte Tätigkeit ist auch heute so strukturiert, dass sich viele Tätigkeitselemente der Sichtbarkeit entziehen:

Wenn Pflegekräfte auf individuelle Bedürfnisse und Persönlichkeiten eingehen, empathisch mit den Patienten sind, können sie nicht nur nach standardisierten Vorgaben vorgehen – damit entzieht sich die Tätigkeit zumindest teilweise einer Erfassung nach Kennzahlen. In diesen Tätigkeiten liegen auch hohe Ermessensspielräume, deren Bewältigung ebenfalls ein unsichtbares Element darstellt.

Zudem gibt es eine Vielzahl von Tätigkeitselementen, in denen sich das Ethos fürsorglicher Praxis entfaltet, die als Anforderung das Ausbalancieren unterschiedlicher Anforderungen haben. Hier ist insbesondere die Balance zwischen Nähe und Distanz wichtig. Auch wenn es sich hierbei um äußerst wichtige fachliche Anforderungen handelt, sind sie letztendlich doch unsichtbare Elemente.

Viele Tätigkeitselemente dienen der Zuarbeit für die Ärzte, z.B. das Achten auf Körperzeichen, andere der Vermittlung zwischen Patienten und der Institution Krankenhaus, beispielsweise das Schaffen einer lebbaren Atmosphäre des Krankenhauses auch für Patienten, indem Pflegekräfte für gute Laune im Patientenzimmer sorgen.

Solche Tätigkeiten nennt man Vermittlungs- und Gewährleistungstätigkeiten (Holtgrewe 1997). Sie zeichnen sich dadurch aus, dass andere Heilberufler – die Ärzte – die Anerkennung für das Ergebnis des gesamten Tätigkeitsprozesses, hier Heilungsprozesses, erhalten. Damit sind sowohl die Tätigkeiten als auch die Personen, die sie ausüben, unsichtbar.

Es gibt auch Tätigkeiten, deren Anforderungen nur schwer beschreibbar sind, beispielsweise die Sterbebegleitung. Was als Kompetenz nicht beschreibbar ist, ist in gewisser Weise ebenfalls unsichtbar.

Unsichtbare Arbeit taucht in den Kostenberechnungen durch Gesundheitskassen und Rentenversicherungsträgern nicht auf, wird bei verstärkter Durchrationalisierung schlussendlich faktisch nicht mehr machbar, weil die zeitlichen Nischen dafür fehlen.

4   Unsichtbarkeit in der Arbeitsforschung

Auch in der Arbeits- und Organisationspsychologie hat man diese Art von Tätigkeiten lange nicht wahrgenommen, weil sich die Arbeitsforschung auf materiell
produktive, sichtbare sogenannte Primärtätigkeiten konzentrierte und auch sich
darum gruppierende sogenannte Sekundärtätigkeiten marginalisierte und igno-
rierte (Kumbruck 1998). Obwohl Dienstleistungsberufe in den letzen Jahrzehnten immer stärker zum BIP beitrugen und schon längst den Anteil der sogenannten produktiven, d.h. industriellen Tätigkeiten weit überragen, führten die
Dienstleistungstätigkeiten in der Arbeitsforschung ein Schattendasein. Sie zeichnen sich durch spezielle Charakteristika aus. So wird das Ergebnis auch durch
das Gegenüber, den Klienten beziehungsweise Patienten, mit bestimmt. In der
Interaktion mit diesem spielen neben dem Sachverstand eben auch emotionale
Faktoren bis hin zur sogenannten Chemie zwischen den beiden Interaktionspart-
nern eine wichtige Rolle. Die Zielerreichung kann nur bedingt durch planvolles
Vorgehen erreicht werden, wie es für das monologische Arbeitshandeln (insbesondere in industriellen Produktionsprozessen) typisch ist und im Modell der
Handlungsregulationstheorie gefasst ist.[11] Stattdessen muss fortlaufend eine
Modifikation an situative und personelle Einflusse erfolgen. Damit einher geht
auch aus arbeitspsychologischer Sicht eine Schwierigkeit der Bewertung der
personennahen Dienstleistungsarbeit (Hacker 2009: 76).

   Inzwischen wird diese Tätigkeit unter dem Begriff „Interaktionsarbeit" (Hacker 2009) erforscht und werden insbesondere die emotionalen Anteile als Arbeit
ins Blickfeld gerückt (Böhle & Glaser 2006).

   Nach Dunkel (1988) zeigen sich Gefühle in der Interaktionsarbeit in Bezug
auf das Arbeitsmittel – sie dienen als Arbeitsmittel –, den „Gegenstand", also
den Kunden oder Patienten, und in Bezug auf das Subjekt selbst, also den
Dienstleister.

5   Gefühle als Arbeitsmittel: Empathie und situatives Handeln

Gefühle als „Arbeitsmittel" dienen als „'Instrumente' des Wahrnehmens, Erfas-
sens und Verstehens" (Giesenbauer & Glaser 2006: 61), was vielfach als Empathie bezeichnet wird. Es werden im Folgenden darunter auch die „sinnliche
Komponente menschlicher Erfahrung" (ebd.), also Einbezug aller Sinnesorgane
bei der Diagnose und Pflegehandlung, beispielsweise das Riechen, darauf beru-
hendes intuitives, „bildhaftes und assoziatives Denken" (Weishaupt 2006: 86)

---

11   Siehe zu dieser Unterscheidung Hacker 2009: 74f.

sowie eine „auf persönliche Nähe und Verbundenheit" beruhende „Beziehung" (ebd.) zum Patienten gefasst. Die nonverbale Kommunikation hat dabei insbesondere im Umgang mit dementiell Erkrankten und Sterbenden eine größere Bedeutung als die verbale Kommunikation; auch die bei der Betrachtung von Kognitionsprozessen oftmals vernachlässigten sogenannten niederen Sinne wie Riechen und Tasten spielen in der Pflege eine wichtige Rolle als Wahrnehmungsorgane. Als weiterer Aspekt wird zudem ein situatives Vorgehen in Abhängigkeit von der Patientenbefindlichkeit beschrieben, nämlich die Berücksichtigung von Unwägbarkeiten und Grenzen der Planung der Pflegetätigkeiten. Damit zeichnet sich Pflege in vielen Situationen durch die Notwendigkeit aus, unter Unsicherheit zu handeln und zu entscheiden, womit sie bezüglich des Vorgehens vergleichbar mit den auf Erfahrungen beruhenden und Heuristiken folgenden Expertenentscheidungen ist (Hacker 2009: 102ff.). Diese besondere Art des Vorgehens wird auch als dialogisch-explorativ gekennzeichnet.

Die Nutzung von Gefühlen als Arbeitsmittel wird anhand zweier Beispiele verdeutlicht. Eine Schwester, die in einem Hospiz arbeitet, berichtet, dass es Nächte gibt, in denen sie als Pflegekraft alleine zwei Sterbende und noch weitere betreuungsintensive Bewohner zu betreuen hat. Da sei es sehr wichtig, so vorzugehen, dass alle zu ihrem Recht kommen, keiner vernachlässigt wird. Aber auch auf normalen Stationen beispielsweise im Krankenhaus müssen Pflegekräfte ihre Zuwendung aufteilen:

> „Ich kann nicht alle Bedürfnisse befriedigen. Aber Achtsamkeit lässt mich das Wesentliche vom Unwesentlichen unterscheiden. Es ist für mich sehr wichtig, Prioritäten zu erkennen und Grenzen zu setzen."[12]

In dieser Äußerung wird eine subjektive Strategie dargestellt, allen zu betreuenden Menschen gerecht zu werden, nämlich Achtsamkeit. Diese ermögliche, das jeweilige Maß an Zuwendung, die eine Pflegekraft für einen Patienten aufbringt, in Abhängigkeit von der Bedürftigkeit richtig zu dosieren und zum richtigen Zeitpunkt zu geben, um allen gerecht zu werden und niemanden zu vernachlässigen, und auch sich selbst vor Überforderung zu schützen.

Das Eingehen auf die Bedürftigen hat diverse weitere Facetten, so die der Wahrnehmung des Bedürftigen als Persönlichkeit. Hierfür dient beispielsweise die Biographiearbeit. In der ambulanten Pflege wird dieser biographische Blick als notwendig erachtet und sogar an Schülerinnen vermittelt:

---

12 Empirisches Material (III-2, 7f.).

„Das sind nicht nur diese Omchen, die da irgendwie so verrückt in der Ecke liegen oder sitzen und ein Nachthemd anhaben und nicht bis drei zählen können, sondern das sind Leute, die Ihr jetzt hier in dieser ambulanten Versorgung seht, die ein Gesicht haben, die eine Geschichte haben."[13]

„Aus Patienten müssen Menschen werden. Das geht nur, wenn ich viele Informationen über sie habe."[14]

Für diese Schwester ist es wichtig, zu berücksichtigen, dass alle Menschen ganz individuell und verschieden sind. Sie hält es für bedeutsam, dass im Blick der Pflegekräfte aus Patienten individuelle Menschen werden. Um besser auf den Einzelnen einzugehen, ist es für sie wichtig, viele Informationen von einem Patienten zu haben, um ihm als Individuum begegnen zu können.

Die Fähigkeit, auf die Patienten als Individuen einzugehen, kann in ihrer Wirksamkeit eingeschränkt werden, wenn die Pflegekräfte überlastet sind. Dann fehlen ihnen innere Ruhe und Gelassenheit:

„Wenn der Kopf nicht frei ist, dann mache ich mehr aus Routine, nehme vieles nicht wahr und kann mich dadurch weniger auf mein Gegenüber einlassen." (II-14, 19)

In der Interaktion zwischen Pflegekraft und Patient ist Empathie eine wichtige Kompetenz und das dadurch angeleitete Vorgehen mit zusätzlichen Mühen und Belastungen verbunden. Die Pflegekräfte sind sich in der Regel der Bedeutung von empathischem Vorgehen bewusst, aber sie erleben, dass die Einrichtungen dafür keinen Blick haben und den Pflegekräften somit auch keine zusätzliche Zeit für Empathie zur Verfügung stellen.

Empathisches und situatives Vorgehen erfordert immer ein Mindestmaß an Sich-Einlassen auf die zu pflegende Person und den jeweiligen aktuellen Kontext. Ein solches Vorgehen erfolgt nicht nach Plan und Routinen, sondern setzt ein hohes Maß an Intuition und Flexibilität voraus. Wenn Böhle, Brater & Maurus (1997) darauf verweisen, dass ein solches Vorgehen in diametralem Gegensatz zum zweckrationalem Handeln stehe, drücken sie implizit auch die gesellschaftlich und organisational geringe Wertigkeit eines solchen Handelns aus. Selbst im wissenschaftlichen Diskurs zur Arbeit wurde dem nicht zweckrationalen Handeln bisher kaum Bedeutung zugemessen. Erst seit kurzen wird in der Arbeitspsychologie die personennahe Interaktionsarbeit thematisiert. Dabei wird das auf Einfühlungsvermögen und situativem Erkennen von Notwendigkeiten („planning in doing", Hacker 2009: 74) statt sturer Planabarbeitung beruhende

---

13 Empirisches Material (II-9, 36).
14 Empirisches Material (II-9, 36).

Vorgehen auf „intuitive, einfache und schnelle Regeln begrenzter Rationalität" (Hacker 2009: 100) zurückgeführt, die auf Erfahrungen basieren und damit letztendlich „Expertenwissen" (Hacker 2009: 102) sind. Damit wäre das pflegerische Wissen mit dem Wissen anderer Heilberufler wie den Ärzten vergleichbar. Eine solche anerkennende Sicht auf die Nutzung von „Gefühlen" als Arbeitsmittel hat sich bislang noch nicht durchgesetzt. Nur in der direkten Interaktion weiß man ein solches Vorgehen schon immer sehr zu schätzen, denn es kommt in der personennahen Tätigkeit voll dem Gegenüber, also den Patienten und Heimbewohnern, zugute und in der Folge als Dankbarkeit zum Dienstleister (Pflegekraft) zurück. Wenn in Pflegeeinrichtungen und Pflegeausbildungsstätten vor zu viel Empathie gewarnt und „Empathie aus Distanz" gefordert wird, dann ist dies vor allem Ausdruck dessen, dass man echte Empathie als sowohl überflüssig als auch problematisch in einer modernen Dienstleistungseinrichtung ansieht, weil sie nämlich auch Kosten zeitigt in Form von möglichen psychischen Belastungen für die Pflegekräfte und in Form von Zeit, die empathische Mitarbeiter für Patienten aufbringen wollen. Eine solche Sicht korrespondiert mit der Aufforderung in der post-modernen Welt, Emotionen zu kontrollieren und der Rationalität einen emotionalen Beiklang zu geben[15]. Wie jedoch solche „Quasi-Emotionen" (Voswinkel 2005: 73) als Arbeitsmittel taugen sollen, wird nicht reflektiert.

6   Arbeit an den Gefühlen des Patienten

„Wenn Gefühle der Gegenstand der Arbeit sind, es also darum geht, auf den emotionalen Zustand des Gegenübers einzuwirken, um ein bestimmtes erwünschtes Ziel – einen Gefühlszustand beim Klienten zu erreichen" (Giesenbauer & Glaser 2006: 61), so wird dies als Gefühlsarbeit bezeichnet. Dieser Begriff ist die Übersetzung der von Strauss et al. (1982) speziell für die Krankenpflege beschriebenen „sentimental work". Hierunter verstehen sie insbesondere fürsorgliche Gesten der Pflegekräfte, die die sogenannte „eigentliche" medizinische Arbeit erst ermöglichen. Gefühle des Gegenübers werden im Dienste der Arbeitsaufgabe verändert. „Gefühlsarbeit ist Bestandteil in jeder Art von Arbeit, bei der das bearbeitete Objekt lebend, empfindungsfähig, reagierend ist – ein Bestandteil, der entweder als notwendig eingeschätzt wird, um die Arbeit effektiv zu erledigen oder aus humanistischen Erwägungen. Gefühlsarbeit hat ihren Ausgangspunkt in der elementaren Tatsache, dass jegliche Arbeit, die mit oder an Menschen verrichtet wird, deren Antworten auf diese instrumentelle Arbeit berücksichtigen sollte; in der Tat können ihre Antworten ein zentrales Charakteris-

---

15   Siehe hierzu Mestrovic 1997.

tikum dieser Arbeit sein" (Strauss et al. 1982: 254).[16] Patienten sollen sich also wie Menschen und nicht wie Objekte fühlen; die durch die Asymmetrie der Pflegekraft-Patienten-Beziehung und durch die für die Pflegearbeit notwendige Überschreitung von Schamgrenzen verbundenen negativen Gefühle der Patienten sollten so weit wie möglich kompensiert werden. Sie sollen in ihren Gefühlslagen auf die sie erwartenden medizinischen Interventionen vorbereitet werden.

Im Folgenden wird beispielhaft die Realisierung von Gefühlsarbeit dargestellt. Im Krankenhaus wissen Pflegekräfte, dass jemand, der zuhört, in Lebenskrisen besonders wichtig ist, beispielsweise angesichts einer Krebserkrankung. In diesen Situationen sind Pflegekräfte die verfügbarsten Ansprechpartner für Sinnfragen: Ein Pfleger berichtet, dass es in solchen Lebenssituationen für den Patienten darum geht, dass *„über Persönliches gesprochen"* werden kann, *„über seine Persönlichkeit, den Sinn des Lebens und auch über den Glauben."*[17] Dies helfe diesen Menschen sehr.

Pflegekräfte definieren somit die Kommunikation und das Eingehen auf die Gefühlslagen der Patienten als pflegerische Aufgaben. Sie versuchen, unangenehme Situationen, Begegnungen und Atmosphäre zu kompensieren. Die Patienten können mit Hilfe der Pflegekräfte schlechte Diagnosen besser „verdauen", Sinn in Lebenskrisen finden, sich so, wie sie gerade in ihrer Bedürftigkeit sind, angenommen fühlen; dies sind aus Sicht der Pflegekräfte wichtige Beiträge zur Heilung. Jedoch beklagen viele Pflegekräfte auch, dass sie für diese wichtigen Aktivitäten zu wenig Zeit haben, so eine Schwester:

„Das ist (aus Zeitgründen) schwer. Also wenn ich dem Patienten eine gewisse Geborgenheit geben kann, dann ist das eine ganze Menge. Dann ist es auch eine Menge für den Patienten. Und das ist, glaube ich auch, das Wesentliche, wo es drauf ankommt. Neben der Gesundung natürlich aber."[18]

Patienten haben in existenziellen Krisen, und als solche nehmen sie eigentlich jede Pflegesituation wahr, einen besonderen Bedarf an psychisch-seelischer Betreuung. Die Vermittlung von *„Geborgenheit"* ist dabei, wie die zitierte Pflegekraft sagt, *„das Wesentliche"*, denn sie vermittelt ja Sicherheit. Dieser Bedarf wird von Seiten des Gesundheitssystems und der Einrichtungen nicht gesehen. Und ebenso wird das Bemühen der Pflegekräfte, diesen Bedarf zu stillen, von den Einrichtungen nicht wahrgenommen und wertgeschätzt, was auch darin zum Ausdruck kommt, dass kaum Zeit dafür vorgesehen ist. Aber den Patienten ist genau diese Betreuung besonders wichtig und wird von ihnen honoriert. In die-

---

16 Übersetzung durch Giesenbauer & Glaser 2006: 61.
17 Empirisches Material (III-3, 2).
18 Empirisches Material (II-8, 24).

sem Spagat zwischen Klientenbedürfnis und institutionellen Rahmenbedingungen versuchen manche Pflegekräfte, Zeit für die seelische Betreuung herauszuschinden.

Im Eingehen auf das Seelische, im Bewahren von Ruhe und Geduld, in der Begleitung eines Menschen auf seinem letzten Weg sind Gefühle der Gegenstand der Pflegearbeit. Es geht um elementare, starke Gefühle wie Ängste, Schmerzen und Scham, Zeichen von existenzieller Hilflosigkeit, auf die die Pflegekräfte einwirken wollen. Sie wollen dabei den Patienten mittels fürsorglicher Worte und Gesten Erleichterung verschaffen, sie trösten, ihnen möglicherweise Sinn vermitteln. Zur Erzeugung eines bestimmten Gefühlszustandes (beispielsweise Gelassenheit) eines Patienten ist sowohl großes Einfühlungsvermögen, aber auch Überzeugungskraft notwendig. Der Patient soll der Pflegekraft „folgen" – dies setzt voraus, dass die Pflegekraft weiß, wo der Patient in seiner Gefühlslage anschlussfähig ist. Ein solches quasi (psycho-)therapeutisches Intervenieren der Pflegekräfte wird von den ökonomischen Marktregeln folgenden Einrichtungen gar nicht wahrgenommen, wenngleich sie den Gewinn davon haben, weil Patienten dadurch die restliche Arbeit weniger stören (beispielsweise durch Schreien) und sich auf andere medizinische und pflegerische Maßnahmen einlassen.

7   Arbeit an den eigenen Gefühlen

Ein weiterer Aspekt von Umgang mit Gefühlen in der Interaktionsarbeit – nämlich die Arbeit an den eigenen Gefühlen – wird in Anlehnung an das von der amerikanischen Soziologin Hochschildt (1983) entwickelte Konzept „emotional labor" Emotionsarbeit genannt. Zur Emotionsarbeit zählen die Emotionskontrolle, also die Unterdrückung von Emotionen (z.B. Ekel, Ärger) sowie der Emotionsausdruck, also die Darstellung von Emotionen (z.B. Freundlichkeit). In beiden Varianten spielen vor allem widersprüchliche Empfindungen zwischen dem, was eine Pflegekraft fühlt, und dem, was sie – aus Sicht der Einrichtung und ggf. auch aus ihrer eigenen Sicht – gegenüber den Patienten fühlen soll, und die Art und Weise, wie sie für sich diesen Konflikt löst, eine Rolle. „Emotionsarbeit verlangt das Zeigen und Unterdrücken von Gefühlen, damit die äußere Haltung gewahrt bleibt, und die bei anderen die gewünschte Wirkung hat – in unserem Fall das Gefühl der Fluggäste, an einem angenehmen und sicheren Ort umsorgt zu werden." (Hochschildt 1990: 309) Dabei geht es um gesellschaftliche, berufliche und organisationale Regeln und Normen sowohl für das „Empfinden" (feeling rules) als auch für das „Ausdrücken" (expression rules) von Gefühlen. Diese legen das angemessene Ausmaß (jemand kann zu ärgerlich oder zu freundlich sein), die Richtung (jemand kann traurig sein, wenn er sich eigentlich freuen sollte) und die Dauer (jemand kann zu lange oder zu kurz Freude zeigen) von Emotionen fest.

In der Pflege stellen unfreundliche bis bösartige Patienten oftmals eine besondere Herausforderung für die Pflegekräfte dar, denn sie sollen gleichbleibend freundlich gegenüber diesen bleiben. Mancher Anblick in der Pflege berührt die Scham- und Ekelgrenzen der Pflegekräfte, aber sie sollen trotzdem Haltung bewahren. Auch die eigene Befindlichkeit, organisationale Belastung sowie Zeitdruck sollen den Patienten nicht deutlich werden. Gerade in der Asymmetrie der Pflegesituation liegen vielfältige Anforderungen an Emotionsarbeit. Pflegekräfte lösen die „emotionale Dissonanz" zum einen durch das Aufsetzung einer Maske bzw. das Spielen einer Rolle, so dass man ihnen nicht ansieht, wie es in ihnen innerlich aussieht. Zum anderen aber haben sie den Anspruch, ihre eigenen Gefühle zu beeinflussen, beispielsweise indem sie versuchen, den Patienten anders, also in seiner Hilfsbedürftigkeit, wahrzunehmen. Nach Hochschildt haben die Dienstleister für diese beiden Formen von Emotionsarbeit, die sie von ihren eigenen Gefühlen entfremdet, gesundheitliche „Kosten", beispielsweise durch Burnout, zu zahlen.[19]

Die Herausforderungen der Emotionsarbeit werden an folgenden Beispielen deutlich: Nicht alle Pflegepersonen mögen körperlich intime Nähe zu den Patienten, so dass sie darauf bestehen, dass das Ausmaß der Nähe, das sie den Patienten zubilligen, ihnen selbst überlassen sein muss. In diesem Sinne äußert sich eine Schwester in einem Altenpflegeheim, wo sie auf einer Station für Menschen mit dem" entiellen Erkrankungen arbeitet:

„Wir haben auch eine Kollegin gehabt, die hat sich dann auch von Bewohnern auf den Mund küssen lassen, da habe ich gesagt, das würde ich niemals zulassen."[20]

Einen Kuss auf die Wange würde sie tolerieren, aber nicht auf den Mund. D.h. das Finden und Setzen von eigenen Grenzen im Umgang mit dem Körper der Patienten ist als eine für das Wohlbefinden und authentische Verhalten der Pflegekraft wichtige, aber zugleich auch schwierige Anforderung zu sehen. Denn sie kann die einzelnen Patienten zudem nur unterschiedlich nahe an sich heranlassen, wofür sie auch von Kollegen schon gerügt wurde:

---

19   Arbeitspsychologische Untersuchungen haben überwiegend die Erkenntnis gebracht, dass emotionale Dissonanz das Risiko von Burnout erhöht (Nerdinger & Röper 1999; Büssing & Glaser 1999); Badura (2000: 320) grenzt das Risiko von Interaktionsstress auf Situationen ein, in denen der Widerspruch als das eigene Gefühls- und Interaktionsvermögen beeinträchtigend erlebt wird.

20   Empirisches Material (II-14, 20).

„Ich habe mir aber auch schon mal sagen lassen: ‚Wie? Wie kannst Du da Unterschiede machen? A ist doch genauso viel Wert wie B.' Wo ich sage: ‚Ist er mir ja auch, aber beim körperlichen Kontakt reagiere ich eben bei A anders als bei B.' [...] besser so, ja. Ja, wenn ich mich berühren lasse und mir ist dann ganz unwohl, dann bringt es auch nichts. Und das merkt so ein Mensch auch.“[21]

Sie versucht, die unterschiedlichen Gefühle und davon abgeleiteten Verhaltensweisen den Patienten gegenüber bei sich zu akzeptieren. Sie räumt ein, dass Sympathien und Gefühle der Pflegekräfte den Pflegebedürftigen gegenüber sicherlich eine große Rolle spielen. Aber wenn sie diese zu ignorieren versuchen würde, würde dies zu einem unechten Verhalten führen, das Pflegebedürftige in der Regel durchschauen würden. Aber sie muss es dann trotzdem schaffen, dass sich niemand von den Patienten vernachlässigt fühlt. Letztendlich geht es dabei ganz wesentlich um das Gefühl von Stimmigkeit für die Pflegekraft selbst.

In der Zulassung körperlicher Nähe geht es somit um ein sensibles Austarieren zwischen den Bedürfnissen der bedürftigen Person bzw. dem, was für diese in der Pflegesituation gut ist (beispielsweise ruhiger werden), und den eigenen Grenzen der Pflegekräfte, die sowohl von Normen als auch eigenen Empfindsamkeiten geprägt sind. Jedes Sich-Zwingen, die eigenen Grenzen zu überschreiten, würde zu unzumutbaren Belastungen für die Pflegekräfte führen. Trotzdem hadern die Pflegekräfte mit ihren Tabus, wie im obigen Beispiel die Rechtfertigungsversuche auf die Aufforderungen von Kollegen und Kolleginnen nach Gleichbehandlung aller Patienten zeigen.

Im Folgenden wird die Arbeit an den eigenen Gefühlen weiter gefasst als bei Hochschildt, weil sich in unserer Untersuchung der Pflegetätigkeit nicht nur die Widersprüchlichkeit zwischen erlebten und gezeigten Empfindungen als bedeutsam erwies, sondern generell die Meisterung vielfältiger eigener Gefühle, die in der Interaktion mit den Patienten, Bewohnern und ambulant Betreuten eine Rolle spielen. Auch hierzu einige Beispiele:

Regelmäßig das Sterben ansehen zu müssen und nichts dagegen tun zu können, kann eine große Belastung für Pflegekräfte darstellen. Auch bei ihnen kann der Glaube *„die Angst vor dem Tod"* mildern. Aber gerade dann, wenn ein Tod als besonders hartes Schicksal angesehen wird, also bei jüngeren Menschen oder Frauen mit kleinen Kindern, kann der Eindruck eines ungerechten Schicksals hochkommen, den die Pflegekräfte dann nicht gut verdauen können. So beschreibt eine weibliche Pflegekraft einen Fall, der ihr sehr zu schaffen machte: Sie hat eine junge Frau, die seit zehn Jahren Krebs hatte, im Sterben gepflegt, sie hat *„die so genannte Finalpflege"* gemacht. Diese Patientin ist *„elendig zu*

---

21   Empirisches Material (II-14, 22).

Grunde gegangen, hat Schmerzen, Ängste, das ganze Programm gefahren" und die Pflegekraft hat sich immer wieder gefragt, *„warum gerade die, die hat nie Irgendjemanden was getan."*[22] D.h. auch Pflegekräfte müssen Schicksale ihrer Schützlinge emotional bewältigen, ggf. einen Sinn darin finden und sich von dem Eindruck wieder lösen können.

Für viele Pflegekräfte ist deshalb ein Sterberitual wichtig, um abzuschließen, *„finde ich einen reellen Abschluss"*[23]. Mehrere Pflegekräfte machen den gestorbenen Patienten *„ein letztes Geschenk"*[24], indem sie diese waschen oder für sie beten. Auch dadurch können sie leichter einen Abschluss finden. Es zeigt sich somit, dass die Bewältigung des Schicksals der Patienten eine schwere emotionale Arbeit ist, für die Pflegekräfte Zeit brauchen, beispielsweise um sich damit aktiv auseinander zu setzen, um Rituale durchzuführen oder um Gespräche mit KollegInnen darüber zu führen (Kumbruck u.a. 2009). Werden diese Anforderungen von den Einrichtungen nicht gesehen und keine Zeit für die Bewältigung zur Verfügung gestellt, besteht die Gefahr des Burnout für die Pflegekräfte.

Emotionsarbeit hat in der Pflege zwei Seiten. Sie erfordert manchmal die Unterdrückung und damit die Entfremdung von den eigenen Gefühlen. Meist sind Pflegekräfte jedoch vor die Aufgabe gestellt, ihre eigenen Gefühle zu reflektieren und zu verarbeiten und auf diese Weise zu einem angemessenen emotionalen Verhalten zu kommen. Durch die „Beherrschung" der eigenen Gefühle können auch die Patienten beeinflusst werden, so dass darin auch das Potenzial zur Ermächtigung zum Lenken und zur Beherrschung der Patienten/ Bewohner liegt. Die in der Pflegeausbildung vielfach propagierte professionelle Distanz zum Schutz vor zu vielen Gefühlen löst sich in der von uns gefundenen Praxis meist in einer viel differenzierteren Umgangsweise mit den eigenen Gefühlen auf. Statt emotional unauthentischem Auftreten finden sich für die bewegenden Gefühle Modi der Reflektion, des Zweifelns und des Sprechens mit Dritten, die der Verarbeitung dienen – diese sind nicht voraussetzungslos: Pflegekräfte benötigen dafür Zeit, ein gutes Team und ggf. institutionalisierte Verarbeitungssettings. Für weniger bewegende Gefühle setzen Pflegekräfte auf eine gehörige Portion Pragmatismus, mit Hilfe derer der als angemessen angesehene Grad an Gefühlsempfinden und -ausdruck mit den Patienten ausgehandelt wird.

Widersprüche im Umgang mit eigenen Gefühlen zwischen Empfinden und Ausdrücken-Dürfen, die als problematisch angesehen wurden, zeigten sich in unserer Untersuchung beispielsweise bei der Regulierung der zugelassenen Nä-

---

22 Empirisches Material (III-9, 5).
23 Empirisches Material (III-4, 12).
24 Empirisches Material (III-4, 23).

he. Weitere widersprüchliche Empfindungen kamen manchen Pflegekräften in Patienteninteraktionen hoch, wenn es um Divergenzen zwischen ihren Ansprüchen an gute Pflege und institutionellen Machbarkeiten ging.[25] Des Weiteren fanden sich, wenngleich eher selten, Divergenzen zwischen eigenen moralischen Ansprüchen an das Empfinden und faktischem Empfinden.

Die Gründe für die Notwendigkeit von Emotionsarbeit, also der Arbeit an den eigenen Gefühlen, sind somit sehr vielfältig: Regelung von Nähe und Distanz im Verhältnis von Pflegekraft und Patient/Bewohner, Umgang mit der Asymmetrie der Pflegesituation, schwierige Patienten, die Erfahrung von Leiden und Tod, ethische Konfliktentscheidungen sowie eigene moralische Ansprüche. Voswinkel (2005: 291) betont, dass man hierbei von Emotionsmanagement sprechen sollte, das Kompetenzen und nicht, wie oftmals unterstellt, eine persönliche Disposition voraussetze.

Trotz ihrer großen Bedeutung für die Steuerung der Interaktion wird Emotionsarbeit in den Einrichtungen nicht wahrgenommen. Die Pflegekräfte jedoch spüren die Wirkungsmacht der Emotionsarbeit (dies wird beispielsweise in der Aussage einer Pflegekraft im Altenpflegeheim deutlich: *„da kann ich mit Nähe ganz viel erreichen"*) und erfahren somit Selbstwirksamkeit. Gewürdigt wird sie zudem in der personalen Interaktion durch die Pflegebedürftigen selbst.

Sperrigkeiten entstehen da, wo Pflegekräfte Grenzstellen bearbeiten müssen, beispielsweise ärztliche Anweisungen umsetzen, die sie selbst als ethisch falsch ansehen. In diesen Fällen wird der emotionale Konflikt zu einer großen psychischen Belastung. Ebenso belastend sind Situationen, die Pflegekräfte emotional berühren oder sogar aufwühlen, beispielsweise Leiden und Tod von Bedürftigen, zu denen sie eine nähere Beziehung aufgebaut haben. Da Pflegekräfte keine Maschinen sind, dürften solche Gefühle, auch wenn sie aus Institutionssicht als unprofessionelle Störfaktoren angesehen werden, nicht gänzlich vermeidbar sein.

Die Arbeit mit Gefühlen nimmt einen großen Raum in der Pflegetätigkeit an, aber sie wird nicht als Arbeit angesehen. Sie stellt eine große Herausforderung an die Professionalität der Pflegekräfte dar und birgt auch ein wesentliches Belastungspotential. Gleichwohl wird diese Arbeit zwar von den Patienten gesehen, aber nicht von den Einrichtungen und der Gesellschaft, und demzufolge auch nicht angemessen wertgeschätzt.

---

25 Diese Gefühlsambivalenzen sind auch der Positionierung des pflegerischen Aufgabenfeldes an der Grenzstelle zwischen Einrichtung und „Kunde", also dem Problem der „two bosses", geschuldet.

8   Pflege als Interaktionsarbeit ist unsichtbar

Dem Pflegeversicherungsgesetz liegt „ein reglementierter und stark verrich-
tungsorientierter Begriff von Pflegebedürftigkeit zugrunde" (Wiese 2005: 8).
Darüber hinausgehende verrichtungsunabhängige Bedarfe im Bereich der Kommunikation, die in bedürfnis- und interaktionsorientierten Pflegekonzepten starke
Berücksichtigung finden (Roper 1997; Wittneben 2003; Orem 1995), bleiben
dagegen im Gesetz unberücksichtigt. Auch wenn nach § 28 Abs. 4 SGB XI
Kommunikation bei der Leistungserbringung zur Vermeidung von Einsamkeit
berücksichtigt werden soll, sind kommunikative Bedürfnisse nicht leistungsbe-
gründend. Es herrscht, so Remmers (2009: 45), im Gesetz „ein instrumentales
Verständnis von Kommunikation, das insofern auf Fragen des Verständnisses
von Anleitungen oder auf Aufgaben der Beaufsichtigung beschränkt bleibt."
   Dementsprechend sind kommunikative Tätigkeiten keine systematischen
Aktivitäten von Pflegekräften, vielmehr finden Patientengespräche eher zufällig
und beiläufig statt und werden oftmals durch andere Arbeitsaufgaben unterbro-
chen, obwohl Pflegende Gespräche als bedeutungsvoll für die Beziehung zum
Patienten bewerten (Weidner 1995: 319). Nach Untersuchungsbefunden zur
Sicht der Patienten messen diese die pflegerische Versorgung daran, „inwieweit
diese dazu beiträgt, ihre Selbstwahrnehmung als eigenständiges, selbstbestimm-
tes, ganzheitliches und vollwertiges Individuum zu stützen" (Müller & Thielhorn
2000: 138). Bei der Bewertung der Pflege orientieren sich die Patienten vor allem an der Beziehungsqualität, dann an generellen Pflegeaktivitäten und zuletzt
an konkreten Pflegehandlungen (ebd. 138). Die Pflege wird somit aus Patienten-
sicht vor allem als Interaktionsarbeit angesehen, in der Pflegende über Empathie-
fähigkeit und Freundlichkeit verfügen und eine Helferpersönlichkeit besitzen
(ebd. 142f.). Dafür bedarf es personeller Kontinuität, ausreichender Zeit und
Zuwendung in Form von Gesprächen (ebd. 154ff.).
   In den Einrichtungen wird der durchaus hohe Anteil eigenverantwortlich
durchgeführter und der Heilung dienlichen Tätigkeiten der Pflege von den anderen Berufsgruppen nicht wahrgenommen und insgesamt ist ein Wertschätzungs-
defizit von Pflege, auch durch die eigenen Führungskräfte, zu konstatieren.
Mangel an Wertschätzung durch Führungskräfte gilt in der arbeitswissenschaftlichen Belastungsforschung als der Faktor, der am stärksten signifikant mit Ar-
beitsunfähigkeitstagen korreliert.[26] Demzufolge hoch sind die gesundheitlichen

---

26   Siehe hierzu Langhoff 2009 sowie Semmer, Jacobshagen, Meier & Elfering 2007. Letztere
     haben im Hinblick auf die Fremdbewertung den SAD-Faktor (Stress as Desrespect) als Burn-
     out-Indikator identifiziert. Dieser Faktor steigt infolge des Infragestellens der Legitimität von
     Handlungen, Stressoren und Aufgaben durch andere und ist Ausdruck eines Mangels an Wert-

Kosten der Pflegekräfte. Man könnte auch sagen, sie werden verschlissen, indem man ihre Bedeutung ignoriert.

9 Die Reaktion der Pflegenden – Sprachlosigkeit der Pflege

Der Theologe Manzeschke (2007) von der Universität Bayreuth spricht von Supererogation – mehr tun als moralisch gefordert, dies ist eine gerade in kirchlichen Kontexten vorfindliche Reaktion, die wir vielfach gefunden haben. Sie geht einher mit permanenter Überforderung (Burnout-Problemen) und führt doch allzu oft nur dazu, dass Organisationen das aus Einfühlungsvermögen gegebene Mehr – auch an Arbeitszeit – zum Anlass nehmen, die Arbeitsprozesse noch mehr zu rationalisieren und Pflegepersonal abzubauen. Damit überschätzen sie jedoch das Pflegepersonal, das auch nicht unendlich nur geben kann, wie ja die vielfältigen Schlagzeilen in der Presse zu Pflegeskandalen oder der Menschenrechtsbericht zur Lage älterer, pflegebedürftiger Menschen deutlich offenbart.

Faktisch ist das ein Verbrauchen von sozialen Ressourcen, ohne dafür zu sorgen, dass sie wieder aufgefüllt werden. Diese wurden in früheren Zeiten aufgebaut, jedoch, wie die frühere Frauenreferentin der EKD, Frau Häfner (2007) fürchtet, „irgendwann ist das soziale Kapital aufgebraucht".

Auf einer Tagung zur Situation der Pflege[27] monierten Pflegekräfte, dass es ihnen an einer geeigneten Sprache fehle, um aufzuzeigen, was gute Pflege sei, um die Bedeutung von Pflege für den Heilungsprozess sichtbar zu machen, und um die Grenzen der Zweckrationalisierung in der Pflege deutlich zu machen – sowohl für die Bedürftigen als auch für die Pflegekräfte selbst.

Der Rückgriff auf das Vokabular aus der kirchlich-diakonischen oder karitativen Tradition kann heutige Problemlagen nicht präzise fassen. So störte sich eine leitend in der Pflege tätige Teilnehmerin beispielsweise an dem Begriff der „liebevollen" Pflege als Gegenpol zum Liebesdienst. Der vermeintlich „neue" Begriff gehöre in die Privatsphäre und habe nichts im beruflichen Vollzug zu suchen. Adäquate Begriffe für diesen seien: professionell, anteilnehmend, empathisch, aufmerksam, zugewandt, achtsam. Es zeigt sich an diesem Einwurf, wie schwierig es ist, angemessene Begriffe für diese personennahe Tätigkeit zu finden in einer Zeit der Dominanz ökonomisch-betriebswirtschaftlichen Vokabulars.

---

schätzung, der in der Folge zu einer Selbstwertbedrohung wird. Ausführlich wird das Anerkennungsdefizit in der Pflege auch in Kumbruck, Rumpf & Senghaas-Knobloch 2010 behandelt.

27   Siehe hierzu Senghaas-Knobloch & Kumbruck 2007.

Dagegen wäre ein Bewusstsein zu entwickeln, dass unser Umgang mit alten, kranken oder behinderten Menschen eine ganzheitliche und gesamtgesellschaftliche Aufgabe ist, die wahrscheinlich nie kostendeckend sein kann, wenn sie den Maßstäben der Menschenwürde gerecht werden will. Und dies würde sich auch in der Sprache ausdrücken: Für andere sorgen – Fürsorgerationalität, Ethos fürsorglicher Praxis.

10 Ausblick: Gestaltung von Pflegearbeit

Becke (2010: in diesem Band) verweist zu Recht darauf, dass die Bemühungen um menschenwürdige Arbeit bzw. „Decent Work" nicht beim Dialog und bei normativen Anforderungen aufhören dürfen, sondern in Arbeitsgestaltung überführt werden müssen. Neben dem bloßen Einbezug von personennahen Dienstleistungstätigkeiten bedeutet dies vor allem, ihren arbeitsbezogenen Besonderheiten Rechnung zu tragen. Für Pflege bedeutet dies zum einen, die qualifikatorischen und emotionalen Anforderungen von Interaktionsarbeit zu verstehen. Zum besseren Verständnis leitet sich zunächst weiterer Forschungsbedarf zur Interaktionsarbeit in der Pflege ab. Zum anderen müssen für die Durchführung und Bewältigung der Anforderungen von Interaktionsarbeit entsprechende Unterstützungsmaßnahmen eingeräumt werden.

Bei der Arbeitsgestaltung steht an erster Stelle Zeit: Kommunizieren und Eingehen auf Menschen machen Pflegekräfte nicht nur nebenher; in den zwei Minuten, die für das Spritze Setzen vorgesehen sind, kann nicht noch ein richtiges Gespräch aufgebaut und kann die Befindlichkeit des Patienten nur sehr begrenzt wahrgenommen werden. Auch die Bewältigung von kritischen Situationen, beispielsweise der Tod eines über einen längeren Zeitraum gepflegten Menschen, kostet die Pflegekräfte Zeit. Der Tod mag in der Pflege Alltag sein, aber bei der Sterbebegleitung werden Pflegekräfte trotzdem davon berührt, ja, sollen auch davon berührt werden, sonst wären sie abgestumpft und würden den Sterbenden wie eine defekte und nicht mehr reparable Maschine aussondern.

Eng verknüpft mit der Forderung nach mehr Zeit ist die Gestaltungsmaxime ganzheitlicher Arbeitsaufgaben. Die durch Rationalisierungsprozesse entstandene Entmischung von Tätigkeiten und die damit verbundene einzige Konzentrierung (auch bei der Kostenabrechnung mit den Kassen) auf heilkundlich funktionale Tätigkeiten, wie z.B. Spritze geben, müssen zurückgenommen werden.

Andere wichtige Bedingungen sind Möglichkeiten zur kollegialen Beratung richtiger Pflegemaßnahmen wie auch zur gemeinsamen Bewältigung schwieriger Situationen, insbesondere in Form des Austausches im KollegInnenteam und als Supervision.

Indem die Bedeutung von Interaktionsarbeit gesehen wird, leiten sich daraus auch weiterreichende Qualifizierungsmaßnahmen ab, z.B. in Bezug auf empathisches Vorgehen. Die darin zum Ausdruck kommende Anerkennung des eigenständigen Zuganges und Beitrages von Pflege im Heilungsprozess müsste ein zentrales Anliegen sein. Dies setzt aber auch eine andere Organisationskultur in Pflegeeinrichtungen als bisher voraus. Auch eine bessere Entlohnung müsste ein sichtbares Zeichen der Anerkennung von Interaktionsarbeit sein.

Insbesondere müsste die Gestaltungsdyade Arbeitnehmer – Arbeitgeber durch das Gestaltungsdreieck Einrichtung – Pflegekraft – Pflegebedürftige ersetzt werden, denn die Arbeitsbedingungen von Pflegekräften und die Pflegebedingungen von Bedürftigen stehen in einem engen Wechselverhältnis, wie eingangs dargelegt wurde. Damit würde der ökonomistischen bzw. zweckrationalen Orientierung der Träger, Gesundheitskassen, Rentenversicherungen und Einrichtungen die für den Umgang mit Pflegebedürftigen angemessene Fürsorgerationalität entgegengestellt und es bestünde die Chance, dass die durch die vorherrschende – Fürsorge vergessende – Ökonomie entstandene Blindheit aufgelöst und, wie Senghaas-Knobloch (2010: in diesem Band) fordert, „Fragen der sozialen Reproduktion und des sozialen Zusammenhalts" wieder ins Blickfeld rücken würden.

Literatur

Aichele, Valentin & Schneider, Jakob (2006): Soziale Menschenrechte älterer Personen in Pflege. Berlin: Deutsches Institut für Menschenrechte. 2. überarbeitete Aufl.

Badura, Bernhard (2000): Psychische Belastung am Arbeitsplatz. Heidelberg: Springer

Becke, Guido (2010): Decent Work durch den Europäischen Sozialdialog – Eine trügerische Hoffnung, in diesem Band

Behrens, Johann, Horbach, Annegret & Müller, Rolf (2009): Forschungsstudie zur Verweildauer in Pflegeberufen in Rheinland-Pfalz (ViPb). Abschlussbericht. Halle (Saale): Martin-Luther-Universität Halle Wittenberg

Berufsgenossenschaft für Gesundheitsdienst und Wohlfahrtspflege (BGW) (Hrsg.) (2007): Sieht die Pflege bald alt aus? BGW-Pflegereport 2007. Hamburg

Böhle, Fritz & Glaser, Jürgen (2006): Arbeit in der Interaktion – Interaktion als Arbeit. Wiesbaden: VS Verlag

Böhle, Fritz, Brater, Michael & Maurus, Anna (1997): Pflegearbeit als situatives Handeln. In: Pflege, 10. 18-22

Büssing, André & Glaser, Jürgen (1999): Interaktionsarbeit: Konzept und Methode der Erfassung im Krankenhaus. In: Zeitschrift für Arbeitswissenschaft, 53. 164-173.

Dunkel, Wolfgang (1988): Wenn Gefühle zum Arbeitsgegenstand werden. In: Soziale Welt, 39. 66-85

Giesenbauer, Björn & Glaser, Jürgen (2006): Emotionsarbeit und Gefühlsarbeit in der Pflege. In: Böhle, Fritz & Glaser, Jürgen (2006): Arbeit in der Interaktion – Interaktion als Arbeit. Wiesbaden: VS Verlag. 59-84

Hacker, Winfried (2009): Arbeitsgegenstand Mensch. Psychologie dialogisch- interaktiver Erwerbsarbeit. Ein Lehrbuch. Lengerich: Pabst Science Publ.

Häfner, Sigrid (2007): Gesellschaftliche Bedingungen eines Ethos fürsorglicher Praxis. Ergebnisse des Workshops und weiterführende Reflektion. In: Senghaas-Knobloch, Eva & Kumbruck, Christel (Hg.): Vom Liebesdienst zur liebevollen Pflege. Loccumer Protokoll 80/07. Rehburg-Loccum. 113-120.

Hasselhorn, Hans-Martin, Tackenberg, P., Büscher, A., Stelzig, S., Kümmerling, A. & Müller, B.H. (2005): Wunsch nach Berufsausstieg bei Pflegepersonal in Deutschland. In: Hasselhorn, Hans-Martin u.a.: Berufsausstieg bei Pflegepersonal. Arbeitsbedingungen und beabsichtigter Berufsausstieg bei Pflegekräften in Deutschland und Europa. Bremerhaven: Wirtschaftsverlag NW.

Hochschildt, Arlie (1990): Das gekaufte Herz. Zur Kommerzialisierung der Gefühle. Frankfurt/M.: Campus

Hochschildt, Arlie R. (1983): The managed heart: Commercialisation of human feeling. Berkeley: University of California Press

Holtgrewe, Ursula (1997): Frauen zwischen Zuarbeit und Eigensinn. Berlin. edition sigma

Kreutzer, Susanne (2004): Vom ‚Liebesdienst' zum modernen Frauenberuf. Die Reform der Krankenpflege nach 1945. Frankfurt/M.

Kumbruck, Christel (1998): Tele-Kooperation und Hintergrundkooperation. In: Spieß, Erika (Hrsg.): Formen der Kooperation. Göttingen: Verlag für Angewandte Psychologie. 231-246

Kumbruck, Christel (2009): Diakonische Pflege im Wandel – Nächstenliebe unter Zeitdruck. Studien zur Pflege 1. Münster u.a.: LIT Verlag

Kumbruck, Christel (2009a):Veränderungen in den Beziehungsaspekten der Pflegearbeit – eine qualitative Studie zur kirchlichen Pflegearbeit. In: Arbeit, 1. 63-75

Kumbruck, Christel, Derboven, Wibke & Wölk, Monique (2009): Innere Kraftquellen in der diakonischen Pflege. Hannover: Sozialwissenschaftliches Institut der EKD

Kumbruck, Christel, Rumpf, Mechthild & Senghaas-Knobloch, Eva (2010): Das Ethos fürsorglicher (Pflege-)Praxis auf der Suche nach Wertschätzung – zum Erbe unsichtbarer Frauenarbeit in familialen und diakonischen Kontexten. Studien zur Pflege 3. Münster: LIT Verlag (i.E.)

Langhoff, Thomas (2009): Den demografischen Wandel im Unternehmen erfolgreich gestalten: Eine Zwischenbilanz aus arbeitswissenschaftlicher Sicht. Heidelberg: Springer

Manzeschke, Arne (2007): Organisationale Bedingungen für gute Pflege. Ergebnisse des Workshops und weiterführende Reflektion. In: Senghaas-Knobloch, Eva & Kumbruck, Christel (Hg.): Vom Liebesdienst zur liebevollen Pflege. Loccumer Protokoll 80/07. Rehburg-Loccum. 69-76

Mestrovic, Stjepan (1997): Postemotional society. London, Thousand Oaks: Sage

Müller, Klaus & Thielhorn, Ulrike (2000): Zufriedene Kunden? Die Qualität ambulanter Pflege aus Sicht der Patienten. Stuttgart: Kohlhammer

Nerdinger, Friedemann W. & Röper, Matthias (1999): Emotionale Dissonanz und Burnout. Eine empirische Untersuchung im Pflegebereich eines Universitätskrankenhauses. In: Zeitschrift für Arbeitswissenschaft, 53. 187-193

Orem, Dorothea E. (1995): Strukturkonzepte der Pflegepraxis. Berlin: Ullstein Mosby

Remmers, Hartmut (2009): Altersbilder in der Pflege. Expertise im Auftrag des Deutschen Zentrums für Altersfragen. KD 115. Osnabrück: Universität Osnabrück

Richenhagen, Gottfried (2007): Demographischer Wandel in der Arbeitswelt. Internationale Vergleiche weisen den Weg. In: Zeitschrift für Arbeitswissenschaft 2. 109-114

Rieder, Kerstin (1999): Zwischen Lohnarbeit und Liebesdienst. Weinheim: Juventa

Rinderspacher, Jürgen, Herrmann-Stojanov, Irmgard, Pfahl, Svenja & Reuyß, Stefan (2009): Zeiten der Pflege. Studien zur Pflege 2. Münster u.a.: LIT Verlag

Roper, Nancy, Logan, Winifred & Tierney, Alison J. (1997): Elemente der Krankenpflege. 4. überarb. Aufl. Baunatal: Recom

Semmer, Norbert, Jacobshagen, Nicola, Meier & Elfering (2007): Occupational stress research: The „Stress-as-offense-to-self" perspective. In: McIntyre, Susan & Houdmont, J. (Eds.): Occupational health psychology: European perspectives on research, education and practice. Vol. 2. Maia. Portugal: ISMAI Publishing. 43-60

Senghaas-Knobloch, Eva (2010): „Decent Work" – eine weltweite Agenda für Forschung und Politik, in diesem Band

Senghaas-Knobloch, Eva (2007): Zeit für fürsorgliche Praxis. Pflegeethos und Erfahrungen von Frauen und Männern in Pflegeberufen. In: Senghaas-Knobloch, Eva & Kumbruck, Christel (Hg.): Vom Liebesdienst zur liebevollen Pflege. Loccumer Protokoll 80/07. Rehburg-Loccum. 77-94

Senghaas-Knobloch, Eva & Kumbruck, Christel (Hg.) (2007): Vom Liebesdienst zur liebevollen Pflege. Loccumer Protokoll 80/07. Rehburg-Loccum. 113-120

Strauss, Anselm, Fagerhaugh, Shizuko, Suczek, Barbara & Wiener, Carolyn (1982): Sentimental work in the technological hospital. In: Sociology of Health and Illness, 4. 254-278

Voswinkel, Stephan (2005): Welche Kundenorientierung. Anerkennung in der Dienstleistungsarbeit. Berlin: edition sigma

Wærness, Kari (2000): Fürsorgerationalität. In: Feministische Studien extra. Weinheim: 54-66

Weidner, Frank (1995): Professionelle Pflegepraxis und Gesundheitsförderung. Eine empirische Untersuchung über Voraussetzungen und Perspektiven des beruflichen Handelns in der Krankenpflege. Frankfurt/M.: Mabuse-Verlag

Weishaupt, Sabine (2006): Subjektivierendes Arbeitshandeln in der Altenpflege – die Interaktion mit dem Körper. In: Böhle, Fritz & Glaser, Jürgen (2006): Arbeit in der Interaktion – Interaktion als Arbeit. Wiesbaden: VS Verlag. 85-106

Wiese, Ursula E. (2005): Rechtliche Qualitätsvorgaben in der stationären Altenpflege. Leitfaden durch den Gesetzesdschungel. München: Urban & Fischer

Wittneben, Karin (2003): Pflegekonzepte in der Weiterbildung für Pflegelehrerinnen und Pflegelehrer. Leitlinien einer kritisch-konstruktiven Pflegedidaktik. 5. neubearb. Auflage. Europäische Hochschulschriften: Reihe 11. Frankfurt/M. u.a.: Lang

Haushaltsdienstleistungen: unsichtbar und „dirty"?

Birgit Geissler

1 Einleitung

Die Förderung von „Arbeit in Freiheit, Sicherheit und Würde"[1] scheint in Deutschland kein besonders vordringliches Ziel zu sein; ungeachtet der Ausdifferenzierung und Flexibilisierung von Arbeitsverhältnissen und Arbeitszeiten dominiert in den meisten Branchen weiterhin rechtlich und tariflich abgesicherte Vollzeit- oder Teilzeitarbeit. Der Maßstab für die Bewertung eines Arbeitsverhältnisses ist hier weiterhin das „Normalarbeitsverhältnis" (Mückenberger 1985). Am anderen Ende der Skala von Erwerbsarbeit stehen jedoch verschiedene Formen informeller Arbeit, bei denen die Arbeitenden kaum „Rechte bei der Arbeit, Beschäftigung, Sozialschutz und Sozialdialog"[2] haben. In Deutschland gehören Haushaltsdienstleistungen zu diesen Erwerbsformen, die für staatliche Institutionen ebenso wie für Gewerkschaften unsichtbar und ungreifbar bleiben.

Haushaltsarbeit als Arbeit für Andere kommt in modernen Gesellschaften in drei Rechts- und Sozialformen vor:

- Als unbezahlte Tätigkeit, ganz überwiegend von Müttern, Töchtern, Ehefrauen geleistet, ist sie Teil der privaten Sorge im Rahmen der „natürlichen Bestimmung der Frau" und ist damit unsichtbar gemachte, „verschwiegene" Arbeit;
- als bezahlte Dienstleistung ist sie sowohl in der industriegesellschaftlichen Logik wie auch in der postindustriellen Logik von Wissensarbeit „abgewertete" Arbeit[3];
- als neue Sklavenarbeit ist sie in vielen reichen Ländern (Arabien, Südamerika, aber auch in Europa) „rechtlose" Arbeit[4].

---

1 „Das vorrangige Ziel der IAO besteht heute darin, ... menschenwürdige und produktive Arbeit in Freiheit, Sicherheit und Würde" zu fördern. IAA 1999: 4, zitiert nach Senghaas-Knobloch 2008.
2 IAA 1999: 4, zitiert nach Senghaas-Knobloch 2008.
3 Vgl. Geissler 2003; 2006.
4 Vgl. Anderson 2006 zu einer umfassenden (weltweiten) Analyse der zweiten und der dritten Form.

Die folgenden Überlegungen beziehen sich auf die zweite Form in ihrer in
Deutschland ganz überwiegend anzutreffenden Form: es geht um Haushaltsdienstleistungen als formell selbstständige Haupt- oder Nebenerwerbstätigkeit
von Frauen[5], die in privaten Haushalten putzen, bügeln, Kinder betreuen und
ähnliche Arbeiten ausführen. Ein kurzer Blick auf die Realität dieser Dienstleistungen zeigt: es handelt sich offensichtlich nicht um „decent work", also um
rechtlich abgesicherte, sozial anerkannte Arbeit mit angemessenem Verdienst
(vgl. Geissler 2003). Vielmehr gehören Haushaltsdienstleistungen zu den „Je-
dermanns/Jedefrau"-Tätigkeiten in einem informellen Arbeitsmarkt; die Arbeitsbedingungen sind nicht geregelt und beruflicher Status und Qualifikationsanforderungen sind unklar. Die Arbeitssituation im privaten Haushalt beruht auf einem informellen (meist mündlichen) Vertrag aufgrund unvollständiger Informationen; das Arbeitsverhältnis ist von beiden Seiten formlos kündbar. Es gibt nur
unklare Kriterien für das Lohnniveau bei regional unterschiedlichen Standards
und unspezifizierten Arbeitsanforderungen. Kollektive Organisierung und Interessenvertretung fehlen. Und kaum jemand wird bestreiten, dass die Bezahlung
angesichts der Schwere der Arbeit unangemessen ist.

Aufgrund dieser Merkmale wird das Arbeitsangebot für private Haushalte
weder im Alltag noch in der wissenschaftlichen Beobachtung als reguläre Erwerbsarbeit wahrgenommen. Nicht zufällig ist die private Haushaltsarbeit bisher
kein Gegenstand der Arbeitssoziologie; als Dienstleistungsarbeit wird sie erst
neuerdings wissenschaftlich analysiert. Haushaltsdienstleistungen werden (jedenfalls in Deutschland) nicht statistisch erfasst; in amtlichen Statistiken sind sie
Teil der personenbezogenen Dienste. Dies alles sind Indikatoren dafür, dass
diese Arbeit auf der untersten Ebene der Hierarchie von Erwerbsarbeit angesiedelt ist – aber warum ist das so?

Als Haushaltsdienstleistungen werden hier Erwerbstätigkeiten in technisch-
instrumenteller Haushaltsarbeit, in Kinderbetreuung und Pflege verstanden, die
einen Bezug zum Haushalt haben und von privaten Haushalten nachgefragt werden. Trotz der Vielfalt der ausgeübten Tätigkeiten und der offensichtlichen Bedeutung dieser Dienste in modernen Gesellschaften wird in fast allen Ländern
der Welt die rechtliche, materielle und symbolische Anerkennung der geleisteten
Arbeit verweigert. Welche Besonderheiten haben Haushaltsdienstleistungen, die

---

5   Wie in anderen Arbeitsmarktsektoren, etwa im Einzelhandel oder im Transportwesen, korres-
     pondieren diffuse Arbeits- und Qualifikationsanforderungen mit geringem Einkommen und ei-
     ner belastenden Arbeitssituation. In diesem Sektor beschäftigt zu sein, ist meist Folge einer be-
     ruflichen Abwärtskarriere oder diskontinuierlicher Erwerbsbeteiligung. Die gender-Kompo-
     nente dieser Arbeit wird im Folgenden einfach als bekannt vorausgesetzt und ihre Ursachen
     und Folgen werden hier nicht diskutiert.

sie dafür prädestinieren, in diesem Sinne als abgewertete Arbeit ausgeübt zu werden? Zwei Hypothesen werden dazu im Folgenden ausformuliert: Im ersten Teil wird das Konzept des „dirty work" auf Haushaltsdienstleistungen angewandt. Im zweiten Teil wird argumentiert, dass die Privatheit des Arbeitsorts die Abwertung als irreguläre Erwerbsarbeit mit sich bringt. Abschließend folgen einige Überlegungen zu der Frage, welche Entwicklungstendenzen hin zu „decent work" sich ausmachen lassen

2 Haushaltstätigkeiten als „dirty work"

Wie kann die Missachtung der Erwerbsarbeit im Haushalt mit dem Konzept des „dirty work" analysiert werden? Mit diesem Begriff wird nicht nur auf die Tatsache angespielt, dass es tatsächlich und unvermeidlich um die Arbeit mit und die Bearbeitung von Schmutz und Unordnung geht. Der sozialpsychologisch-identitätstheoretische Ansatz, der mit diesem Begriff arbeitet, behandelt die Frage, in welcher Weise Beschäftigte in diskriminierten Berufen eine unbeschädigte Berufsidentität aufrecht erhalten können (vgl. Kreiner/Ashfort/Sluss 2006). In Absehung dieser empirischen Fragestellung der Autoren erscheint mir die Beschreibung und Klassifikation der Stigmata in bestimmten – vielen – Erwerbstätigkeiten interessant für die Analyse von Haushaltsdienstleistungen.

Überraschend, aber durchaus überzeugend ist zunächst die Aussage der Autoren, dass „virtually all occupations are associated with at least some dirty work some of the time." (a.a.O.: 621) Der gelegentliche Umgang mit „dirty work" ist also kein Minderheitenschicksal, sondern betrifft beispielsweise auch Automechaniker, Zeitungsreporter, Priester und Bankangestellte. Die Unterscheidung von drei Arten bzw. Quellen von Stigma erbringt eine Typologie von mehr oder weniger stigmatisierten Beschäftigungen. Zur Stigmatisierung einer Tätigkeit als zumindest in Anteilen „dirty work" kann (1) ein physischer Makel (physical taint), (2) ein sozialer Makel (social taint) und (3) ein moralischer Makel (moral taint) beitragen. Je nachdem, in welcher Stärke oder wie umfassend eine konkrete Tätigkeit mit diesen Makeln verbunden ist (oder diese ihr zugeschrieben werden), ist die Tätigkeit mit einem umfassenden Stigma als dirty work (Typ 1) oder mit einem nur schwachen (Typ 2) bzw. nur Teile der Arbeit betreffenden (Typ 3) Stigma belegt[6]. (Die in Typ 4 genannten Berufe werden nicht von einem der Makel berührt.)

---

6   Vgl. die Übersicht bei Kreiner u.a. 2006: 622.

Es geht in diesem Ansatz um Erwerbsarbeit in Berufen, die unter anderem auch mit sozial oder moralisch angreifbaren Aufgaben oder Personen zu tun haben oder die von schwerer und schmutziger körperlicher Arbeit geprägt sind. Haushaltsdienstleistungen (und die Arbeit im Haushalt generell) kommen dabei nicht vor. Dennoch erscheint mir „dirty work" als ein hilfreiches analytisches Konzept – und als ein Begriff, der intuitiv auf Haushaltsarbeit anwendbar erscheint. Ein starker „physical taint" ergibt sich aus dem Umgang mit Schmutz und der (auf Dauer vergeblichen) Herstellung von Sauberkeit. Mit dieser zugleich unausweichlich körperbezogenen Seite und der impliziten Thematisierung bzw. Kompensation von Schwäche ist ein „social taint" verbunden, der noch verstärkt wird, weil die Arbeit als Einzelarbeit im Privathaushalt faktisch unsichtbar ist und ihr sozialer Nutzen zweifelhaft erscheinen kann. Selbst ein „moral taint" wird vielfach im Alltagswissen mit Haushaltsdienstleistungen verbunden; Unehrlichkeit und Unzuverlässigkeit sind demnach verbreitete Eigenschaften der Personen, die in diesem Bereich tätig sind. Der moralische Makel färbt sogar auf die Auftraggeber ab; schließlich sind es Arbeiten, „die jeder selbst erledigen" sollte[7]. Es ist (zumindest in Deutschland) anrüchig, „sich bedienen zu lassen".

Die De-Thematisierung und Ablehnung haushaltsbezogener Dienstleistungen geht – so meine These – auf die spezifische Verbindung von „physical taint" und „social taint" zurück, die vor allem die körperbezogenen Arbeitsaspekte betrifft, die in der modernen Gesellschaft vor der Öffentlichkeit (und manchmal vor der eigenen Person) verborgen bleiben sollen. Ein analytischer Blick auf diese Arbeitsanteile ist schwer zu entwickeln. An einem Beispiel – einem neueren sozialwissenschaftlichen Text[8] – will ich das kurz darlegen. Der Autor referiert eine Studie von M. Young (1958) zur Meritokratie. Young konstruiert entlang der „Ungleichheit der Talente" drei Beschäftigten-Klassen: unterhalb der gut ausgebildeten, fähigen und sozial anerkannten „Meritokraten" gibt es einmal das „Pionierkorps", das (in den Worten Dahrendorfs) aus denjenigen besteht, die „all die Handarbeiten (tun), die gewisse Fertigkeiten verlangen und vor allem unentbehrlich sind. Dann gibt es diejenigen, bei denen es auch zum Pionierkorps nicht reicht. Sie bilden ein „Home Help Corps", ein „Haushaltshilfskorps" für die ganz persönlichen Dienstleistungen, die sonst keiner mehr anfassen will und ohne die es dennoch nicht geht."[9]

---

7   Dies ist einer der häufigsten Gründe, mit denen die Inanspruchnahme von Haushaltsdienstleistungen abgelehnt wird. In unserer repräsentativen empirischen Studie zu den Gründen für den Verzicht (Bergmann/Geissler/Pohlheim 2008) wurde dieses Argument von 75 % der befragten Haushalte in der Bundesrepublik, in denen mindestens ein Erwerbstätiger lebt, vorgebracht.
8   Dahrendorf 2002.
9   a.a.O.: 67.

Dieses Zitat zeigt (mit offensichtlich zustimmender Referenz) explizit die Abwertung von Handarbeit, soweit sie sich nicht auf die Produktion von Gütern bezieht, sondern auf persönliche Dienstleistungen gerichtet ist. Da Dahrendorf (2002) zunächst von den (höher stehenden) produktiven Handarbeiten als unentbehrlich spricht, kommt die gleiche Schlussfolgerung – „ohne die es dennoch nicht geht" – zu den niederen Dienstleistungen unerwartet. Geradezu gekränkt wird jedoch ihre Notwendigkeit anerkannt; zugleich schlägt die Bedrohlichkeit der mit körperbezogener Nähe assoziierten Arbeit („die sonst keiner mehr anfassen will") unmittelbar durch. Die Missachtung dieser Arbeit und die Abwehr gegen sie konnte also von Sozialwissenschaftlern nicht nur in den 1950er Jahren (bei Young) ungeschminkt formuliert werden, sondern drückt sich auch in dem aktuellen Text aus.

Wie lässt sich die Schlussfolgerung, dass es ohne sie „dennoch nicht geht", erklären? Eva Senghaas-Knobloch (1999) hat heraus gearbeitet, dass die „Angewiesenheit" auf die Kooperation – oder auch auf die Unterstützung durch Andere – ein unhintergehbares Merkmal menschlicher Existenz ist. Arbeit in der Erwerbssphäre wie in der Sphäre von unbezahlter und Eigenarbeit hat als Ausgangspunkt die anthropologische Konstante der Angewiesenheit des Individuums auf die Kooperation mit Anderen. So schreibt sie in Anlehnung an Adam Smith: "Arbeitsteilung entsteht ... auf der Grundlage ursprünglicher Angewiesenheit der Menschen aufeinander und ermöglicht (...) wachsenden Wohlstand."[10] In der marktwirtschaftlichen Sphäre geht es um den Tausch von Gütern und Zahlungsmitteln bzw. differenzierten Arbeitsfähigkeiten. Angewiesenheit ist hier über Vertragsbeziehungen zwischen autonomen Marktteilnehmern vermittelt. Die private Lebensführung ist demgegenüber von existentieller Angewiesenheit auf Unterstützung durch Andere (auch jenseits der Grenzen des eigenen Haushalts) geprägt. Jedoch erst in der Moderne mit der Trennung in Öffentlichkeit und Privatsphäre und mit der Zuordnung privater Wirtschaftätigkeit zur öffentlichen Sphäre im Laufe des 19. Jahrhunderts ist die Erwerbsarbeit von „Sorge- und Treueverhältnissen wie von Sachleistungen bereinigt" (Offe 2000: 495). Die wechselseitige Angewiesenheit der Menschen wird nun mit Schwäche und Abhängigkeit (Geissler 2002) konnotiert und begrifflich in die private Sphäre verbannt. Dass im Haushalt auch gearbeitet wird, ist heute allerdings nicht mehr umstritten. Erst die gemeinsame Betrachtung von Erwerbsarbeit und privater Arbeit unter dem Aspekt der Angewiesenheit stellt jedoch die Gleichrangigkeit her: als Interdependenz der gesellschaftlichen Arbeitsteilung in der soge-

---

10   Senghaas-Knobloch 1999: 5.

Birgit Geissler

nannten produktiven Sphäre mit der individuell-interaktiven ganzheitlichen Sorge im privaten Raum.[11]

Implizit zeigt Dahrendorf in seiner Formulierung die (männliche?) Abwehr gegen die Zumutung, bei persönlichen Dienstleistungen auch Dinge und Personen „anfassen" zu müssen – bzw. angefasst zu werden. Dies ist keine marginale Formulierung, die auch anders hätte ausfallen können; vielmehr strukturiert er seine auf diese Passage folgenden Ausführungen entlang der Unterscheidung anfassen-nicht anfassen. Der Verweis auf die geringe Produktivität und Qualifikationsanforderungen entpuppt sich hier – da die Abwehr von Schmutz und körperlicher Nähe (vgl. Thiessen 2004) kaum verhüllt aufscheint – als der Vorwand, der immer schon verhindert hat, genau hinzuschauen, welche formellen Qualifikationen und informellen Kompetenzen notwendig sind, um Haushaltsarbeit in ihrer Vielfalt ausführen zu können.

Die diskursive Strategie, die Angewiesenheit der Menschen mit Schwäche und Abhängigkeit zu verbinden und in die private Sphäre zu verbannen, hat weit reichende Folgen für die Wahrnehmung der Arbeit im Privaten. Während Wirtschaft und Erwerb mit Aktivität und Unabhängigkeit verbunden werden und terminologisch die Produktion und die Arbeit für sich ‚pachten' können, wird der Haushalt zum Ort von Erholung, Freizeit und Konsum. Erst mit der Trennung der beiden Ökonomien in gewinnorientierte Wirtschaftsunternehmen und subsistenzorientierte Haushalte entsteht historisch die (private) Haushaltsarbeit, die zugleich wegen der Abgrenzung des Haushalts von der Sphäre der Wertschöpfung ihren Arbeitscharakter verliert (vgl. Hausen 2000). Wenn sie jedoch als erwerbsförmige Dienstleistung im Haushalt ausgeübt wird, wird sie als dirty work abgewertet – oder bleibt als Dienstbotenarbeit (im frühindustriellen Europa) oder als neue Sklavenarbeit heute rechtlose Arbeit.

3   Die Privatheit des Arbeitsortes bei Haushaltsarbeit

Der Haushalt als vom Öffentlichen abgegrenzter Ort des Privatlebens macht Haushaltsarbeit in jedem Fall zu unsichtbarer Arbeit. Daher ist es kein Zufall, dass das arbeitssoziologische Wissen zu haushaltsbezogenen Dienstleistungen beschämend gering ist. Wir wissen wenig über Arbeitsformen und Kooperationsweisen, über Sozialbeziehungen oder formelle und informelle Marktprozesse. Die neuere Diskussion in Deutschland konzentriert sich auf die arbeitsmarktpolitische Seite und die institutionelle Rahmung (z.B. Weinkopf 2001) sowie auf die

---

11   Diese Wechselbeziehung wurde schon in der frühen Frauenforschung mit dem Theorem der Freisetzung des Mannes für Lohnarbeit durch die Arbeit der Frau benannt.

Förderung „familienunterstützender Dienstleistungen". Auf der Seite der Sozialwissenschaft entwickelten sich jedoch inzwischen aus dem Forschungsinteresse an informeller Arbeit, an der Lebenslage von Trans-Migrantinnen[12] und aus den Studien zum Verhältnis von Arbeit und Leben auch Forschungsfragen zur Arbeit im privaten Haushalt.

Dieser letzte Punkt – Privatheit als Arbeitsort – spielt in der wissenschaftlichen Debatte bisher jedoch kaum eine Rolle. Daher verfolge ich nun (sehr explorativ) die zweite These, die zur Beantwortung der Frage beitragen soll, warum diese Arbeit auf der untersten Ebene der Hierarchie von Erwerbsarbeit angesiedelt ist. Dass Haushaltsdienste nicht nur in Deutschland ganz überwiegend zu rechtlich und sozial prekären Bedingungen ausgeübt werden, hat auch mit dem Arbeitsort zu tun. Im privaten Haushalt der Auftraggeber bzw. Arbeitgeber tätig zu sein, geht damit einher, dass die für Erwerbsarbeit charakteristische persönliche Distanz zum Arbeitgeber teilweise oder ganz aufgehoben wird. Auch die mit dem formalisierten Vertragsverhältnis gegebene Abgrenzung von Arbeitsauftrag und privaten Interessen ist geschwächt. Das drückt sich in der zeitlich flexiblen und im Umfang wechselnden Inanspruchnahme durch die Haushalte sowie auch darin aus, dass es keine verallgemeinerten Standards für die Bezahlung der Dienstleistungen gibt.

Die Arbeitsbeziehung erscheint daher auf der Seite des Tauschs eher unterdeterminiert. Dienstleistungsarbeit ist geprägt von lokalen Marktstrukturen mit unterschiedlichen Lohnhöhen in einem informellen Markt und mit unregelmäßigen Arbeitszeiten auf der Basis individueller Aushandlungsprozesse. Dennoch werden die aus der privaten Arbeit abgeleiteten Anforderungen nicht dominant; erwartet wird nicht uneigennütziges – ökonomisch nicht-rationales – Handeln. Der Entgeltanspruch wird nicht grundsätzlich bestritten. Für Haushaltsdienstleistungen gilt jedoch, dass objektivierte (z.B. in Tarifverträgen oder Ausbildungsordnungen festgelegte) Kriterien für ‚gute' Arbeit fehlen und es daher keine Tradition und folglich keine Instrumente der Leistungsmessung und -bewertung gibt. Beiden Seiten, Haushalt wie Dienstleisterin, fehlen deshalb die Kriterien für eine leistungsorientierte Bezahlung (Geissler 2006).

Die geringe Spezifizierung von Haushaltsdienstleistungen als gering qualifizierte „Jedermanns-" bzw. „Jede-Frau"-Arbeit, die Jede/r auch selbst erledigen kann hat zur Folge, dass (wie vielfach auch bei der privaten Haushaltsarbeit) nur der Aspekt der körperlichen Anstrengung und Belastung wahrgenommen wird. Die über die Eigenarbeit hinaus gehenden Aspekte von Erwerbsarbeit im Haushalt werden übersehen: das gilt sowohl für die technischen Anforderungen wie für die je nach Auftraggeber differierenden Ansprüche an Flexibilität und psy-

---

12 Vgl. die exemplarischen Beiträge in Gather/Geissler/Rerrich 2002 sowie Anderson 2006.

chische Belastbarkeit. Weiter gehende Anforderungen wie Beobachtungs- und Kommunikationsfähigkeit, Effektivität, Systematik und Sorgfalt der Arbeitsausführung werden nicht als Leistungsmerkmale, sondern als selbstverständlich erwartbare Eigenschaften von Personen angesehen.

Ein weiteres Argument betrifft die die Tatsache, dass die Dienstleistungsarbeit in die Alltagsorganisation eines Haushalts eingebunden wird. Dabei ist relevant, dass die gleichen oder sehr ähnliche Arbeiten auch von den Auftraggebern selbst ausgeführt werden oder früher ausgeführt wurden. Die Routinen und Standards dieser Eigenarbeit sind normativ verankert und im allgemeinen als Elemente des Habitus' weitgehend vorbewusst. Meist sind die Auftraggeber also – zumindest in ihrem Selbstverständnis – Experten für die Art der Arbeitsausführung. Auch wenn sie das von sich weisen sollten, haben sie doch in aller Regel präzise Vorstellungen über das Arbeitsergebnis und Umfang und Dauer der entsprechenden Arbeiten. Haushaltsdienstleistungen müssen daher so gestaltet sein und ausgeführt werden, dass sie mit diesen Vorstellungen nicht konfligieren.

Darüber hinaus beeinflusst die Bindung der privaten Arbeit an Beziehungen und Kontexte auch die Ausübung bezahlter Arbeit in diesem Bereich. Tätigkeiten im Haushalt sind schließlich nicht auf ihre technisch-instrumentelle Seite zu reduzieren. Denn der Haushalt ist auch ein Ort spezifischer Werte und kultureller Praktiken, welche die Standards und Arbeitsweisen, die Arbeitsteilung wie auch die Inanspruchnahme von Dienstleistungen präformieren. Private Haushaltsarbeit zeichnet sich daher durch komplexe, an den Bedürfnissen der Haushaltsmitglieder orientierte Arbeitsformen aus, die oft parallel ausgeübt werden und eine emotional-interaktive – empathische – Komponente haben.

Wie kann vor diesem Hintergrund Erwerbsarbeit aussehen? Können Dienstleisterinnen sich auf die Logiken der Distanzierung und der Monetarisierung zurückziehen, oder müssen sie diese mit den Logiken privater Arbeit – Empathie und Unentgeltlichkeit – vermitteln? Zur Beantwortung dieser Fragen können Studien zu sozialen Dienstleistungen einen Beitrag leisten. Zum einen ist Empathie als Anforderung der Arbeit[13] in diesen Tätigkeiten unbestreitbar gegeben. Ein von diesen Logiken geprägtes Handeln in Pflege oder Erziehungsarbeit unterdrückt Interessendivergenzen. Es geht von normativ fundierten und interaktiv anerkannten Ansprüchen des 'Gegenübers' aus. Bei der Arbeit in der Krankenpflege beispielsweise wird personale Zuwendung und Interesse an Menschen verlangt – operationalisiert als Geduld, Interesse an persönlichen Lebenslagen, Unterdrückung von Aggression und negativen Gefühlen. Daher wird Empathie

---

13   So schon Daniel Bell (1979: 164): „Begegnung und die Reaktion des Ich auf den Anderen (...), sie ist grundlegend für die Arbeit in der nachindustriellen Gesellschaft". Vgl. auch die Literatur zu „emotion work" seit Arlie Hochschild 1979.

als eine Handlungslogik des privaten Bereichs in modifizierter Form auch für Dienstleisterinnen im privaten Haushalt relevant. So wird erwartet, dass sie ‚sehen', was zu tun ist, und ‚wissen' wie es getan werden soll – obwohl sie die entsprechenden Kenntnisse und Habitualisierungen in der Regel nicht mitbringen. Empathie im Arbeitshandeln heißt für Dienstleisterinnen auch: Sie sollen ein persönliches Interesse an den Personen, die im Haushalt leben, und an deren Lebensweise zeigen und ihre eigenen Interessen zurück stellen. Durch diese Konstellation wird eine marktförmige Wertbestimmung von Haushaltsdienstleistungen erschwert, weil die gleichen Arbeitsvollzüge auch unbezahlt erledigt werden. Lohnforderungen, die sich an anderen Dienstleistungen orientieren, kommen deshalb unter Druck.

Zum anderen sind in sozialen Berufen Distanzierung und Monetarisierung nur unvollkommen ausgeprägt[14]. Forschungsergebnisse zeigen, dass die Interaktionsseite der Arbeit (der „Kontakt mit Menschen") von vielen Beschäftigten so hoch bewertet wird, dass sie die vergleichsweise schlechte Bezahlung hinnehmen[15] und sogar eigene Ressourcen in die Verbesserung der Arbeitssituation investieren. In Übertragung dieser Erkenntnisse auf Dienstleistungsarbeit für Haushalte ergibt sich, dass eine Balance zwischen Distanzierung und Empathie, Monetarisierung und Unentgeltlichkeit gefordert ist. Für die Frage, wer die Arbeit im Haushalt erledigen kann, sind daher nicht nur die den Arbeitsmarkt strukturierenden Kriterien (etwa die formale Qualifikation) ausschlaggebend; wichtig ist vielmehr die Fähigkeit, beiden Handlungslogiken entsprechen zu können. Eine aus der Rolle als Erwerbstätige abgeleitete Distanzierung von den Interessen der Auftraggeber, aber auch von ihren Vorstellungen über die ‚richtige' Ausführung der Arbeit, ist daher nicht durchgängig möglich. Zugleich bleibt häufig die Rolle der Auftraggeber in der Arbeitsbeziehung diffus, denn da die Dienstleisterin keinen Rückhalt in einem Unternehmen, also keine organisationale Position hat, besteht für die Auftraggeber nicht die Notwendigkeit, die eigene Rolle klar auszuformulieren.

4 Schluss

Abschließend ein Hinweis zu den Voraussetzungen, die auf der Seite der Haushalte für eine Normalisierung von Haushaltsdienstleistungen als reguläre Erwerbsarbeit, als „decent work", gegeben sein müssten. Im Anschluss an die bis-

---

14 Studien und empirische Fallbeispiele zeigen, dass Dienstleister/innen selbst nur selten Lohnerhöhungen fordern (vgl. z.B. Gather/Meißner 2002).

15 Das titelgebende Zitat einer Studie zu Hauspflegerinnen (Wulfers 1987) lautet: "...das kann man sich nicht bezahlen lassen."

herige mikrosoziologische Argumentation werden die makrosozialen und politischen Bedingungen einer solchen Normalisierung hier nicht angesprochen.

Wie erwähnt, werden von der Seite des Haushalts Dienstleistungen explizit oder implizit an den eigenen (unausgesprochenen) Praktiken und Standards für Haushaltsarbeit gemessen. Das gilt sowohl für routinisierte Arbeitsvollzüge wie auch für interaktiv geprägte Tätigkeiten, etwa in der Kinderbetreuung. Damit gehen häufig überzogene und unrealistische Erwartungen an die Anpassungsfähigkeit und -bereitschaft der Dienstleisterinnen einher. Ein unkompliziertes Dienstleistungsverhältnis als Voraussetzung für die Verbreitung regulär verfasster Arbeitsverhältnisse wird sich – dies wäre eine mögliche Schlussfolgerung – vor allem bei solchen auftraggebenden Haushalten herstellen, in denen die Haushaltsmitglieder ihren eigenen Habitus distanziert sehen und auch andere Formen der Haushaltsarbeit als ihre eigenen für angemessen halten können.

Insbesondere müssen die Haushalte akzeptieren, dass es sich um eine abstrakte Arbeitsbeziehung handelt: Damit können sie zugleich ihre Position als die Person, die die Anweisungen (und das Geld) gibt, gegenüber derjenigen, die die Arbeit ausführt, bewusst annehmen und – in Anerkennung von deren Rechte – gestalten. Eine solche Formalisierung des Arbeitsverhältnisses auf der Mikroebene ist m.E. die Voraussetzung für eine weiter gehende rechtliche und arbeitsmarkt- und sozialpolitische Formalisierung dieser Erwerbsarbeit.

Verwendete Literatur

Anderson, Bridget (2006): Doing the Dirty Work? Migrantinnen in der bezahlten Hausarbeit in Europa. Berlin: Assoziation A (engl. Erstausgabe: 2000)

Bell, Daniel (1979): Die nachindustrielle Gesellschaft. Reinbek bei Hamburg: Rowohlt

Dahrendorf, Ralf (2002): Auf der Suche nach einer neuen Ordnung. Vorlesungen zur Politik der Freiheit im 21. Jahrhundert. München: C.H. Beck

Gather, Claudia/Geissler, Birgit/Rerrich, Maria S. (Hg.) (2002): Weltmarkt Privathaushalt. Bezahlte Haushaltsarbeit im globalen Wandel. Münster: Westfälisches Dampfboot

Gather, Claudia/Meißner, Hanna (2002): Informelle Erwerbsarbeit in privaten Haushalten. Ein blinder Fleck in der Arbeitssoziologie? In: Gather/Geissler/Rerrich (Hg.): Weltmarkt Privathaushalt. Bezahlte Haushaltsarbeit im globalen Wandel. Münster: Westfälisches Dampfboot. 120-139

Geissler, Birgit (2002): Die (Un-)Abhängigkeit in der Ehe und das Bürgerrecht auf care. In: Gottschall/Pfau-Effinger (Hg.): Zukunft der Arbeit und Geschlecht. Opladen: Leske + Budrich. 183-206

Geissler, Birgit (2003): Ungeliebt und unverzichtbar: Dienstleistungen im Alltagsleben. Die kulturelle Barriere gegen Haushaltsdienstleistungen. In: Jacobsen/Voswinkel

(Hg.): Dienstleistungsarbeit – Dienstleistungskultur. SAMF-Arbeitspapier 2003-1. 97-109

Geissler, Birgit (2006): Haushalts-Dienstleistungen als informelle Erwerbsarbeit. Neue Ungleichheit oder Ausdifferenzierung des Arbeitsmarkts? Arbeit. Zeitschrift für Arbeitsforschung 15 (3). 194-205

Geissler, Birgit/Bergmann, Jens/Pohlheim, Katja (2008). „Haushaltsdienstleistungen – der potenzielle Bedarf". Projektbericht. Universität Bielefeld-Fakultät für Soziologie (erscheint als Buch im Herbst 2010 bei VS Verlag für Sozialwissenschaften)

Hausen, Karin (1978): Die Polarisierung der „Geschlechtscharaktere". Eine Spiegelung der Dissoziation von Erwerbs- und Familienleben. In: Rosenbaum (Hg.): Seminar: Familie und Gesellschaftsstruktur. Frankfurt: Suhrkamp. 161-194

Hochschild, Arlie R. (1979): Emotion work, feeling rules, and social structure. American Journal of Sociology 85(3). 551-575

Kreiner, Glen E./Ashfort, Blake E./Sluss, David M. (2006): Identity Dynamics in Occupational Dirty Work: Integrating Social Identity and System Justification Perspective. In: Organization Science. Vol 17, No 5. 619-636

Mückenberger, Ulrich (1985): Die Krise des Normalarbeitsverhältnisses - hat das Arbeitsrecht noch Zukunft? In: ZfSozialreform Hefte 7 und 8

Offe, Claus (2000): Anmerkungen zur Gegenwart der Arbeit. In: Kocka/Offe (Hg.): Geschichte und Zukunft der Arbeit. Frankfurt/New York: Campus. 493-501

Senghaas-Knobloch, Eva (1999): Das Problem der „Angewiesenheit" in der postindustriellen Gesellschaft (artec paper 75). Universität Bremen: Forschungszentrum Arbeit und Technik

Senghaas-Knobloch, Eva (2008): „Decent Work" – eine weltweite Programmatik und Gestaltungsaufgabe für Forschung und Politik. unv. paper. Bremen (zugleich: Abschiedsvorlesung)

Thiessen, Barbara (2004): Re-Formulierung des Privaten. Professionalisierung personenbezogener, haushaltsnaher Dienstleistungsarbeit. Wiesbaden: VS Verlag

Weinkopf, Claudia (2001): Niedriglohnbeschäftigung in Privathaushalten zwischen Schattenwirtschaft und Sozialversicherungspflicht. In: Baethge/Wilkens (Hg.): Die große Hoffnung für das 21. Jahrhundert? Opladen: Leske + Budrich. 391-412

Wulfers, Christa (1987): „...das kann man sich nicht bezahlen lassen." Die Hauspflegerin. In: Rudolph (Hg.): Ungeschützte Arbeitsverhältnisse. Hamburg: VSA. 168-177

Geschlechterverhältnisse im Wandel: Anforderungen unter globalem Anpassungsdruck am Beispiel fürsorglicher Praxis/Care

Ute Gerhard

Das Thema meines Beitrages spiegelt in mehrfacher Hinsicht Arbeitsschwerpunkte und Forschungsinteressen von Eva Senghaas-Knobloch wider. Es behandelt einen Teilaspekt ihrer umfangreichen Forschungstätigkeit in den Arbeitswissenschaften – neben dem anderen und ebenso profilierten Strang der Friedens- und Konfliktforschung, die sie beide in der Perspektive sozialer Gerechtigkeit so vorzüglich zu integrieren weiß. Da ich nun seit fast genau dreißig Jahre in der glücklichen Lage bin, mit Eva Senghaas-Knobloch befreundet zu sein und mit ihr über das, was wir denken und erkennen, des Öfteren kommunizieren, hoffe ich, ihrem Beitrag zum Thema ,fürsorgliche Praxis' in aller Kürze gerecht zu werden. Denn wie immer verbindet sich in ihm ihre erstaunliche Fähigkeit, die empirisch fundierte Detailanalyse mit dem Blick auf das Ganze der Gesellschaft zu verknüpfen.

Die Zweisprachigkeit im Titel ,fürsorgliche Praxis/Care' deutet eine begriffliche Unsicherheit und zugleich den Versuch an, in ein neues Konzept einzuführen bzw. es aus einem anderem anderen Kontext zu übersetzen. Tatsächlich ist der englische Begriff *Care* in den aktuellen politischen und wissenschaftlichen Debatten inzwischen zu einem Schlüsselwort geworden, das sich auf eine Vielfalt von reproduktiven, fürsorglichen, betreuenden und pflegenden Tätigkeiten bezieht. Im Deutschen kommen wir nicht umhin, hierfür jeweils spezifische Begriffe zu verwenden, die oft nur Teilaspekte dieser fürsorglichen Tätigkeiten betreffen wie Fürsorge oder Pflege, Vorsorge oder Nachsorge, Kindererziehung und -betreuung, aber auch Hausarbeit und das eher vage ,sich Kümmern um'. Als Sammelbegriff ist ,Care' zweifellos den anfänglich in der deutschsprachigen Frauenforschung vieldiskutierten Bezeichnungen Reproduktionsarbeit, Hausarbeit oder Beziehungsarbeit vorzuziehen. Das Kürzel ,Care' steht jedoch für sehr viel mehr.

Wenn Eva Senghaas-Knobloch von 'Fürsorglichkeit' oder 'fürsorglicher Praxis' spricht, ist damit ein die verschiedenen Disziplinen oder Fächer überschreitendes wissenschaftliches und politisches Konzept gemeint, in dem es um Beziehungen zwischen Menschen im privaten, betrieblichen und politischen

Kontext geht. Kennzeichnend für diese Beziehungen ist, dass sie alle gleichermaßen nicht ökonomisch austauschbar oder verrechenbar sind, sondern von 'normativen Übereinkünften', Vertrauen und Verständnis bzw. Regeln für einen 'guten Umgang' miteinander geleitet werden. Um die überaus komplexe Thematik für uns handhabbar zu diskutieren, unterscheide ich drei Dimensionen oder Ansätze, die möglicherweise die Karriere des Konzepts ‚Care' erklären, sich aber auch ergänzen können.

1   Sozialpolitischer Handlungsbedarf

Zunächst ist da ein sozialpolitischer Handlungsbedarf: Dass die Debatte um Care, um fürsorgende Tätigkeiten in jüngster Zeit in der bundesrepublikanischen Politik einen so hohen Stellenwert einnimmt, hat mit einem grundlegenden Strukturwandel unseres Erwerbs- und Familiensystems und nicht zuletzt mit einer kulturellen Revolution in den Geschlechterverhältnissen zu tun. Diese dramatischen Befunde sind keineswegs nur hausgemacht, sondern hängen eng mit der Entwicklung und den Problemen der internationalen Arbeitsteilung (so das von Eva Senghaas-Knobloch schon lange vor dem Globalisierungsschock so differenziert verfolgtes Problemfeld) und den sie bestimmenden Marktgesetzlichkeiten zusammen. Stichworte sind hier: demographischer Wandel, verursacht durch anhaltend niedrige Geburtenraten und eine steigende Alterserwartung, die nur deshalb – so scheint mir – als sozialpolitisches Problem diskutiert werden, weil es nicht um die Menschen, die Alten und die Kinder, geht sondern um den sog. Generationenvertrag und das bestehende System sozialer Sicherheit. Zunehmend offenbar werden aber auch Qualitätslücken, fehlende Zuständigkeiten und Einrichtungen für die Erziehung, Betreuung und Bildung von Kindern sowie der Mangel an Pflegekräften in der Alten- und Krankenpflege, also eine vielfältig erhobene Mängelliste, die im wahrsten Sinne des Wortes als Ver-Sorgungslücke bzw. Care-Defizit zu Tage tritt, das nicht mehr individuell. sondern nur noch gesellschaftlich zu beheben ist.

Bezeichnenderweise wird dieses Care-Defizit im politischen Diskurs der Bundesrepublik vor allem als Folge des Strukturwandels oder der ‚Krise' der Familie und veränderter Geschlechterrollen wahrgenommen, weshalb das Defizit an Fürsorge zunächst amtlich erstmals im Siebten Familienbericht (2006) als Problemanzeige auftaucht. Dank der Mitwirkung renommierter Sozialwissenschaftlerinnen (vor allem auch von Helga Krüger) heißt es da: „Die industriegesellschaftliche Lösung von Fürsorge/Care, die darauf aufbaute, dass dies von Frauen zu leisten ist, führte einerseits zur Desintegration von Frauen aus der Öffentlichkeit und andererseits zu einer starren Abgrenzung privater und öffentlicher Fürsorgeaufgaben. .... Ohne neue Konzepte der Verknüpfung von Bildung, Beruf, Partnerschaft, Elternschaft und Solidarität mit der älteren Generation ist nicht auszuschließen, dass die Fürsorge für die nachwachsende Generation wie auch die Solidarität für die ältere Generation prekär wird" (Bundesministerium für Familie 2006: 7). D.h. in dieser Perspektive geht es vor allem um eine neue Balance zwischen Beruf und Familie, eine modernisierte Variante des nun schon alt gewordenen Vereinbarkeitsproblems, weil die Leistungen der Familie als quasi ,natürliche' Ressource aller Wohlfahrtsproduktion und des gesellschaftlichen Reichtums auszufallen drohen.

Tatsächlich sind die ersten kritischen und empirischen Arbeiten zur Care-Problematik bereits in den 1980er Jahren in Großbritannien im Zusammenhang mit der Privatisierung des Gesundheitswesens und der sozialen Dienste durch die Thatcher-Regierung entstanden. Dass sie diesseits und jenseits des Ärmelkanals einen fundamentalen Strukturwandel der *Beschäftigungsverhältnisse, der Arbeitswelt* anzeigen, erhellt erst aus einem Perspektivenwechsel, den Eva Senghaas-Knobloch in ihrem Forschungsfeld, den Arbeitswissenschaften, schon lange eingenommen hat und dem wir gerade auch für die Care-Debatte so zentrale Einsichten verdanken. Seit ihrer Dissertation zum Thema „Reproduktion von Arbeitskraft in der Weltgesellschaft. Zur Programmatik der internationalen Arbeitsorganisation" hat sie beharrlich, innovativ und weitsichtig die fundamentalen Veränderungen in der Erwerbs- Gesellschaft verfolgt und sich wissenschaftlich und politisch der Aufgabe menschengerechter Arbeitsgestaltung gestellt. Was in den 1980er Jahren zu Zeiten der Industriesoziologie unter dem Etikett der 'Humanisierung des Arbeitslebens' verhandelt wurde, hat Eva Senghaas-Knobloch in vielfältigen Analysen und empirischen Studien zu *Betrieblicher Lebenswelt* (1986), zu *Technischem Fortschritt* bzw. *Technikgestaltung und Verantwortung* (1990), zur *Zukunft der industriellen Arbeitskultur (1996)* – um nur einige Beispiele zu nennen – fortgeführt und damit über die Zeit ein umfassendes Panorama der krisenhaften Entwicklungen sowie der Herausforderungen und Gestaltungsaufgaben für die Arbeitsforschung und die Arbeitswelt entwickelt, das gewiss nicht zufällig auch den Prämissen der Friedensforscherin Senghaas-Knobloch treu bleibt: 'Frieden' ist nur zu schaffen „durch Integration und Assoziation" (1969).

Neben der Gesellschaftsanalyse und Organisationsanalyse ging es Eva Senghaas-Knobloch dabei immer vor allem auch um die *subjektive Bedeutung der Arbeit*, die Erlebnisweisen und Bedürfnisse von Facharbeitern und Ungelernten, um die persönlichen Wünsche sowie um die widerständigen und eigensinnigen Strategien der Arbeitenden. Ihr methodischer Ansatz – gemeinsam mit anderen, Birgit Volmerg, Thomas Leithäuser u.a. entwickelt (vgl. Volmerg/Senghaas-Knobloch/Leithäuser 1985; dies. 1986) – beruht auf der Auswertung von Erfah-

rungswissen und einer gelungenen Mischung aus sozialpsychologischer Distanzierung und Empathie. Da die Einzelnen bei der Bewältigung ihrer Arbeitsaufgaben am Arbeitsplatz, selbst wenn sie allein sind, in betriebliche Organisationsstrukturen und Normen eingebunden sind (vgl. (Senghaas-Knobloch 2008: 82f.),
bleibt Subjektivität auf Sozialität angewiesen. Die Aufmerksamkeit für die Qualität sozialer Beziehungen im Betrieb aber bildet eine wichtige Brücke zu unserem Thema: Der Erwartung von Fürsorglichkeit in der Familie entspricht – so
Eva Senghaas-Knobloch – Fairness im Betrieb, beides ein kaum rationalisierba-
rer Überschuss, ein 'Füreinanderdasein', Aufeinanderangewiesensein, das unentbehrlich ist für gelingende Kooperation und soziale Beziehungen. Diese Parallele
in den „Feministischen Studien extra" zum Thema „Fürsorge – Anerkennung –
Arbeit" (2000) gezogen zu haben, ist Eva Senghaas-Knobloch besonderer, anregender und innovativer Beitrag zur Care-Thematik.

2   Care als vermittelndes Konzept zwischen feministischer Analyse und Politik

In ihren Analysen zu den Trends einer veränderten Welt der Erwerbsarbeit hat
Eva Senghaas-Knobloch wiederholt die besondere Bedeutung und Zunahme der
Dienstleistungstätigkeiten herausgearbeitet, sowohl im Hinblick auf die wissens-
und informationsbezogenen Berufe, als auch die Zunahme der persönlichen und
personennahen Dienstleistungen, die sowohl wegen ihrer Nähe zu familiären
Diensten als auch aufgrund geschlechtsspezifischer Zuschreibungen und Erwartungen vornehmlich als Frauenberufe erscheinen. Nun hat die Frauen- und Geschlechterforschung von Anbeginn in der geschlechtsspezifischen Arbeitsteilung
eine wesentliche Ursache für das Scheitern der Gleichberechtigung erkannt und
immer wieder die Engführung des Arbeitsbegriffs auf die bezahlte Lohnarbeit
kritisiert. Im Zentrum feministischer Kritik stand und steht nach wie vor eine
Geschlechterordnung, die selbstverständlich davon ausgeht, dass Frauen für alle
so genannten reproduktiven, fürsorglichen, betreuenden und pflegenden, meist
nicht angemessen bezahlten, aber auch kaum bezahlbaren Arbeiten zuständig
sind. Selbst wenn diese Tätigkeiten über den Markt vermittelt und verberuflicht
sind, handelt es sich typischerweise um Frauenberufe oder um Dienstleistungen,
die vorwiegend von Frauen übernommen werden. Noch heute werden diese
Arbeiten sehr schlecht und deutlich unter ihrem gesellschaftlichen Wert bezahlt.
Ganz offensichtlich haben noch immer völlig andere als allein marktförmige
Standards, Erwartungen und Zumutungen ihre Wirkung, sobald die vermeintliche ‚Natur der Frau' oder ein wie auch immer erworbenes ‚weibliches Arbeits-
vermögen' ins Spiel kommen. Die seit dem späten 19. Jahrhundert steigende

Nachfrage nach Frauen für familiale und institutionelle Versorgungs- und Pflegedienstleistungen zu anscheinend legitimierten Niedrigpreisen war zugleich Folge und Voraussetzung für den Ausbau und die Alltagspraxis von Wohlfahrtsstaaten. Nicht zuletzt die gezielte Anwerbung von Frauen aus dem Ausland zeigt das anhaltende Bestreben, die Kosten für Pflegearbeiten so niedrig wie irgend möglich zu halten(Gather/Geissler et al. 2002; Lutz 2007). Gerade auch für diese heute weltweit nicht formal geregelten, prekären und flexiblen Beschäftigungsverhältnisse von Frauen das Konzept menschenwürdiger Arbeit/ decent work umzusetzen, stellt die Internationale Arbeitsorganisation und die ihr verpflichteten Staaten vor neue und dringliche Aufgaben. Das auf der Basis feministischer Analyse und Politik entwickelte Konzept ‚Care', das geeignet ist, neue, allgemein notwendige Sozialstandards zu formulieren, kann sich international auf eine Fülle anregender Analysen und empirischer Studien zu Fürsorglichkeit als Basis materieller und kultureller Wohlfahrtsproduktion stützen (vgl. Ungerson 1990; Lewis 1998; Leira/Saraceno 2002).

In der Auseinandersetzung mit diesem „politischen Projekt feministischen Denkens" bleibt Eva Senghaas-Knobloch gleichwohl skeptisch und fragt, ob die „Merkantilisierung der Arbeitskraft und die Verberuflichung fürsorglicher Praxis tatsächlich als Fortschritt zu werten wäre oder „die hohe Wertschätzung der Erwerbsarbeit …zur ebenso deutlichen feministischen Kritik an der Nichtanerkennung und Geringschätzung der von Frauen verübten informellen Tätigkeiten" passt (Senghaas-Knobloch 2008: 202, 215). Sehr deutlich arbeitet sie die „postfordistische Entstandardisierung" der sog. Normalarbeitsverhältnisse, aber auch die „Grenzverwischungen zwischen Erwerbsarbeitszeit und Privatzeit" heraus, die beide auf die Lebensführung von Frauen nie so recht zutrafen, und plädiert für eine „analytisch begründete Begrenzung des Arbeitsbegriffs" (a.a.O.: 178). In Anlehnung an Hannah Arendts Überlegungen zum Spektrum menschlicher Tätigkeiten und ihren Vortrag über die Krise der Erziehung (aus dem Jahr 1958) schlägt Eva Senghaas-Knobloch vor, z.B. die Sorge für ein Kind, Sorge für andere, als „Sorge für die gemeinsame Welt, die gemeinsamen politischen Angelegenheiten" zu behandeln und „hervorzuheben" (a.a.O.: 219, 227). Hier offenbart sich ein in ‚Care' als Programm eingeschriebenes Dilemma: Der Begriff ‚Care' verweist nicht zuletzt auf das lateinische ‚Caritas' und damit auf Liebe und Nächstenliebe als emphatisches Gefühl. Wie kann es möglich sein, Mitgefühl als die Sorge für und um andere gesellschaftlich zu organisieren, wenn doch persönliche Zuwendung letztlich unverfügbar und nicht verrechenbar ist?

Mit diesem Dilemma haben sich Eva Senghaas-Knobloch und Christel Kumbruck in ihrem empirischen Projekt zum „Ethos fürsorglicher Praxis" gründlich auseinandergesetzt, in dem die Pflegepraxis von Diakonissen und Diakonieschwestern angesichts der Vorgabe neuer Management- und Organisationskonzepte in Einrichtungen der Diakonie untersucht wurde (vgl. Senghaas-Knobloch/Krumbruck 2008). In meiner Systematik verschiedener Dimensionen des Care-Konzepts passen die produktiven Überlegungen hierzu am besten unter den 3. Punkt, in dem sehr knapp demokratietheoretische Ansätze vorgestellt werden sollen.

3   Care als demokratietheoretischer Ansatz

Die gerechte Verteilung von Care-Tätigkeiten als Recht auf und Pflicht zur Sorge für andere, als ‚care-giver' und ‚care-receiver', zwischen Männern und Frauen ist nicht zuletzt eine Frage der *Geschlechtergerechtigkeit*. Die international vergleichende feministische Sozialpolitikforschung hält Gosta Esping-Andersens Typologie unterschiedlicher Wohlfahrtsregime (Esping-Andersen 1990; vgl. auch Esping-Andersen 2009) insofern für anschlussfähig, als hier – bei aller immer noch notwendigen Kritik am ‚male bias' seines Kommodifizierungskonzepts – Sozialpolitik nicht nur über das Verhältnis von Staat und Markt definiert wird, sondern auch Familie, der idealtypische Ort der Sorge für andere, als zentrale Aufgabe allgemeiner Wohlfahrt und Wohlfahrtsproduktion in den Blick gerät. Wenn aber die Pflege-, Erziehungs- und Betreuungsarbeit, überhaupt die Sorge für andere, als materielle und kulturelle Wohlfahrtsproduktion sozialpolitisch eine Rolle spielen und zum Maßstab für Wohlfahrt und gelingende Sozialstaatlichkeit werden, ist hiermit ein entscheidender Perspektivenwechsel eingeleitet, der von der Frauen- und Geschlechterforschung weiter verfolgt wird.

Die feministische Sozialpolitikforschung, die die offensichtlichen Defizite in der Wohlfahrtspolitik im Hinblick auf ‚care' in die Debatte eingebracht hat, knüpft zur Begründung eines umfassenderen Konzepts von Wohlfahrt und Sozialstaatlichkeit an die Theorie sozialer Bürgerrechte an (Marshall 1950). Marshalls Konzept von sozialen Bürgerrechten ist deshalb anschlussfähig, weil er von drei notwendigen Bestandteilen gelingender Staatsbürgerschaft ausgeht: den bürgerlichen oder zivilen Rechten; den politischen Teilhaberechten und drittens den sozialen Bürgerrechten. Als soziale Bürgerrechte bezeichnet Marshall "eine ganze Reihe von Rechten, vom Recht auf ein Mindestmaß an wirtschaftlicher Wohlfahrt und Sicherheit, über das Recht an einem vollen Anteil am gesellschaftlichen Erbe, bis zum Recht auf ein Leben als zivilisiertes Wesen entsprechend der gesellschaftlich vorherrschenden Standards. Die am engsten mit ihm verbundenen Institutionen sind das *Erziehungswesen und die sozialen Dienste*." (Marshall 1992: 40, hervorh. von mir, U.G.; vgl. auch Lister/Williams et al. 2007)

Es ist notwendig, im deutschen Kontext hervorzuheben, dass soziale Bürgerrechte mehr beinhalten als die sozialen Transfers des Staates an seine Bürger und dass auch Grundbedürfnisse und Benachteiligungen nicht nur in Bezug auf ‚menschenwürdige' Existenz- oder Lebensbedingungen, sondern ausdrücklich als subjektive Berechtigungen und Teilhaberechte formuliert werden im Hinblick auf Bildung, Erziehung, Gesundheit, Betreuung und Pflege. Sie sind am gesellschaftlichen Standard zivilen und sozialen Lebens zu messen und nicht nur an den modernen Sozialstaat sondern an alle Mitbürger zu richten. Grundbedürfnisse im Zuge gesellschaftlicher Entwicklungen neu zu definieren, war immer wieder das Anliegen sozialer Bewegungen. Die Frauenbewegungen haben im Blick auf die sozial hergestellten Geschlechterdifferenzen seit den 1970er Jahren neue demokratische Standards gesetzt. Die feministische Debatte um ‚Care' als notwendige Bedingung und Bestandteil sozialer Politik aber setzt – das zeigt vor allem die in den skandinavischen Wohlfahrtsstaaten seit mehr als 30 Jahren betriebene Sozialpolitik – nicht nur die rechtliche Gleichstellung der Geschlechter und die Anerkennung eigenständiger Kinderrechte, sondern auch die Einbeziehung von Fürsorge-Tätigkeiten in die Ausgestaltung der Bürgerrechte voraus (Ungerson 1993; Lister 1997; Siim 2000; Leira 2002). Anders ausgedrückt bedeutet dies, dass Sorge für andere notwendiger Bestandteil gelebter Staatsbürgerschaft und damit subjektiver Bürgerrechte ist und zwar auch für Männer – als Sorge für andere in der privaten wie in der gesellschaftlichen Sphäre, „so that the rights of time to care and to receive care are protected." (Knijn/Kremer 1997)

In der fortgeschrittenen skandinavischen Debatte nun ist in den sozialwissenschaftlichen wie sozialpolitischen Diskursen über Fürsorgearbeit die besondere Verantwortung der Pflegenden als „Fürsorgerationalität" beschrieben und damit eine neue moralische Ökonomie im Gegensatz zu der an Effizienz und Wirtschaftlichkeit ausgerichteten Rationalität als leitendes Prinzip einer fürsorglichen Praxis begründet worden (Waerness 2000). Hieran nun knüpfen Eva Senghaas-Knoblochs Überlegungen zum „Ethos fürsorglicher Praxis" an, wenn sie – wie auch schon in der Einleitung zum Extra-Heft der Feministischen Studien (Eckart/Senghaas-Knobloch 2000) – an Adam Smith erinnert, der, berühmt als Theoretiker der bürgerlichen Gesellschaft und des Wirtschaftsliberalismus, seiner 1776 erschienenen Schrift „Über den Wohlstand der Nationen" 1759 eine „Theorie der ethischen Gefühle" vorausschickte. Darin argumentierte er, Menschen seien prinzipiell wechselseitig aufeinander angewiesen und deshalb sei „die Fähigkeit, sich in die Gefühle anderer hineinzuversetzen" die notwendige Vorbedingung für den allein durch solidarische Praxis gewährleisteten gesellschaftlichen Zusammenhalt. Er räumte allerdings die Möglichkeit ein, dass diese „guten Dienste" notfalls auch im Wege des „kaufmännischen Austauschs" organisierbar sein müssten. Dieser Gedanke geriet später in Vergessenheit, als der

Part selbstloser Solidarität, der Sorge für andere allein dem weiblichen Geschlecht anvertraut wurde. Die geschlechtsspezifisch begründete Trennung in private und politische Zuständigkeiten bewährte sich trotz inhärenter Widersprüche als unsichtbare Grundlage kapitalistischen Wirtschaftens und aller seither geschlossenen sozialstaatlichen Kompromisse. Doch seitdem jetzt auch Frauen ihre Rechte auf eigene Existenzsicherung – neuerdings im Familienrecht der Bundesrepublik auch ihre Pflicht zur 'Eigenverantwortung' nach einer Scheidung – sowie auf gleiche Teilhabe und Staatsbürgerschaft in Anspruch nehmen und neue Lebensformen die herkömmliche Familie 'als größten Pflegedienst der Nation' abzulösen beginnen, führen in der modernen Dienstleistungsgesellschaft zeit- und geldökonomische Zwänge in ein nicht zu übersehendes Dilemma. Eva Senghaas-Knobloch und Christel Kumbruck bleiben nach ihrer Studie zum Thema „Ethos fürsorglicher Praxis" skeptisch, ob der berechtigte Anspruch auf Care als sittlichem Wert auf Dauer gegen die Rationalität der Tauschökonomie wird verteidigt werden können. Doch sie fordern nachdrücklich: „…(es) muss den modernen Dienstleistungsgesellschaften gelingen, eine neue gesellschaftliche Achtsamkeit für das Problem und die Aufgabe fürsorglicher Praxis zu herauszubilden." (Senghaas-Knobloch und Kumbruck 2008: 37) Tatsächlich wären mit Vereinbarungen über ein „Ethos fürsorglicher Praxis" neue Standards für Gerechtigkeit gesetzt.

Resümee

Es kann für die Zukunft nur darum gehen, das erhebliche Defizit an Fürsorge/Care durch geschlechtergerechte Vereinbarungen zu beseitigen und institutionelle Lösungen zu finden, für die Frauen und Männer gleichermaßen verantwortlich sind. Für die Einübung in eine soziale Praxis der Anteilnahme kommen daher auf den unterschiedlichen Ebenen politischen und gesellschaftlichen Handelns verschiedene Adressaten in Betracht:

- Der Staat ist angesprochen, wenn es darum geht, die Infrastruktur und die monetären Mittel bereitzustellen, um Familien zu unterstützen und ihnen die Erziehung und Bildung von Kindern und die Pflege ihrer Kranken und Alten zu ermöglichen. Familienpolitik ist darum der Kern einer sozialen Politik, die die Maßstäbe staatlichen Handelns an den Bedürfnissen der Schwachen ausrichtet.
- Die Zivilgesellschaft wird sich neu organisieren müssen, um Anteilnahme solidarisch zu praktizieren. Netzwerke scheinen hierzu eine geeignete Organisationsform zu sein, um zwischen Generationen, Institutionen und Pro-

fessionen zu vermitteln, um die vorhandenen Ressourcen und Kompetenzen professionellen und ehrenamtlichen Engagements zu bündeln und zu nutzen und Räume, ja, Zentren neuer Formen der Mitmenschlichkeit jenseits familiärer Zuständigkeiten und Enklaven zu schaffen – in Nachbarschaften, Vereinen, in lokalen Bündnissen und Projekten etc..

▪ Schließlich geht es m.E. auch auf der individuellen Ebene, in Paar- oder Familienbeziehungen darum, sich von alten Klischees und Geschlechterarrangements zu verabschieden. Geschlechtergerechtigkeit lässt sich nur verwirklichen, wenn nicht der bindungslose und jederzeit flexible Berufsmensch das Normalarbeitsverhältnis bestimmt, vielmehr fürsorgliche Praxis beider Geschlechter Arbeit und Leben prägt.

Literatur

Bundesministerium für Familie, Soziales, Frauen und Jugend (2006): Siebter Familienbericht. Familien zwischen Flexibilität und Verlässlichkeit. Perspektiven für eine lebenslaufbezogene Familienpolitik. Berlin: Deutscher Bundestag Drucks. 16/1360

Eckart, C./Senghaas-Knobloch, E. (2000): "Fürsorge - Anerkennung - Arbeit." Feministische Studien, 18. Jg.(extra). 3-8

Esping-Andersen, G. (1990): The Three Worlds of Welfare Capitalism. Cambridge: Polity Press

Esping-Andersen, G. (2009): The Incomplete Revolution. Adapting to Women's New Roles. Cambridge: Polity Press

Gather, C./Geissler, B. et al. (Eds.) (2002): Weltmarkt Privathaushalt. Bezahlte Hausarbeit im globalen Wandel. Forum Frauenforschung. Münster: Westfälisches Dampfboot

Knijn, T./Kremer, M. (1997): "Gender and the Caring Dimension of Welfare States: Toward Inclusive Citizenship." Social Politics 4, 3. 328-361

Leira, A. (2002): Working Parents and the Welfare State. Family Change and Policy Reform in Scandinavia. Cambridge: Cambridge Univ. Press

Leira, A./Saraceno, C. (2002): Care: actors, relationships and contexts. Contested Concepts in Gender and Social Politics. In: B. Hobson/J. Lewis/B. Siim (eds.). Cheltenham: Edward Elgar. 55-83

Lewis, J. (ed.) (1998): Gender, Social Care and Welfare State Restructuring in Europe. Aldershot: Ashgate

Lister, R. (1997): Citizenship: Feminist Perspectives. Houndsmill and London: Macmillan

Lister, R./Williams, F. et al. (2007): Gendering Citizenship in Western Europe. New Challenges for Citizenship Research in a Cross-National Context. Bristol: The Policy Press

Lutz, H. (2007): "Intime Fremde - Migrantinnen als Haushaltsarbeiterinnen in Westeuropa." L'Homme, Europäische Zeitschrift für feministische Geschichtswissenschaft 18. Jg.(1). 61-77

Marshall, T. H. (1950): Citizenship and Social Class. Cambridge: Cambridge University Press. This appears as part one in Thomas H. Marshall and Tom Bottomore, Citizenship and Social Class (London and Concord, MA: Pluto Press, 1992)

Senghaas-Knobloch, E. (2008): Wohin driftet die Arbeitswelt? Wiesbaden: VS Verlag

Senghaas-Knobloch, E./Kumbruck, C. (2008): "Zum Ethos fürsorglicher (Pflege)-Praxis - Dilemmata in der modernen Dienstleistungsgesellschaft." L'Homme, Europäische Zeitschrift für feministische Geschichtswissenschaft 19. Jg.(1). 15-37

Siim, B. (2000): Gender and Citizenship. Poltitics and Agency in France, Britain and Denmark. Cambridge: Cambridge University Press

Ungerson, C. (1990): Gender and Caring. Work and Welfare in Britain and Scandinavia. London: Harvester Wheatsheaf

Ungerson, C. (1993): Caring and Citizenship. A Complex Relationship. Community Care. A Reader. In: J. Bornat/C. Pereira/D. Pilgrim/F. Williams(eds.). Hampshire: Macmillan Press. 143-151

Volmerg, B./Senghaas-Knobloch, E./Leithäuser, Th. (1986): Betriebliche Lebenswelt. Eine Sozialpsychologie industrieller Arbeitsverhältnisse. Opladen: Westdeutscher Verlag

Volmerg, B./Senghaas-Knobloch, E./Leithäuser, Th. (1985): Erlebnisperspektiven und Humanisierungsbarrieren im Industriebetrieb. Empfehlungen und Anleitungen für die Praxis. Frankfurt am Main: Suhrkamp

Waerness, K. (2000): "Fürsorgerationalität." Feministische Studien, 18. Jg.(extra). 54-67

V. Decent Work in der Aktionsforschung: Mit Eva Senghaas-Knobloch im Feld

Verabschiedung Eva Senghaas'*

Birgit Volmerg

Einleitung

Das artec ⎮ Forschungszentrum Nachhaltigkeit hat für das Symposium seinen inhaltlichen Schwerpunkt auf das Thema „Menschenwürdige Arbeit" gelegt. Die auf dem Symposium mitwirkenden Forscherinnen und Forscher haben die Frage der menschenwürdigen Arbeit auf unterschiedlichen Ebenen, zu unterschiedlichen Zeiten und in vielfältigen Kooperationszusammenhängen bearbeitet. Sie stehen also wissenschafts-biografisch in Verbindung zu Eva Senghaas-Knobloch.

Mir obliegt es an dieser Stelle, in meiner Rolle der Dekanin unseres Fachbereichs, einige zentrale Stationen und Gegenstände ihrer wissenschaftlichen Arbeit darzustellen. Als Kollegin, Freundin, Weggefährtin im mitunter rauen Klima wissenschaftlicher Auseinandersetzungen um Gegenstandsdefinitionen, Zugänge und um Forschungsgelder möchte ich schildern, auf welche Art und Weise wir das Thema „menschengerechte Arbeit" seit den 80iger Jahren erforschen.

Zur Biografie von Eva Senghaas-Knobloch

Zunächst etwas zur Biografie Eva Senghaas-Knoblochs, die ich den von Ulrike Vogel herausgegebenen „autobiografischen Notizen der ersten Generation von Professorinnen an der Universität" (2006) entnehme:

- Eva Knobloch wird 1942 in Berlin geboren und nimmt nach ihrem Abitur 1961 ihr Studium in Soziologie mit den Nebenfächern Psychologie, Geschichte und Theologie an der Freien Universität Berlin auf.
- Zwei Semester verbringt Sie in Tübingen, um dann 1966 ihre Diplomarbeit in Berlin abzuschließen.

---

* Bei diesem Beitrag handelt es sich um den Vortrag, den Birgit Volmerg im April 2008 anlässlich der Entpflichtung von Eva Senghaas-Knobloch aus dem Dienst der Universität Bremen auf der Tagung ‚Menschenwürdige Arbeit/Decent Work: eine Herausforderung in Zeiten der Globalisierung' gehalten hat. Der Text wurde leicht modifiziert.

- Ihre Diplomarbeit erscheint – was außergewöhnlich ist – unter dem Titel „Die Theologin im Beruf. Zumutung, Selbstverständnis, Praxis" 1969 im Christian Kaiser Verlag in München.
- Eva Knobloch arbeitet im Anschluss als wissenschaftliche Assistentin für die Evangelische Kirche in einem Forschungsvorhaben.
- Sie geht dann – nachdem sie Dieter Senghaas kennen lernt – mit diesem für 2 Jahre in die USA. Dort kommt 1970 Tochter Tanja zur Welt.

Eva Senghaas-Knoblochs wissenschaftliche Themen sind in dieser Zeit die Friedensforschung und die Bedeutung internationaler Organisationen für die Konfliktregelung sowie das Selbstverständnis von Frauen in beruflichen Zusammenhängen, in denen ihre Beteiligung nicht vorgesehen war. An diesen – wie sie schreibt – lebensgeschichtlich begründeten Themen arbeitet sie in den folgenden Jahren theoretisch, empirisch und mit praktischem Engagement in der Deutschen Gesellschaft für Friedens- und Konfliktforschung (AFK) und auf internationaler Ebene (International Peace Research Association (IPRA)).

1979 erscheint Eva Senghaas-Knoblochs Dissertation im Frankfurter Campus Verlag mit dem Titel „Reproduktion von Arbeitskraft in der Weltgesellschaft. Zur Programmatik der Internationalen Arbeitsorganisation".

Gemeinsame Erfahrungen

Ende der 70iger Jahre wechselt Eva Senghaas-Knobloch von Frankfurt an die Universität Bremen und forscht zusammen mit mir und Thomas Leithäuser in zwei Projekten des Programms zur Humanisierung des Arbeitslebens, aus denen eine Reihe von Veröffentlichungen entstehen – diese Projekte begründen, neben der Friedens- und Konfliktforschung, den dritten wissenschaftlichen Schwerpunkt von Eva Senghaas-Knobloch: die Arbeitsforschung.

Mit den Projekten des Programms zur Humanisierung des Arbeitslebens erweitert Eva Senghaas-Knobloch ihre Forschungsperspektive auf Arbeit nicht nur theoretisch, sondern auch methodologisch. In den Untersuchungen zur „Betrieblichen Lebenswelt" (1979-1983) und in der Erforschung des Verantwortungsbewusstseins von Ingenieuren (1983-1986) im Bereich der I. und K.-Technologien ging es um die methodologische Umsetzung der theoretisch durch den symbolischen Interaktionismus, durch Sprachphilosophie und Hermeneutik und durch die Psychoanalyse aufgeklärten Konstruktionsprinzipien und Regeln sozialer Realität.

Sozialwissenschaftliche Forschungsmethoden – so unser Anspruch – müssen sich diesen Konstruktionsprinzipien und Regeln sozialer Realität anpassen.

Dieses Postulat der Gegenstandsangemessenheit stellte die an naturwissenschaftlichem Objektivitätsideal orientierten traditionellen sozialwissenschaftlichen Forschungsmethoden in Frage. Dies betraf besonders das Selbstverständnis und die Rolle der Forschenden als „neutrale Beobachter" und die „Kontextunabhängigkeit" der Erhebungs- und Auswertungsmethoden. Das Axiom: „man kann nicht nicht kommunizieren" (Watzlawik 1972), stellt die Neutralitätsvorstellung eines unbeteiligten Beobachters radikal in Frage. Wir müssen uns vielmehr fragen, was bewirkt das Verhalten des Forschers/der Forscherin im Feld und wie beeinflusst das jeweilige Forschungssetting, wie beeinflussen die gewählten Methoden das Geschehen und die Ergebnisse?

In dieser Perspektive löst sich die dem naturwissenschaftlichen Objektivitätsideal entnommene Subjekt-Objekt-Trennung auf: Beide Seiten sind an dem Herstellungsprozess in der Forschungssituation als Subjekte beteiligt.

Berücksichtigt man diese Erkenntnis systematisch, ändern sich die Forschungsmethoden.

Anlässlich unserer Untersuchung zur betrieblichen Lebenswelt kreierten wir in Anlehnung an das Lewinsche Konzept der Aktionsforschung Forschungsseminare mit betrieblichen Gruppen, in denen diese in Gruppendiskussionen, Rollen- und Planspielen in sprachlicher und symbolischer Form ihre Arbeitserfahrungen thematisierten.

In unserer Untersuchung zum Verantwortungsbewusstsein von Ingenieuren, initiierten wir im jeweiligen beruflichen Feld themenzentrierte Technikdialoge, in denen wir uns *selbst* bewusst als Sozialwissenschaftlerinnen mit unserer Perspektive einbrachten.

Eine solche Forschung ist in jeder Beziehung aufregend und anregend. Nicht umsonst werden sozialwissenschaftliche Methoden dazu verwendet, die Kontrolle über den Forschungsgegenstand zu behalten: um eigene Ängste und Involviertheit zu minimieren. Wenn man den anderen Weg wählt, sich involvieren zu lassen, entsteht mehr Dynamik und mit ihr die Chance, über die im Feld wirksamen Kräfte und Mechanismen etwas zu erfahren, weil man sie auch am eigenen Leibe spürt. Im Kontext dieser Forschung ist die Selbstreflexion und die Rekonstruktion des Forschungshandelns bei der Interpretation des Materials eine notwendige und wesentliche Erkenntnisquelle. Das hat uns in unserer Forschungskooperation zu einem starken Team gemacht. Dies nicht nur im Feld, sondern auch im Paradigmenstreit (um die „richtige Methode"), der bis heute anhält und der immer auch ein Streit um wissenschaftspolitische Definitionsmacht und um Ressourcen ist.

Wissenschaftliche Weiterentwicklung von Eva Senghaas-Knobloch

In der Nachfolge dieser Projekte entwickelte Eva Senghaas-Knobloch ihren Strang der Arbeitsforschung weiter.

1987   Eva Senghaas-Knobloch habilitiert im Studiengang Politikwissenschaft an der Universität Bremen.

1989   Das Forschungszentrum Arbeit und Technik wird mit Beteiligung von Eva Senghaas-Knobloch gegründet.

1992   Sie erhält den Ruf auf die Professur für Arbeitswissenschaft an die Universität Bremen mit dem Schwerpunkt sozialwissenschaftliche Humanisierungsforschung.

Im artec | Forschungszentrum Nachhaltigkeit baut Eva Senghaas-Knobloch in einer Reihe von Projekten einen interdisziplinären Schwerpunkt der Arbeitsforschung auf, in der die subjektwissenschaftliche Perspektive Früchte trägt. Die Untersuchung von Transformationsprozessen infolge der Wiedervereinigung (Senghaas-Knobloch 1992), die Untersuchung neuer Arbeitsformen bei VW (Senghaas-Knobloch 1996), das Thema soziale Nachhaltigkeit (Senghaas-Knobloch 2008) und andere Forschungsfragen werden von Eva Senghaas-Knobloch und ihren beteiligten Kooperationspartnern nicht nur aus der Außenperspektive, sondern stets auch aus der Perspektive subjektiver Sinngebung betrachtet.

Ferner beschäftigt sich Eva Senghaas-Knobloch mit ihrer Forschung im Rahmen der IAO mit dem Themengebiet Decent Work – ein Themengebiet, das sie bis heute bearbeitet.

In der Lehre engagiert sich Eva Senghaas-Knobloch im Magisterstudiengang Arbeitswissenschaft, den sie mit aufbaut. Sie betreibt mit Kollegen den an der Universität einzigartigen vernetzten internationalen Masterstudiengang „European Labour Studies".

Eva Senghaas-Knobloch war und ist in zahlreichen wissenschaftlichen Beiräten und Forschungskommissionen aktiv, von denen ich ihre langjährige Aktivität

- im Beirat der Zeitschrift Feministische Studien
- im Beirat für den Projektträger des Landesprogramms Arbeit und Technik, Bremen
- und in den Vereinigungen der Friedens- und Konfliktforschung (DGFK, AFK)

hervorhebe.

Die Liste ihrer Veröffentlichungen ist lang. Über die Jahre hat Eva Senghaas-Knobloch kontinuierlich in allen vier lebensgeschichtlich verankerten Forschungsfeldern:

- der Friedens- und Konfliktforschung
- der Frauenforschung

und

- der Arbeitsforschung in Deutschland

sowie

- der Arbeitsforschung im internationalen Rahmen

publiziert und sich öffentlich engagiert.

Dem Thema Menschenwürdigkeit von Arbeit gilt die besondere Aufmerksamkeit von Eva Senghaas-Knobloch. Nicht nur im Rahmen ihrer IAO-Tätigkeit sondern auch in anderen Arbeiten, zu allen ihren Forschungsfeldern hat sie dieses immer wieder in den Mittelpunkt gestellt.[1]

Für mich war es ein gutes Gefühl, all die Jahre eine Kollegin und Kooperationspartnerin zu haben, die das Grundverständnis eines hermeneutischen Zuganges in der Forschung teilte.

Literatur Eva Senghaas-Knobloch

Senghaas-Knobloch, Eva (2008): Wohin driftet die Arbeitswelt? Wiesbaden: VS Verlag
Senghaas-Knobloch, Eva (2006): Soziologisch informiert die Vorstellungskraft für eine
    weniger gewaltträchtige (Welt-)Gesellschaft entfalten. In: Vogel (Hg.): Wege in die
    Soziologie und die Frauen- und Geschlechterforschung. Autobiographische Notizen
    der ersten Generation von Professorinnen an der Universität. Wiesbaden: VS Verlag.
    152-165
Senghaas-Knobloch, Eva/Dirks, Jan/Liese, Andrea (2003): Internationale Arbeitsregulierung in Zeiten der Globalisierung. Politisch-organisatorisches Lernen in der internationalen Arbeitsorganisation (IAO). Münster: LIT Verlag

---

1   Als jüngstes bemerkenswertes Zeugnis ihrer Publikationstätigkeit in dieser Hinsicht sei hier
     beispielhaft auf das Buch: „Wohin driftet die Arbeitswelt?" (2008) verwiesen, in dem einige
     ihrer Forschungszweige zusammengeführt werden.

Senghaas-Knobloch, Eva/Nagler, Brigitte/Dohms, Annette (1996): Zukunft der industriellen Arbeitskultur. Persönliche Sinnansprüche und Gruppenarbeit. Reihe Arbeitsgestaltung, Technikbewertung, Zukunft (herausgegeben von Eva Senghaas-Knobloch
und Wilfried Müller) Bd. 7. Münster: LIT Verlag
Senghaas-Knobloch, Eva/Lange, Hellmuth (1994): Springen aus dem Stand. Akteure der
Arbeits- und Technikgestaltung in der Transformation. Münster: LIT Verlag
Senghaas-Knobloch, Eva/Lange, Hellmuth (1992): DDR-Gesellschaft von innen: Arbeit
und Technik im Transformationsprozeß. Bonn: Friedrich-Ebert-Stiftung
Senghaas-Knobloch, Eva/Volmerg, Birgit (1990): Technischer Fortschritt und Verantwor-
tungsbewusstsein. Opladen: Westdeutscher Verlag
Senghaas-Knobloch, Eva (1979): Reproduktion von Arbeitskraft in der Weltgesellschaft.
Zur Programmatik der Internationalen Arbeitsorganisation. Frankfurt a.M.: Campus
Senghaas-Knobloch, Eva (1969): Frieden durch Integration und Assoziation. Stuttgart:
Ernst Klett-Verlag
Senghaas-Knobloch, Eva (1969): Die Theologin im Beruf. Zumutung Selbstverständnis,
Praxis. München: Chr. Kaiser-Verlag
Volmerg, Birgit/Senghaas-Knobloch, Eva (1992): Technikgestaltung und Verantwortung.
Bausteine für eine neue Praxis. Opladen: Westdeutscher Verlag
Volmerg, Birgit/Senghaas-Knobloch, Eva/Leithäuser, Thomas (1986): Betriebliche Le-
benswelt. Eine Sozialpsychologie industrieller Arbeitsverhältnisse. Köln, Opladen:
Westdeutscher Verlag
Volmerg, Birgit/Senghaas-Knobloch, Eva/Leithäuser, Thomas (1985): Erlebnisperspekti-
ven und Humanisierungsbarrieren. Empfehlungen und Anleitungen für die Praxis.
Frankfurt a.M.: Campus

Weitere Literatur

Watzlawik, Paul/Beavin, Janet H./Jackson, Don D. (1972): Menschliche Kommunikation.
Formen, Störungen, Paradoxien. Bern, Stuttgart, Wien: Hans Huber

Autorinnen und Autoren

Becke, Guido, Privatdozent für Arbeitswissenschaft (Universität Bremen), Dr. rer.pol., Diplom-Sozialwissenschaftler, Senior Researcher am artec | Forschungszentrum Nachhaltigkeit, Universität Bremen; Forschungsschwerpunkte: Flexibilisierung von Erwerbsarbeit, Organisationswandel, Arbeit und (soziale) Nachhaltigkeit. Zentrale Veröffentlichung: Soziale Erwartungsstrukturen in Unternehmen. Zur psychosozialen Dynamik von Gegenseitigkeit im Organisationswandel. Berlin: edition sigma (2008)

Bleses, Peter, Dr. rer.pol., Diplom-Politologe; Senior Researcher am artec | Forschungszentrum Nachhaltigkeit der Universität Bremen; Forschungsschwerpunkte: Arbeitsforschung, Wandel der Interessenvertretung, Organisationswandel, Sozialpolitik- und Wohlfahrtsstaatsforschung; letzte Buchpublikation: The Dual Transformation of the German Welfare State. Basingstoke; New York: Palgrave/Macmillan (gemeinsam mit Martin Seeleib-Kaiser, 2005)

Dirks, Jan, Dr. rer.pol., studierte Politikwissenschaft an der Universität Bremen und promovierte mit einer Arbeit über die Internationale Seeschifffahrtsorganisation (IMO). Er war Mitglied des Bremer Forschungsteams zur Internationalen Arbeitsorganisation und Berater der Bundesregierung bei den internationalen Verhandlungen zum Seearbeitsübereinkommen der IAO; gegenwärtig ist er Referent im Referat WS 21 (Nationale See- und Binnenschifffahrtspolitik, Hafenwirtschaft) im Bundesministerium für Verkehr, Bau und Stadtentwicklung

Dombois, Rainer, Prof. Dr., Soziologe, bis 2008 wissenschaftlicher Mitarbeiter, seit 2009 Gastwissenschaftler am Institut Arbeit und Wirtschaft der Universität Bremen. Langjährige Forschungsaufenthalte als Gastwissenschaftler in Lateinamerika. Forschungsgebiete: Arbeitssoziologie, Industrielle Beziehungen, vor allem auch in Lateinamerika, internationale Arbeitsregulierung, Korruption. Letzte Buchveröffentlichung: Rainer Dombois, Erhard Hornberger, Jens Winter 2004: Internationale Arbeitsregulierung in der Souveränitätsfalle. Das Lehrstück des North American Agreement on Labor Cooperation zwischen den USA, Mexiko und Kanada. Münster: LIT Verlag

Geissler, Birgit, Dr. rer.pol., geb. 1949, Professorin für Arbeitssoziologie an der Fakultät für Soziologie der Universität Bielefeld; Forschungsgebiete: Dienstleistungsarbeit, insbesondere Haushaltsdienstleistungen; Flexibilisierung von Arbeitsverhältnissen, Arbeitszeit und Lebensführung; Lebensplanung und Lebenslaufpolitik; neueste Aufsätze: Machtfragen zwischen Familie und Erwerbsarbeit: die Kosten der Kinder in der Familiengründung und danach. In: Löw, Martina (Hg.) 2009: Geschlecht und Macht. Analysen zum Spannungsfeld von Arbeit, Bildung und Familie. VS Wiesbaden: 31-46; Die Arbeit im Haushalt und ihre Anforderungen: Empathie und Distanzierung. In: Aulenbacher, Brigitte/Wetterer, Angelika (Hg.) 2009: Arbeit. Perspektiven und Diagnosen der Geschlechterforschung. Westfäl. Dampfboot Münster: 212-228; Haushaltsarbeit und Haushaltsdienstleistungen In: Böhle, Fritz/Voß, G. Günter/Wachtler, Günther (Hg.) 2010: Handbuch Arbeitssoziologie. VS Verlag, Wiesbaden: 931-962

Gerhard, Ute, Prof. Dr. phil., Studium der Rechtswissenschaften, Soziologie und Geschichte. Professorin für Soziologie mit dem Schwerpunkt Frauen- und Geschlechterforschung am Fachbereich Gesellschaftswissenschaften der Johann Wolfgang Goethe-Universität Frankfurt/Main, seit 2004 emeritiert. Direktorin des von ihr gegründeten Cornelia Goethe Centrums für Frauenstudien der Universität Frankfurt. Forschungsschwerpunkte: Geschichte und Theorie des Feminismus, Europäische Sozialpolitik, Rechtsgeschichte, Rechtssoziologie

Gerstenberger, Heide, Professorin i.R. der Universität Bremen. Ihre Forschungsgebiete sind thematisch weitgespannt. Im Zentrum stand und steht aber die Analyse moderner Staatsgewalt sowie die Untersuchung historischer und aktueller Formen der Arbeit auf See. Während ihrer Dienstzeit hat sie die „Forschungsstelle Schiffahrt" an der Universität gegründet und geleitet

Kumbruck, Christel, Prof. PD. Dr. Dipl. Psych.; seit 2008 Professur an der FH Osnabrück für Wirtschaftspsychologie; davor: Vertretungs- und Gastprofessuren an der TU Hamburg-Harburg, Universität Hamburg sowie Universität Klagenfurt; Habilitation am FB 11 Human- und Gesundheitswissenschaften der Universität Bremen in Arbeitswissenschaft; Arbeitsschwerpunkte: Kooperation in und zwischen Organisationen, Interaktionsarbeit in der Pflege, Interkulturelle Kompetenzentwicklung, Wissensmanagement, Neue Medien und Vertrauen

Larisch, Joachim, Dipl.-Soz.wiss., Dipl.-Ök., StB, Dr. P.H., Universität Bremen, Zentrum für Sozialpolitik, Abteilung „Gesundheitsökonomie, Gesundheitspolitik und Versorgungsforschung". Promotion über „Arbeitsschutz und ökonomische Rationalität" am Fachbereich 11 Human- und Gesundheitswissenschaften der Universität Bremen. Arbeitsschwerpunkte: Betriebliche Gesundheitsförderung, Arbeitsschutz, Betriebswirtschaft und Gesundheitsökonomie

Müller, Rainer, Dipl.-Soz., Dr. med., Professor für Arbeits-/Sozialmedizin (i. R.) Universität Bremen, Zentrum für Sozialpolitik, Abteilung „Gesundheitsökono-mie, Gesundheitspolitik und Versorgungsforschung". Arbeitsschwerpunkte: Arbeitsmedizin, institutionelle Regulierung von Berufsverläufen und Erkrankungsprozessen, Professionalisierung von Betriebsärzten, betriebliche Gesundheitsförderung

Ritter, Wolfgang, Dipl.-Soz., Dr. rer.soc., Universität Bremen, Zentrum für Sozialpolitik, Abteilung „Gesundheitsökonomie, Gesundheitspolitik und Versorgungsforschung". Promotion an der Fakultät für Soziologie der Universität Bielefeld. Seit 2004 Leiter des Kooperationsprojektes „LernBauNet". Arbeitsschwerpunkte: Betriebliches Gesundheitsmanagement, Sicherheit in der Arbeitswelt, Organisations- und Netzwerkanalysen

Schmidt, Sandra, Gesundheitswissenschaftlerin M.A., wissenschaftliche Mitarbeiterin am artec | Forschungszentrum Nachhaltigkeit der Universität Bremen; Forschungsschwerpunkte: Betriebliche Gesundheitsförderung, Gesundheitshandeln, gesundheitliche Versorgung von Menschen ohne legalen Aufenthaltsstatus; letzte Veröffentlichung: Ansätze für die betriebliche Gesundheitsförderung in flexiblen Arbeitsstrukturen: Eine konzeptionelle Bestandsaufnahme, in: Becke, Bleses, Schmidt: Nachhaltige Arbeitsqualität: Eine Perspektive für die Gesundheitsförderung in der Wissensökonomie. artec-paper Nr. 158 (2009)

Senghaas-Knobloch, Eva, Diplomsoziologin, Dr. phil. habil. Seit 1979 Forschung an der Universität Bremen und (Mit-)Gestaltung des universitären Forschungsschwerpunkts Arbeit und Technik. Seit 1992 Professorin für Arbeitswissenschaft im Fachbereich 11 Human- und Gesundheitswissenschaften und Forschungszentrum Nachhaltigkeit (artec). Gegenwärtige Themenschwerpunkte: Soziale Nachhaltigkeit und Decent Work in globalen Strukturen, Arbeitsgestaltung angesichts neuer Geschlechterverhältnisse und in flexiblen Arbeitsstrukturen, culture of peace

Tholen, Jochen, Dr., Forschungsleiter des Instituts Arbeit und Wirtschaft (IAW) der Universität Bremen. Forschungsgebiete: Schiffbau, Clusterstudien Automobilindustrie, Luft- und Raumfahrtindustrie, maritime Branchen, Arbeitsbeziehungen in Europa, Arbeitsmarkt und Human Resource in den Staaten der ehemaligen Sowjetunion (Kaukasus, Zentralasien, Ukraine und Russland)

Volmerg, Birgit, Dr. phil., ist Professorin für Arbeits- und Organisationspsychologie und Leiterin der Transferstelle für Management und Organisationsentwicklung an der Universität Bremen. Ihre Forschungs- und Arbeitsschwerpunkte: Organisationsforschung und Organisationsentwicklung, qualitative Sozialforschung, Führungskräfteentwicklung und Organisationsberatung